大国之声

人民日报国际评论『钟声』2021

人民日报国际部
编

人民日报出版社
北 京

图书在版编目（CIP）数据

大国之声：人民日报国际评论“钟声”. 2021 / 人民日报国际部编.
— 北京：人民日报出版社，2022.3
ISBN 978-7-5115-6176-3

Ⅰ.①大… Ⅱ.①人… Ⅲ.①时事评论－世界－ 2021 －文集
Ⅳ.① D5-53

中国版本图书馆 CIP 数据核字（2022）第 033237 号

书　　名：大国之声：人民日报国际评论“钟声”2021
　　　　　DAGUOZHISHENG: RENMINRIBAO GUOJI PINGLUN“ZHONGSHENG”2021
作　　者：人民日报国际部

出 版 人：刘华新
责任编辑：蒋菊平　徐　澜
版式设计：九章文化

出版发行：人民日报出版社
社　　址：北京金台西路 2 号
邮政编码：100733
发行热线：(010) 65369527　65369512　65369509
邮购热线：(010) 65369530　65363527
编辑热线：(010) 65369528
网　　址：www.peopledailypress.com
经　　销：新华书店
印　　刷：大厂回族自治县彩虹印刷有限公司
法律顾问：北京科宇律师事务所　010-83622312

开　　本：710mm×1000mm　1/16
字　　数：298 千字
印　　张：18.25
版次印次：2022 年 5 月第 1 版　　2022 年 5 月第 1 次印刷

书　　号：ISBN 978-7-5115-6176-3
定　　价：48.00 元

目录

第四章　祖国完全统一的历史任务一定要实现，也一定能够实现

第六章　美国应该好好给自己补一补民主课

壹

第一章

以战略胆识和政治魄力回答好世纪之问

全球合作抗疫需要大国牵手

美方如能在抗疫问题上重拾合作精神，同中方相向而行，不仅有利于增进两国人民健康福祉，也有利于增强全球卫生治理体系韧性，助力世界早日走出疫情阴霾

新冠肺炎疫情是全人类面临的共同挑战，只有团结合作才能战而胜之。拜登总统近日宣布应对疫情的国家战略，签署多项与抗疫相关的行政命令，以调动各方面资源，努力遏制病毒传播。国际社会希望美国疫情防控早日取得积极成效，也期待新一届美国政府加强与各国的团结合作，共同维护全球公共卫生安全。

特朗普政府在疫情问题上的表现令全世界大跌眼镜——在危急时刻攻击并退出世界卫生组织，破坏全球卫生治理体系；大搞“政治化”“污名化”，毫无根据地抹黑攻击他国，企图转嫁自身抗疫不力责任；抢占抗疫物资，并借疫情推进所谓“脱钩”，威胁全球产业链供应链安全……这些错误行径破坏全球团结抗疫大局，招致大量批评。哈佛大学国际关系学教授斯蒂芬·沃尔特曾批评特朗普政府“以自我为中心、漫无目的、毫无头绪”，不仅导致大量无辜生命死亡和数万亿美元的损失，也玷污了美国的国际声誉。

美国正经历疫情暴发以来最黑暗时期，仅去年 12 月就有约 7 万名美国人因感染新冠病毒去世。美国《纽约时报》近日报道指出，今年 1 月以来美国每天平均新冠肺炎死亡病例超过 3300 例，比“9·11”事件中的死亡人数还要多。美国人口约占世界人口的 4%，但累计新冠肺炎确诊病例和死亡病例分别占全世界总数的 25% 和 20%。面对如此重大的公共卫生危机，美国人民希望新一届美国政府能够改变前任政府抗疫不力的局面，并加强同各国的抗疫合作，在

这场全人类健康守护战中发挥应有作用。

作为世界前两大经济体，中美合作抗疫符合两国人民利益，也是国际社会的共同期待。回顾中美关系历史，双方合作为应对全球性挑战作出了积极贡献。2008 年国际金融危机发生后，中美之间的协调合作被认为是稳定全球市场的关键因素。2014 年，埃博拉疫情在西非暴发，中美两国积极发挥大国作用，为尽快控制疫情作出了重要贡献。当前，新冠肺炎疫情给人类生命安全造成巨大挑战，世界希望中美合作为打赢疫情防控全球阻击战注入信心。美国前副国务卿罗伯特·霍马茨认为，新一届美国政府应与中国开展抗疫合作，两国研究人员和科学家在治疗方法、疫苗研发和生产等方面的合作，不仅符合美国的利益，而且可以帮助挽救其他国家人民的生命。

中国始终秉持人类命运共同体理念，致力于推动全球团结抗疫。中国支持中美抗疫合作，为美国提供了大量抗疫物资，并为两国民间携手抗疫提供便利。从去年 3 月 1 日到今年 1 月 10 日，中方累计通过出口和捐助等渠道向美方提供口罩 420 多亿只，外科手套 9 亿多双，防护服约 7.8 亿套，护目镜约 5066 万副，呼吸机近 1.6 万台。中国国内有关省区市、友好团体、民间机构、企业等也向美方捐赠了不少各类医疗物资。对于拜登政府近日撤回退出世卫组织的决定，中方表示欢迎，并重申愿同美国及其他国家加强抗疫合作。中方始终认为，唯有同舟共济、携手合作才能守护全人类健康福祉，只有当世界上所有国家都战胜了疫情，人类才算真正地、彻底地战胜疫情。

“明者因时而变，知者随事而制。”面对全球性挑战，大国更应秉持人类命运与共的情怀，展现应有的智慧和担当。中方愿继续同包括美国在内的各国一道加强抗疫合作，也愿继续为美方抗疫提供力所能及的帮助和支持。美方如能在抗疫问题上重拾合作精神，同中方相向而行，不仅有利于增进两国人民健康福祉，也有利于增强全球卫生治理体系韧性，助力世界早日走出疫情阴霾。

《人民日报》（2021 年 1 月 29 日）

大国合作是世界经济复苏重要动力

经济下行的特殊时期，更能看到中美合作的真正价值

围绕“把握关键之年，重建各方信任”主题，全球政商界和社会组织领导人在世界经济论坛“达沃斯议程”对话会上共同探寻合作抗疫和经济复苏良方。世界经济论坛日前发布的《2021年全球风险报告》指出，世界经济复苏的不平衡将加剧国家间不平等，领导力和全球合作比以往任何时候都更加重要。国际社会呼吁各国尤其是大国秉持伙伴精神，共同推动世界经济复苏。

在经济全球化时代，各国发展环环相扣，一荣俱荣，一损俱损。没有哪一个国家可以独善其身，协调合作是必然选择。2008年国际金融危机发生后，二十国集团临危受命，秉持同舟共济的伙伴精神，把正在滑向悬崖的世界经济拉回到稳定和复苏轨道，成就了团结战胜分歧、共赢取代私利的创举。中国采取负责任举措，为世界经济复苏发挥重要作用。时任美国总统奥巴马指出，“美国需要中国的支持与合作来应对全球性金融危机”。时任美国财政部长保尔森表示，“我坚信与中国成功交往的唯一办法就是合作”。

新冠肺炎疫情发生后，中国有效统筹疫情防控和经济社会发展，率先实现经济增长由负转正，成为世界经济复苏发展的重要引擎。应当看到，中国是在开放合作中成为全球唯一实现经济正增长的主要经济体的。2020年，中国货物贸易进出口总值同比增长1.9%，全年实际使用外资同比增长6.2%；2020年，中美双边货物贸易总值增长8.8%。绝大多数美国公司更加看好中国市场，积极加大在华投资，希望继续成为“中国经济增长的一部分”。事实充分表明，中美双方拥有广泛共同利益和广阔合作空间。

经济下行的特殊时期，更能看到中美合作的真正价值。2020年，约3500

家美国公司在美国国际贸易法院起诉美国政府对中国输美商品加征关税，美国各界谋求对华合作的声音压过了鼓吹脱钩的杂音。美中贸易全国委员会和牛津经济研究所日前发布的最新报告显示，如果美中贸易进一步紧张以及两国经济脱钩，2022 年美国将减少 73.2 万个就业岗位，未来 5 年的国内生产总值可能缩水 1.6 万亿美元。美中贸易全国委员会会长克雷格·艾伦表示，对华贸易有助于美国经济和就业增长、提升美国全球竞争力。美国工商界和经济学家呼吁新一届美国政府重建对华关系，防止世界最大的两个经济体进一步脱钩。

“中国开启全面建设社会主义现代化国家新征程，将为包括星巴克等美国企业在内的世界各国企业在华发展提供更加广阔的空间。”中方的这一重要表态近期引起美国各界的高度关注，充分表明合作是双方的共同愿望。对外开放是中国的基本国策，中国加快构建新发展格局，是为了更好联通国内市场和国际市场，在更大范围、更宽领域、更深层次上推进对外开放。可以预见，随着中国经济高质量增长，中国对外开放的大门越开越大，必将为包括美国企业在内的世界各国企业创造更多合作机遇。

促进世界经济复苏，迫切需要大国担当。中美关系早已超出双边范畴，两国合作好了，有利于世界的和平、稳定、繁荣。在当前世界经济形势仍然复杂严峻、复苏不稳定不平衡的关键时刻，中美合作对世界经济的拉动作用，是世界的普遍期待。美国媒体认为，加强与中国的合作对美国乃至世界经济有利；日本《每日新闻》发表社论指出，新冠肺炎疫情加深国际社会撕裂，中美恢复合作对世界至关重要……这样的声音在世界上日益响亮。

中美经贸合作的新机遇是客观存在的，关键在于有没有足够的智慧和勇气认识机遇、把握机遇。值得强调的是，让经贸合作重新成为中美关系的稳定器和压舱石，以全局和长远利益为重，把握中美经贸关系健康发展的方向，就能够不断增进中美两国人民乃至世界人民的共同福祉。

《人民日报》（2021 年 1 月 30 日）

应对气候变化离不开大国良性互动

在全球气候治理进程中，只有坚持多边主义，讲团结、促合作，才能互利共赢，福泽各国人民

气候变化关乎人民福祉和人类未来，应对气候变化需要各方共同展现雄心和决心。新一届美国政府上任当天即宣布美国重返应对气候变化《巴黎协定》，表示美国将以迄今尚未采取的方式来应对气候变化。中国外交部表示，中方对美方重新加入《巴黎协定》表示欢迎，期待美方为应对气候变化作出积极贡献。在全球气候变化挑战增多、气候治理进入关键阶段之际，中美在全球气候治理方面的良性互动备受期待。

在气候变化挑战面前，人类命运与共，单边主义没有出路。各方日益认识到应对气候变化的紧迫性，携手合作正成为各方的共同选择。在去年 12 月举行的气候雄心峰会上，45 个国家作出了提高国家自主贡献新承诺，24 个国家提出了碳中和目标，一些大型跨国公司提出了具体减排行动，法国、德国等 12 个发达国家提出了新的资金承诺。令人遗憾的是，上一届美国政府以“美国优先”对抗“人类优先”，公然挑战国际社会应对气候变化的共识，不仅成为唯一退出《巴黎协定》的缔约方，还肆意抹黑他国，严重破坏全球气候治理与国际气候合作，站到了全人类的对立面。

在全球气候治理进程中，只有坚持多边主义，讲团结、促合作，才能互利共赢，福泽各国人民。加强全球气候治理，需要包括中美在内的各国以决心和行动给出答案。正如美国咨询公司麦肯锡发布的报告所指出，“我们没有本钱不这么做，不仅因为气候行动仍是未来十年的关键，更在于强化气候韧性基础建设的投资与低碳转型，可同时创造就业并强化经济与环境的韧性”。国际社

会共同期待，作为世界上最大的发展中国家和发达国家，中美在影响人类前途命运的气候变化领域开展合作，展示出不负时代的大国担当。

不应忘记，中美两国曾共同并与其他各方一道，为达成具有历史意义的、富有雄心的气候变化全球协议发挥了关键作用。2014 年至 2016 年，中美三次发表气候变化联合声明，声明的政治共识为《巴黎协定》的达成和生效奠定了重要基础。中美率先批准《巴黎协定》并共同向联合国秘书长交存批准文书，率先完成二十国集团框架下化石燃料补贴同行审议报告，再次为国际社会共同应对这一全球性挑战作出重要贡献。应对气候变化合作一度成为中美关系中一大亮点，联合国赞誉中美两国在应对气候变化挑战方面发挥了领导作用。这样的合作巩固了多边主义，展现了真正的大国智慧。

中国是全球气候治理的行动派，为达成《巴黎协定》作出重要贡献，也是落实《巴黎协定》的积极践行者。中国大力推进生态文明建设，以新发展理念为引领，在推动高质量发展中促进经济社会发展全面绿色转型。去年 9 月，中国宣布将提高国家自主贡献力度，采取更加有力的政策和措施，力争 2030 年前二氧化碳排放达到峰值，努力争取 2060 年前实现碳中和，赢得国际社会广泛赞誉。在去年 12 月举行的气候雄心峰会上，中国倡议开创合作共赢的气候治理新局面，形成各尽所能的气候治理新体系，坚持绿色复苏的气候治理新思路，并宣布中国国家自主贡献一系列新举措，为全球气候治理明确了方向、增强了信心、注入了动力。这些表明，中国站在全人类的高度，愿意与各方积极开展应对气候变化国际合作。

地球是人类共同的、唯一的家园，开启全球应对气候变化新征程是人类共同使命。中方愿同美方及国际社会一道，合作应对共同挑战，共同推动《巴黎协定》全面有效实施，携手构建合作共赢、公平合理的气候治理体系，助力全球低碳转型和疫后绿色复苏。希望美方真诚践行多边主义，与中方及国际社会一道，加速推进全球气候治理进程，真正为全人类造福。

《人民日报》（2021 年 1 月 31 日）

应当推动中美关系健康稳定发展

共同开辟中美关系的光明未来，是顺应民意和大势的正确事情，双方理当行动起来

2月11日中国农历除夕上午，国家主席习近平同美国总统拜登通电话。两国元首就中国牛年春节相互拜年，并就双边关系和重大国际及地区问题深入交换意见。当前，中美关系正处于重要关口，两国元首的这次通话向世界释放了积极信号，引起国际社会广泛关注。

今年是中美“乒乓外交”50周年，也是基辛格博士秘密访华50周年。过去半个多世纪，国际关系中一个最重要的事件就是中美关系恢复和发展。“中美合则两利、斗则俱伤，合作是双方唯一正确选择。”习近平主席多次强调的这个道理，也是中美关系发展历程昭示的一条基本经验。由于特朗普政府实行极端错误反华政策，中美关系遭遇两国建交以来前所未有的严重困难，引发国际社会广泛担忧。

伴随新一届美国政府上台，各方普遍期待中美双方尽快找到推动双边关系走出困境、重回正轨的切实路径。美国前总统卡特近日表示坚信美中两国人民要和平不要冲突，呼吁双方放弃零和竞争，找回互信，恢复相互尊重。美中关系全国委员会主席欧伦斯不久前撰文指出，如果特朗普政府采取的对抗性对华政策得以逆转，美国人民将立即受益，双边关系的基调也将得到改善。

当前，两国应该共同努力、相向而行，秉持不冲突不对抗、相互尊重、合作共赢的精神，聚焦合作，管控分歧，推动中美关系健康稳定发展，给两国人民带来更多实实在在的利益，为抗击新冠肺炎疫情、促进世界经济复苏和维护地区和平稳定作出应有贡献。需要指出的是，中方致力于同美方发展合作关系，

但这种合作，必然是有原则的合作。台湾、涉港、涉疆等问题是中国内政，事关中国主权和领土完整，美方应该尊重中国的核心利益，慎重行事。

如何处理分歧，是中美双方必须回答好的一个课题。为了维护两国民众福祉与世界和平稳定，双方都有必要在有不同看法的问题上，做到相互尊重、平等相待，以建设性方式妥善管控和处理。中美双方应该重新建立各种对话机制，准确了解彼此的政策意图，避免误解误判。在这方面，双方曾经积累了大量经验。美国前财长雅克布·卢近日在公开活动中回忆了亲身参与中美战略与经济对话的经历，强调双方要通过对话协商，在有共同目标的领域找到合作方式，在有意见分歧的领域找到改变和进步的路径。此次中美两国元首通话中，拜登总统也表示，美方愿同中方本着相互尊重的精神，开展坦诚和建设性对话，增进相互理解，避免误解误判。应该说，这样的思路如果能够落到实处，将有助于中美关系尽快回归正轨。

事实早已证明，正确的政治决断，是保证中美关系不脱离正确航向的基本前提。多考虑合作，不蓄意对抗，才是两国之福。作为世界前两大经济体和联合国安理会常任理事国，中美两国在应对各类全球性问题上也存在广阔合作空间。联合国秘书长古特雷斯表示，希望看到中美关系的“重启”。国际社会普遍期待中美合作能为处于动荡变革期的世界注入更多稳定性。

打开机遇之窗，推动中美关系健康稳定发展，可以造福于两国人民和世界各国人民。共同开辟中美关系的光明未来，是顺应民意和大势的正确事情，双方理当行动起来。

《人民日报》（2021 年 2 月 14 日）

以战略胆识和政治魄力回答好世纪之问

中美应该展现大格局、肩负大担当，坚持向前看、往前走，拿出战略胆识和政治魄力，推动中美关系尽快回到稳定发展的正确轨道，更好造福两国人民和世界各国人民

9 月 10 日上午，习近平主席应约同美国总统拜登通电话，就中美关系和双方关心的有关问题进行了坦诚、深入、广泛的战略性沟通和交流。习近平主席在通话中就如何发展中美关系、如何推进中美协调合作等重大问题阐明原则立场、指明正确方向，向国际社会展现了中国推动中美关系尽快回到稳定发展正确轨道的高度负责任态度。

这是中美元首继除夕通话以来再次进行直接沟通。中美分别是最大的发展中国家和最大的发达国家，能否处理好彼此关系，攸关世界前途命运，是两国必须回答好的世纪之问。历史和现实都一再表明，中美合作，两国和世界都会受益；中美对抗，两国和世界都会遭殃。中美关系不是一道是否搞好的选择题，而是一道如何搞好的必答题。两国元首同意继续通过多种方式保持经常性联系，并将责成双方工作层加紧工作、广泛对话，为中美关系向前发展创造条件。这也是国际社会所乐见的。国际舆论普遍认为："双方元首直接沟通对于管控双边关系具有难以替代的作用。"

当前，中美关系遭遇严重困难，矛盾多发，甚至连此前双方有过成功合作先例的领域，也不断为分歧乃至摩擦所干扰。这归根到底是因为美国的对华认知出了问题，把中国视为最主要对手甚至朝敌手方向推进，企图阻挡和打断中国的现代化进程。在这一错误思维的影响下，美国不断挑战中国重大利益，加大对中国遏制打压，将中美关系的各个领域都视为对抗擂台，满世界围堵抹黑

中国，给全球和平稳定凭空制造了严重风险。这不符合两国人民根本利益和世界各国共同利益，引发国际社会广泛忧虑。

百年变局和世纪疫情相互交织，全球性挑战不断增多且日益紧迫。面对全球性挑战，任何一国都无法独自解决，必须开展全球行动、合作应对。应当看到，中美能否开展有效合作，关乎国际社会能否携手走出这段动荡变革期。但双方合作能否正常开展、能否取得实效，不可能脱离中美关系的大环境。美方不能一方面处心积虑遏制打压中国，损害中方正当权益，一方面又指望中方无条件支持配合美方诉求。国际交往中从来不存在这种逻辑。中美过往交往的历史早已充分说明，双方只有切实尊重彼此核心关切、妥善管控分歧，才能为在有共同利益的问题上开展协调合作找到坚实基础。现阶段，在气候变化、疫情防控、经济复苏以及诸多重大国际和地区问题上，国际社会普遍希望中美保持接触对话，加强协调合作。在近来与中方的接触中，美方多次表示，愿同中方开展更多对话合作。既然美方对中美合作的现实重要性有一定认识，就应尽快在行动中做出改变，为双方合作提供条件。

回顾历史，中美自 1971 年双边关系“破冰”以来，携手合作，给各国带来实实在在的好处。当前，中美应该展现大格局、肩负大担当，坚持向前看、往前走，拿出战略胆识和政治魄力，推动中美关系尽快回到稳定发展的正确轨道，更好造福两国人民和世界各国人民。解铃还须系铃人。美方应主动纠正错误对华政策，与中方相向而行，在相互尊重、平等相待的基础上发展中美关系。

《人民日报》（2021 年 9 月 12 日）

元首视频会晤为中美关系把舵引航

两国领导人此次会晤显示，历史责任感，应是引领中美关系向前发展的重要基础

“中美两国是两艘在大海中航行的巨轮，我们要把稳舵，使中美两艘巨轮迎着风浪共同前行，不偏航、不失速，更不能相撞。”11 月 16 日上午，习近平主席在同美国总统拜登举行视频会晤时强调。

中美关系史上两国元首首次视频会晤，是中美关系和国际关系中的一件大事。双方就事关中美关系发展的战略性、全局性、根本性问题以及共同关心的重要问题进行了充分、深入的沟通和交流。两国元首都强调中美关系的重要性，都反对打“新冷战”，都认为中美不应该冲突对抗。百年变局与世纪疫情交织，世界站在历史的十字路口，中美关系也处在十字路口。关键时刻，两国元首为中美关系把舵引航，为今后一个时期中美关系发展指明了方向、注入了动力，是造福两国人民的需要，也符合国际社会的期待。

把握中美关系发展正确方向，既要端起历史望远镜回顾过去，也要登高望远、展望未来。今年 2 月 11 日的两国元首除夕通话和 9 月 10 日两国元首再次通话时，习近平主席分别谈到“过去半个多世纪”“1971 年双边关系‘破冰’以来”的历史。在此次视频会晤中，习近平主席强调，过去 50 年，国际关系中一个最重要的事件就是中美关系恢复和发展，造福了两国和世界。未来 50 年，国际关系中最重要的事情是中美必须找到正确的相处之道。历史是公正的，一个政治家的所作所为，无论是非功过，历史都要记上一笔。拜登总统表示，我赞同习近平主席所讲，历史是公正的，美中关系只能搞好，不能搞砸。两国领导人此次会晤显示，历史责任感，应是引领中美关系向前发

展的重要基础。

把握中美关系发展正确方向，应该展现大格局、肩负大担当，坚持向前看、往前走，拿出战略胆识和政治魄力。习近平主席深刻总结中美关系发展经验和教训，强调新时期中美相处应该坚持相互尊重、和平共处、合作共赢三点原则。今年以来，从安克雷奇、天津到苏黎世、罗马，中美多次互动。中方始终强调，相互尊重、平等相待是中美关系健康稳定发展的重要前提。中美和平共处，是包括中美两国在内的国际社会的共同利益所在。不冲突不对抗是双方必须坚守的底线。合作才能共赢，是两国利益深度交融这一客观现实的必然要求。地球足够大，容得下中美各自和共同发展。双方要坚持互利互惠，不玩零和博弈，不搞你输我赢。

推动中美关系重回健康稳定发展的正确轨道，必须聚焦行动，坚持相向而行。习近平主席指出，中美应该着力推动四个方面的优先事项：一是展现大国的担当，引领国际社会合作应对突出挑战；二是本着平等互利精神，推进各层级各领域交往，为中美关系注入更多正能量；三是以建设性方式管控分歧和敏感问题，防止中美关系脱轨失控；四是加强在重大国际和地区热点问题上的协调和合作，为世界提供更多公共产品。这四个方面的优先事项，是中美两国既办好各自国内的事、又承担起应尽的国际责任所必须着眼的行动方向。双方在这些方面拿出政治决断、向前迈出步子，将给中美两国人民和世界各国人民带来实实在在的利益。

推动中美关系重回健康稳定发展的正确轨道，尊重对方核心利益和重大关切是管控分歧的应有之义。台湾问题始终是中美关系中最重要、最敏感的问题。当前，台海局势面临新一轮紧张，原因是台湾当局一再企图“倚美谋独”，而美方一些人有意搞“以台制华”。针对这种玩火行径，习近平主席明确指出，台湾问题的真正现状和一个中国的核心内容是：世界上只有一个中国，台湾是中国的一部分，中华人民共和国政府是代表中国的唯一合法政府。拜登总统重申，美国政府致力于奉行长期一贯的一个中国政策，不支持“台独”，希望台海地区保持和平稳定。美方应当将承诺落实到行动中，明确、坚定地反对任何“台独”行径，不再向“台独”势力发出错误信号。

这次坦率、建设性、实质性和富有成效的中美元首视频会晤，增进了双方相互了解，增加了国际社会对中美关系的正面预期，向中美两国和世界发出了强有力信号。下一步，美方应同中方一道，坚持相向而行，以实际行动落实两国元首会晤共识，保持对话沟通，加强互利合作，负责任地管控分歧，推动中美关系重回健康稳定发展的正确轨道，造福中美两国人民和世界各国人民。

《人民日报》（2021 年 11 月 18 日）

贰

第二章

病毒溯源必须回归科学正轨

扰乱全球抗疫合作的劣行
——新冠病毒溯源不容政治操弄①

罔顾事实，继续玩弄抹黑甩锅中国的政治把戏，是对科学的不尊重，是对人民生命的不负责，更是对全球团结抗疫大局的破坏

第七十四届世界卫生大会正在举行，国际社会普遍期待加强全球抗疫合作，早日战胜疫情、恢复经济增长。然而，美国一些政客和媒体近期却一唱一和，大肆翻炒早已被科学研究否认的“实验室泄漏”等不实信息，妄图在新冠病毒溯源问题上炮制新一轮阴谋论，继续玩弄抹黑甩锅中国的政治把戏。如此卑劣行径是对科学的不尊重，是对人民生命的不负责，更是对全球团结抗疫大局的破坏。

病毒溯源是一个严肃复杂的科学问题，任何结论都只能建立在尊重科学的基础上。世界卫生组织 3 月 30 日发布的中国—世卫组织新冠病毒溯源联合研究报告明确指出，新冠病毒“极不可能”通过实验室传人。此次联合研究是由国际专家和中国专家共同开展的国际科学合作，是双方基于科学研究和事实依据达成的科学共识，研究成果客观、科学、权威。其中，国际专家组的人选完全由世卫组织方面提出，由来自世卫组织及 10 个国家的国际专家组成，成员的广泛代表性和科学独立性毋庸置疑。

中国始终坦坦荡荡、光明磊落，为推动病毒溯源国际合作作出了表率。在国内疫情防控任务十分繁重的情况下，中国邀请世卫组织专家来华开展溯源研究。中方为专家组在武汉的顺利工作提供了必要协助，充分展现了开放、透明、负责任的态度。多名世卫组织及国际专家表示，中方开放程度“始料未及”，武汉之行成果“超出预期”。许多线索、报道和研究表明，疫情早在 2019 年

下半年就已在世界多地多点出现，其中就有关于新冠病毒在美国出现的时间可能早于美国官方报告首例新冠肺炎确诊病例时间的报道。美方口口声声要中国参与全面、透明、以证据为基础的国际调查，自己也应像中国一样，本着科学态度，立即同世卫组织开展溯源研究合作，对本国进行全面、透明、以证据为基础的国际调查，充分回应国际社会的关切。

美国一些政客和媒体全然无视事实和科学，全然不顾本国溯源的诸多疑点和抗疫失利的惨痛事实，到处散布无中生有的谎言，甚至堂而皇之下令情报部门调查新冠病毒来源，这充分说明他们根本不在乎事实和真相，也没有兴趣进行严肃的科学溯源，而是一门心思想借疫情搞污名化和政治操弄。今日俄罗斯电视台网站近日刊文讽刺地指出，美国指责中国实验室泄漏新冠病毒就如同当年指责伊拉克有化学武器一样“证据确凿”。美方政治操弄遭到世卫组织和国际科学界一致反对。5 月 28 日，世卫组织再次呼吁新冠病毒溯源研究“去政治化”，让科学家们基于可靠证据专注于研究，否则溯源工作就不可能提供全世界所需要的答案。

尊重科学才能有效溯源，全球合作才能战胜疫情。事实充分证明，将疫情政治化、对他国污名化，热衷于搞政治操弄和指责游戏，丝毫无助于本国抗疫，只会扰乱国际抗疫合作，给世界各国人民带来更大伤害。在事关全球公共卫生安全和人民生命安全的重大问题上，个别国家出于一己之私利，将政治凌驾于科学之上的卑劣之举，注定不会被国际社会所接受。

《人民日报》（2021 年 5 月 31 日）

“有罪推定”包藏污名化祸心
——新冠病毒溯源不容政治操弄②

通过抹黑中国，掩盖自身抗疫不力和在病毒溯源问题上的责任，为其国内外政治目的服务，美国一些政客转移视线的企图昭然若揭

“拿着结论找论据”，这是美国一些政客在新冠病毒溯源问题上的典型操作。去年，个别美国政客声称有“大量证据”表明新冠病毒起源于实验室，结果很快在全球科学界的反对声中黯然收场。如今，美国一些政客和媒体又开始翻炒“实验室泄漏论”。然而，在政治病毒的驱使下，这种经不起丝毫推敲的“有罪推定”的鼓噪，哪怕包装得再精致，也掩盖不住借疫情污名化他国的险恶用心。

“实验室泄漏论”纯属无稽之谈。去年，美国一些政客散布这一荒谬论调时，作为“证据”的所谓报告，是由美国国防部一个主要承包商内华达山脉公司下属的“多部门协作组织”撰写的。该报告企图从7部手机的位置数据缺失推导出想要的结论，被数据分析专家嘲讽为“做信息分析的‘反面教材’”。有关专家也认为，“这份报告充满了风马牛不相及的比较和带有动机的臆断”。曾在特朗普政府新冠病毒应对工作组任职的奥利维娅·特罗耶指出，美国一些政客公开支持“实验室泄漏论”，因为他们“把新冠病毒作为一个政治问题而不是健康问题来对待”，“政府的第一、也是最强烈的本能就是寻找替罪羊，而不是制定应对措施”。

如今，美国一些政客和媒体意欲故伎重演，等待他们的必将是谎言的再一次破产。美国《华尔街日报》日前抛出“此前未披露的”美国情报机构所谓报告，妄图再次将新冠病毒的起源与中国的实验室联系起来。该报道引用的信息

语焉不详、捕风捉影，但经过美国一些政客的推波助澜，大有摇身一变成为“证据”之势，实属滑天下之大稽。在新冠病毒溯源问题上搞“有罪推定”的歪风，终究穿不过科学之墙。德国汉堡大学自然研究中心生物学教授格劳朴莱希特直言，情报部门的报告究竟存不存在还很难说，有关的讨论都是建立在“传闻”的基础上，对科研毫无用处。世界卫生组织新冠病毒溯源研究国际专家组成员多米尼克·德怀尔也指出，新冠病毒从实验室泄漏的说法缺乏证据支持，将溯源问题政治化以谋求好处无益于解决问题。

美国一些政客和媒体之所以罔顾科学和事实，沉迷于捏造和散布新冠病毒源自特定国家实验室泄漏的谎言，完全是出于不可告人的政治目的。去年，“实验室泄漏论”甚嚣尘上之时，正是美国深陷疫情危机之际。如今，美国新冠肺炎确诊病例超过3300万例，死亡病例接近60万例，确诊病例和死亡病例分别接近全球总数的20%和17%。据美国媒体报道，美国疾控中心估计1/3的美国人感染过新冠病毒。作为世界最大经济体、号称拥有最先进医疗资源的美国，面对疫情冲击下乏善可陈的表现，充分暴露出美国社会种族不公、贫富差距过大、暴力犯罪频发、治理失灵等一系列根深蒂固的问题，让美方自诩的“民主灯塔”光环不再。通过抹黑中国，掩盖自身抗疫不力和在病毒溯源问题上的责任，为其国内外政治目的服务，美国一些政客转移视线的企图昭然若揭。

科学结论绝不是谎言可以改变的。中国始终以开放、透明、负责任的态度对待溯源工作。“新冠病毒‘极不可能’通过实验室传人”的结论已清楚地记录在中国—世卫组织新冠病毒溯源联合研究报告中。美国一些政客与其别有用心地搞“有罪推定”，徒劳地甩锅推责，不如痛定思痛、深刻反思，为本国人民的生命健康和全球公共卫生安全做些有意义的事情。

《人民日报》（2021年6月1日）

尊重科学才能有效溯源

——新冠病毒溯源不容政治操弄③

在病毒溯源的过程中，任何对科学精神的偏离都是对历史、对全人类的不负责任

把专业的事交给专业的人做，这是常识。但在新冠病毒溯源这一严肃复杂的科学问题上，美国一些政客和媒体偏要越俎代庖，企图以政治偏见干预科学研究，以政治谎言歪曲客观事实。一个科技大国，却站在科学对立面，毫无底线地兜售“实验室泄漏论”。这种不可理喻的行径，严重干扰病毒溯源国际合作，毒化全球抗疫合作，损害全人类共同利益。

病毒溯源重要且复杂、敏感，必须坚持专业性、公正性和建设性。病毒溯源应以科学为依据，由世界卫生组织主导，让科学家和医学专家在全球范围内进行考察研究。病毒溯源要排除各种政治干扰，尊重各国主权平等，反对任何“有罪推定”。考察应覆盖所有与疫情密切关联的国家，坚持公开透明和客观理性。病毒溯源的目的是增进对病毒的科学认知，以便今后更好地应对重大传染性疾病，溯源应有利于增强联合国各系统履职功能和各国团结协作，有利于完善全球公共卫生体系和治理能力。这是国际社会的广泛共识。

在基于事实、尊重科学的基础上，中国率先同世卫组织开展联合溯源研究，以实际行动作出了表率。中国同世卫组织一道制定了全球新冠病毒溯源科学合作计划的中国部分。今年初，中国—世卫组织新冠病毒溯源研究联合专家组 34 名中外专家，在武汉开展了为期 28 天的全球溯源研究中国部分工作。专家组国际专家积极评价中方开放、透明、负责任的态度：“想去的地方都去了，想见的人都见了”，中方开放程度“始料未及”，武汉之行成果“超出预期”。

对于美国个别媒体所谓专家组在武汉“无法获得原始数据”的报道，世卫组织专家及相关研究人员斥其“故意歪曲”“断章取义”“令人失望”。

中国—世卫组织新冠病毒溯源联合研究成果客观、科学、权威，经得起历史检验。在长达120页的报告中，联合专家组对新冠病毒引入人类4种传播途径的可能性进行了定性风险评估，结果显示新冠病毒“可能至比较可能”从原始动物宿主直接传人，“比较可能至非常可能”经由中间宿主引入人类，“可能”通过冷链食品传人，“极不可能”通过实验室传人。正是基于这一科学结论，联合专家组外方组长彼得·安巴雷克明确指出，在未来新冠病毒溯源的相关工作中，不会就“实验室传人”开展工作。

美国一些政客和媒体顽固地炒冷饭，继续拿“实验室泄漏”说事，但却拿不出什么证据，最终只会自取其辱。美国流行病学家休姆·菲尔德指出，将科学政治化无助于确定新冠病毒的起源，只会激起怀疑与不信任。他近日在社交媒体上严词驳斥西方媒体相关报道：“请放下你的偏见和过时的文化帝国主义。”英国惠康基金会总监杰里米·法勒也直言，新冠病毒起源的答案只能在可靠的科学证据中寻找，“那些出于政治目的、无根据的谣言或阴谋论没有容身之地”。

正如世卫组织所指出的，病毒溯源问题就像一幅巨大的拼图，专家组在武汉的工作只是其中一些小板块。除武汉之外，世卫组织专家组也应在早期病毒可能存在的全球其他地方展开工作，这样才有可能全面、客观、科学地描绘病毒传播图谱。在病毒溯源的过程中，任何对科学精神的偏离都是对历史、对全人类的不负责任。

《人民日报》（2021年6月2日）

“中情局化”闹剧贻害无穷
——新冠病毒溯源不容政治操弄④

美方让情报机构调查病毒起源，为达到政治目的而蓄意干扰病毒溯源国际合作。这种反科学的政治操弄贻害无穷，本身就应该被调查并追责

近日，美国政府发表了一份有关调查新冠病毒起源的所谓声明。在这份仅300多个英文单词的声明中，“情报机构”出现了6次，“科学”却一次也没有被提及。从“指派情报机构准备一份有关新冠病毒起源的最新分析报告”“要求情报机构加倍努力搜集并分析信息”等措辞中，人们只能得出这样的结论：美方正试图将新冠病毒溯源“中情局化”。

新冠病毒“实验室泄漏论”被世界卫生组织和国际科学界否认，令美国一些政客倍感失望。他们转而把希望寄托在情报机构身上，企图以政治手段为科学问题作答，把嫁祸中国的戏码继续演下去。他们宁愿相信既不专业、更不透明的所谓情报报告，也不愿相信权威客观的溯源研究成果。如此反科学的行径何其荒谬！

美国的情报机构，在捏造谎言上不乏“前科”。2003年，美国中央情报局指责伊拉克“制造大规模杀伤性武器”，将战火引向这个无辜的国家，造成无数平民伤亡、无数家庭破散。但后来的事实证明，美方所谓情报是杜撰的，所谓证据不过是一小瓶洗衣粉而已。美国还曾以“相关情报显示叙利亚政府使用了化学武器”为由对叙利亚进行空袭，但事实证明，是美西方资助的“白头盔”组织摆拍了所谓“叙利亚化学武器袭击”视频。诸如此类，不一而足。

美国的情报机构，在大言不惭上没有底线。美国中央情报局前局长艾伦·杜勒斯曾公开表示：“把人们塑造成我们需要的样子，让他们听我们的……

只要把脑子弄乱，我们就能不知不觉改变人们的价值观念，并迫使他们相信一种经过偷换的价值观念。”曾担任中情局局长的美国前国务卿蓬佩奥，更是一语中的，自己揭开美国情报部门的黑幕：“我们撒谎、我们欺骗、我们偷窃。我们还有一门课程专门来教这些。这才是美国不断探索进取的荣耀。”

如今，美国一些政客急于将病毒溯源“中情局化”，无非是想在新冠病毒溯源问题上耍栽赃陷害的花招。这些人以为用“障眼法”“洗脑术”等伎俩，就能让人们相信“实验室泄漏论”，从而达到污名化中国的目的，未免低估了世人的智商。英国《金融时报》援引多名美国现任和前任政府官员的话分析指出，美国情报机构目前掌握的信息根本无法支持他们得出任何确定性结论，美国政府重提“实验室泄漏论”，是出于在涉华问题上展现强硬立场的政治目的。事实上，距离美国情报机构按政府要求拿出所谓“最终结论”的日子尚远，美国国会一些人已按捺不住，沆瀣一气，要求中国为造成疫情大流行负责。如此强盗逻辑，美国一些政客竟自以为天衣无缝，令人大跌眼镜。

新冠病毒溯源应当靠科学家而不是情报员，应当秉持公正立场而不是搞“有罪推定”，应当走团结合作之路而不是挑动对立。美方让情报机构调查病毒起源，为达到政治目的蓄意干扰病毒溯源国际合作的行径贻害无穷，本身就应该被调查并追责。

《人民日报》（2021 年 6 月 3 日）

诱导性报道损害自身公信力
——新冠病毒溯源不容政治操弄⑤

美国一些媒体严重违背新闻职业道德，在病毒溯源问题上一再抛出诱导性报道，堕落为谎言的放大器，必将给自己留下难以抹去的污点

美方近期制造的新冠病毒“实验室泄漏论”噪音，抹黑套路了无新意——个别媒体抛出诱导性报道，一些政客随之跟进，煽风点火。美方的这种“双簧”唱得多了，让世人更好地看清其借疫情大搞政治化、污名化的丑恶内心。

此次“实验室泄漏论”沉渣泛起，美国《华尔街日报》的一篇报道难辞其咎。这篇5月23日在《华尔街日报》网站上刊载的报道，唯一信源是一份“先前未披露的美国情报报告”，报道通篇的关键词都是“情报”。报道含沙射影，明显试图诱导读者将“实验室泄漏”的“罪名”强加于中国。但对于支撑其论调的证据，报道却语焉不详，充斥“可能”之类的表述，暴露出内心的空虚。在其官网上，《华尔街日报》对自身使命的描述是“提供事实、数据和信息，而不是断言或意见”。然而，不无讽刺的是，该报的这篇报道既不客观，也无公正性可言，只会自损公信力。

“实验室泄漏论”已被科学研究否认。人们不禁要问：《华尔街日报》难道相信一纸来路不明的情报报告就能推翻科学研究结果？这家报纸是如何掌握这份“先前未披露的美国情报报告”的？究竟是“独家获得”，还是有人“定向投送”？《华尔街日报》对这份所谓情报报告做过核实吗？人们注意到，这篇报道的作者之一迈克尔·戈登，在炮制谎言方面在美国新闻界可算是“大名鼎鼎”。2002年9月，就是当时在《纽约时报》任职的戈登与他人合写报道，率先大肆炒作伊拉克试图获得核武器，成为美国政府为发动伊拉克战争造势的借

口之一。但美国的出兵理由，最终却被证明是一个弥天大谎。

新冠肺炎疫情发生以来，美国一些政客刻意将疫情政治化，一些媒体则堕落为谎言的放大器。先有《华盛顿邮报》去年 4 月的专栏文章炮制所谓新冠病毒来自中国实验室的阴谋论，再有《纽约时报》今年 2 月妄言“中方拒绝分享可能让世界更加了解新冠肺炎疫情起源的原始数据”，此番《华尔街日报》上演丑陋接力，继续散布“实验室泄漏论”。这些美国媒体罔顾科学和事实，一再传播谎言，不仅是对新闻职业操守的严重背离，更破坏当前急需的国际抗疫合作的大气氛。世界卫生组织新冠病毒溯源研究国际专家组成员彼得·达萨克表示，中国已成为新冠病毒“实验室泄漏”阴谋论的受害者。《自然》杂志网站日前专门刊文指出，“实验室泄漏”论调会让各国更难就结束这场疫情大流行开展合作，并且会助长欺凌行为。

美国一些媒体与一些别有用心的政客相互勾连，不断借疫情散布谎言、污蔑中国，根源在于美国一些人无法接受中国发展壮大的事实。他们从零和思维出发，不断鼓吹战略对抗，日益沉迷于“信息战”“舆论战”等冷战戏码。美国一些政客正在鼓噪推出所谓“反制中国影响力资金”，说白了，就是要通过制造和散布虚假信息继续抹黑中国。美方如此明目张胆，再次刷新了人们对美式霸权的认知。

恪守职业道德，是新闻工作最基本的底线。新闻报道只有真实、客观、公正，才能经得起历史检验。美国一些媒体在病毒溯源问题上一再抛出诱导性报道，严重违背新闻职业道德，必将给自己留下难以抹去的污点。

《人民日报》（2021 年 6 月 4 日）

尊重科学、捍卫正义是人心所向

——政治操弄难掩美抗疫不力事实①

美方在政治操弄病毒溯源上大张旗鼓，对本国疫情的科学溯源却遮遮掩掩、讳莫如深，如此反科学的做法，理应受到国际社会的调查

截至北京时间7月19日，已有55个国家致函世界卫生组织总干事，支持世卫组织发布的中国—世卫组织新冠病毒溯源联合研究报告，呼吁坚持科学溯源，反对政治操弄。这些国家发出压倒性的正义声音，同美方裹挟少数国家搞政治操弄、反对科学、歪曲事实形成鲜明对照，充分反映了国际社会的公义所在和人心向背。

一个时期以来，以美国为首的少数国家搞疫情污名化、病毒标签化、溯源政治化的手段越来越露骨。他们公然漠视多国科学家的合作成果，大肆炒作“实验室泄漏论”。他们公然宣布让情报机构主导病毒溯源，不择手段污蔑中方。在这股歪风邪气的纵容和裹挟下，一些秉持科学精神进行溯源研究、就溯源问题发表客观公正言论的科学家，竟无端遭受政治压力、谩骂甚至威胁。这是对科学精神的背叛，是对人类文明的亵渎。

“从科学的角度看，‘实验室泄漏论’没有丝毫依据”，“专家对新冠病毒的自然起源没有疑义”，国际科学界得出的结论，与中国—世卫组织新冠病毒溯源联合研究报告得出的结论一致，科学性、权威性不容置疑。美国等少数国家之所以冒天下之大不韪，炒作“实验室泄漏论”，无非是为自身抗疫不力甩锅推责，并借此抹黑中国形象，遏制中国发展。国际社会持公正、客观观点的人士对这一图谋看得十分清楚。美国哥伦比亚大学微生物学与免疫学教授拉卡尼洛直言：“美国之所以一再在新冠病毒溯源问题上掀起波澜，是想把这个问题

加上政治色彩。”美国智库席勒研究所主席拉鲁什犀利指出，所谓“中国制造新冠病毒”这种恶意诋毁是西方打压中国的一贯手法。

美国等少数国家政治操弄病毒溯源，干扰全球溯源合作，破坏全球团结抗疫，亵渎公平正义。越来越多正义人士正在站出来，捍卫科学真相，主持公道正义。去年2月曾在权威医学期刊《柳叶刀》上发表联合声明支持中国、强烈谴责新冠病毒阴谋论的24位医学专家，不久前再次在该期刊发表联合声明，驳斥所谓“实验室泄漏论”，强调“最近的同行评审研究强烈表明新冠病毒是在自然界进化的”。意大利米兰萨科医院传染病部门主任马西莫·加利最近在意大利众议院社会事务委员会表示，新冠病毒“是一种未知病毒，内部没有基因工程的迹象”。

病毒溯源是一项长期性任务。越来越多科学研究表明，新冠病毒是多点多地暴发。世卫组织主导的下阶段溯源工作，应尊重这一现实，基于全球视野，在多国多地开展考察研究。美国国立卫生研究院不久前发表的研究成果指出，对去年前3个月在全美范围采集的逾2.4万名美民众血液样本的分析显示，新冠病毒2019年12月已在美出现，比1月19日官方首次确认发现病例提前数周时间。然而，美国政府却要求终止这项科学研究，理由是“干扰了对华溯源工作，对美国国家安全不利”。美方在政治操弄病毒溯源上大张旗鼓，对本国疫情的科学溯源却遮遮掩掩、讳莫如深，如此反科学的做法，理应受到国际社会的调查。

中国始终秉持科学、专业、严肃和负责任的态度，率先同世卫组织开展全球溯源合作，为全球溯源工作作出了积极贡献。无论个别国家怎样变换政治操弄的手法，一次次在国际上兴风作浪，都不会改变其抗疫不力的事实，也不会改变中国—世卫组织联合专家组作出的权威结论，更不会改变国际社会尊重科学、坚持正义的大势。在科学事实和公理正义面前，任何将病毒溯源政治化、向他国甩锅推责的企图，只会激起越来越多国家的强烈不满和反对，只能以失败告终。

《人民日报》（2021年7月20日）

自私与偏见破坏全球抗疫大局
——政治操弄难掩美抗疫不力事实②

大谈“美国回来了”的美国，并没有站到全球团结抗疫的队伍中来，而是热衷于拉帮结派、搞小圈子，打压他国，行的是破坏全球抗疫之实。其言行哪里还有一点大国该有的样子？

当前，新冠肺炎疫情起伏反复，病毒频繁变异，疫情防控形势依然严峻，国际社会迫切需要更多信心、合作和希望。然而，美国却出于政治私利和偏见，到处煽风点火，大搞疫情污名化、病毒标签化、溯源政治化。这种毫无底线的恶劣行径，破坏全球抗疫合作大局，是对人类生命健康的公然漠视。

以一己私利需要“设计”溯源结论贻害无穷。病毒溯源是严谨的科学研究，只有让科学家深入研究新冠病毒是如何出现、进化和传播到人类的，才能尽快找到战胜病毒的办法。从短期看，美国毫无根据地翻炒“实验室泄漏论”，肆意抹黑中国，将科学问题政治化，只会阻碍找到正确答案，干扰全球病毒溯源合作。从长远看，将病毒溯源政治化的逻辑荒唐至极。在一定程度上，人类文明史就是一部与病毒作斗争的历史。多国科学家担心，如果最早发布新冠病毒基因序列就要被污名化，今后还有哪个国家会及时报告新的病毒？如果因为讲真话就要被贴上种种莫须有的标签，今后还有哪些科学家愿意进行病毒研究？

美国在全球抗疫合作上未见出多少力，却在借抗疫谋取私利上用尽心思，可谓错上加错。由于一些政客不作为、乱作为，美国疫情始终不见缓解，迄今已报告超过 3400 万确诊病例，接近 61 万人死亡。作为世界第一大经济体，美国抗疫失败，本身就是对国际社会的严重拖累。不仅如此，美方还大打“抗疫利己主义”牌，做出截留他国抗疫物资、买断药物等被斥为“现代海盗”的令人不齿的行为。在全球抗疫的关键时刻，美国退出世界卫生组织，这是“对全人类的犯罪与背叛”。美国新一届政府上台后，大谈“美国回来了”。然而，人们失望地发现，美国并没有践行真正的多边主义，更没有站到全球团结抗疫的队伍中来，而是热衷于拉帮结派、搞小圈子，打压他国，行的是破坏全球抗疫之实。其言行哪里还有一点大国该有的样子？

奉行疫苗民族主义、挤占他国抗疫资源让美国的形象轰然倒塌。新冠疫苗是战胜疫情的有力武器，给全球抗疫斗争带来希望之光。但美国奉行疫苗民族主义，储备了远超于其需求的疫苗。数据显示，美国已抢购约 26 亿剂疫苗，占全球 1/4，远超自身所需，上亿剂疫苗正闲置在美国的仓库里。美国还以优先保证本国使用为借口，限制疫苗和原料出口。连美国媒体都表示，这是“道德上的暴行”。在国际社会的巨大压力下，美国虽然开始向世界提供疫苗，但行动明显缺乏诚意。美国曾承诺在 6 月底之前向世界其他地区提供 8000 万剂疫苗，但据美联社报道，截至 6 月 30 日，美国实际仅向国外运送 2400 万剂疫苗，不到承诺总数的 1/3；这些疫苗的交付只涉及 10 个国家和地区，与最初承诺的大约 50 个国家和地区相距甚远。美国杜克大学的研究人员估计，到 7 月下旬，美国将有至少 3 亿剂过剩疫苗。一方面，全球存在巨大的疫苗缺口，另一方面，美国却拥有过量疫苗储备。美国《华盛顿邮报》评论称：“这就是美国的最大失败之处：它只关心国内疫情，而对他国面临的疫情威胁反应迟缓，且口惠而实不至。”

在人类与新冠病毒的较量中，团结合作是战胜疫情的唯一选择。美国无休止地搞政治操弄，破坏全球抗疫大局，是狭隘、短视和自私自利的行径。害人终害己。奉劝美国不要一意孤行，还是早日找回良知，多担一些国际责任、多做一些有益于国际合作的事为好。

《人民日报》（2021 年 7 月 21 日）

“美国式失败”的罪魁祸首
——政治操弄难掩美抗疫不力事实③

深入分析美国疫情应对过程，美方专家也认为，美国疫情应对之所以失败，直接原因是美国一些政客将政治凌驾于科学之上，将政治私利置于人民生命健康之上，这是“美国式失败”的罪魁祸首

新冠病毒溯源是一个科学问题，这是常识。然而，直到今天，美方依然执迷于政治操弄，企图通过抹黑他国，转嫁自身抗疫不力的责任。但这种甩锅行径，丝毫不会改变美国民众因政府不作为、乱作为而付出惨痛代价这一事实。

美国号称拥有世界上最丰富的医疗资源和最强大的医疗护理能力，但在应对新冠肺炎疫情上却表现得一塌糊涂，以致沦为世界上确诊病例和死亡病例最多的国家。深入分析美国疫情应对过程，美方专家也认为，美国疫情应对之所以失败，直接原因是美国一些政客将政治凌驾于科学之上，将政治私利置于人民生命健康之上，这是“美国式失败”的罪魁祸首。如果美国能够秉持科学精神应对疫情，事情本不应如此。美国流行病学家、疾病控制与预防中心原负责人威廉·福格认为，“这是一场屠杀”。

疫情初现之时，时任美国政府领导人不仅无视科学警告，还专注于掩盖疫情信息，甚至发布虚假信息误导民众。从故意称新冠肺炎为“大号流感”，感染病毒的风险和死亡率“非常低”，到宣称疫情会很快“奇迹般地消失”，导致疫情防控“黄金窗口期”被白白浪费。《纽约时报》网站去年 4 月的报道指出，时任美国政府领导人宁肯相信自己的直觉也不相信科学，错失时机，断送了大量无辜的生命。即便疫情已在美国大范围蔓延，确诊病例和死亡病例升至全球第一，美国政府出于政治算计，依然在佩戴口罩等问题上大做文章。美国政府

疫情应对的混乱无序，让本国民众无所适从。去年 10 月，国际权威医学期刊《新英格兰医学杂志》专门发表社论，批评美国政府无视甚至诋毁专家，几乎每一步都出现失败，最终“将一场危机变成了一场悲剧”。

时至今日，政治层面的利益博弈和党派攻讦，仍在拖累美国疫情防控。近来，美国每日新增确诊病例数、新增住院病例数和新增死亡病例数再次上升，卫生专家认为这与部分政客鼓动民众盲目抵制疫苗接种密切相关。美国一些政客深陷“为反对而反对”的漩涡不能自拔。美国《密尔沃基独立报》网站文章强调，政治斗争把这场疫情应对变成针对反对者的战争，“但这只会浪费生命、拖延抗疫进展并加剧痛苦”。美国有线电视新闻网近日刊发的一篇文章指出，美国政治领导人从这一流行病中榨取政治利益的一贯努力仍在继续，一些政客博眼球的行为，只会加重人们的痛苦。

在抗击这场世纪疫情的大考中，美国一些政客将政治利益、选票利益、资本利益置于民众生命健康之上，充分说明他们所标榜的民主、人权在他们心中无足轻重。这一点，深受其害的美国民众和国际社会看得很清楚，绝不是靠甩锅别国就能掩盖的。加利福尼亚大学洛杉矶分校医学教授戴维·哈耶斯－鲍提斯塔指出，美国其实不应死那么多人，是政府选择了不作为导致悲剧的发生。美联社与芝加哥大学全国民意研究中心联合创办的公共事务研究中心的一项民意调查显示，大多数美国民众认为美国政府需要为美国的疫情危机负责。

罔顾科学搞政治操弄和甩锅游戏，美国一些政客的所作所为已让本国民众饱尝苦果。当前，全球疫情防控形势依然严峻，美国一些政客竟然又故伎重施。如此不负责任，将再造成多少恶果，美国又将何以面对本国人民和国际社会？有一点很明确，丧失良知，终究是免不了自食其果的。

《人民日报》（2021 年 7 月 22 日）

自欺欺人的“精神胜利法”

——政治操弄难掩美抗疫不力事实④

社会深度撕裂，种族鸿沟固化，贫富差距拉大，疫情成为美国社会问题的放大器和催化剂。无论过去还是今天，美国一些政客不作为、乱作为，既是对社会撕裂这一现实的迎合，更是对社会撕裂这一创伤的强化，导致美国陷入疫情“恶化—缓和—反弹”的恶性循环

日前，有美国媒体在其发布的“全球抗疫排名”中，通过改变评价指标等，将美国排在了第一位。与此形成反讽的是，美国每日新增确诊病例数、住院病例数、死亡病例数等疫情核心指标严重反弹，所有50个州的感染病例增幅均在上升，新冠疫苗接种率增长却几近停滞。将荒诞的抗疫排名与残酷的疫情现状对比，不难看出美国一些人急于掩盖本国疫情应对失败的焦虑心态。这也是美国一些政客处心积虑将疫情污名化、病毒标签化、溯源政治化以达到甩锅他国企图的根本原因所在。

然而，不论美国一些政客的如意算盘打得多响，他们也摆脱不了美国社会问题的束缚。美国社会问题根深蒂固，是美国疫情应对绕不开的陷阱。从深层次上看，种族鸿沟、贫富差距、社会撕裂等问题，是美国抗疫失败的重要原因。无论过去还是今天，美国一些政客不作为、乱作为，既是对社会撕裂这一现实的迎合，更是对社会撕裂这一创伤的强化，导致美国陷入疫情“恶化—缓和—反弹”的恶性循环。

在社会深度撕裂的美国，“团结抗疫”是一句遥不可及的口号。“就像人一样，一个国家在危难之际也会显露出真正的面目。没有团结一致，这场危机展现的，是美国人数十年里如何在政治维度上做到了‘保持社交距离’。”英国广

播公司驻美国记者尼克·布莱恩特的这番话可谓一针见血。今年4月，美国全国广播公司发布的民调结果显示，82%的受访美国人认为美国处于分裂状态，种族和政治紧张局势在加剧。美国知名政治学者弗朗西斯·福山指出，面对史无前例的疫情，美国人本应放下分歧、团结应对，但总的来说，疫情“加剧了美国的政治极化”。

在种族鸿沟固化的美国，其抗疫过程更像是一个“关于不平等的故事”。美国少数族裔与白人相比，感染、住院和死亡风险都要高得多，疫苗接种率却低得多。美国疾病控制与预防中心今年6月的数据显示，拉美裔感染新冠病毒的风险是白人的2倍，需要住院治疗的风险是白人的2.8倍，死亡的风险是白人的2.3倍。该中心的数据还显示，截至5月12日，美国白人的疫苗接种率比拉美裔高出66%，比非洲裔高出56%。美国健康政策研究机构凯泽家庭基金会成员萨曼莎·阿蒂加指出，曾经被不公正对待的经历让非洲裔美国人难以信任医疗机构。“这是一个结构性种族主义的问题，它在过去几个世纪就有了起源。”近日在做完有关疫情种族差异的研究后，美国宾夕法尼亚大学医学院医疗保健创新中心执行主任戴维·阿施发出如此感慨。

在贫富差距拉大的美国，财富的数量决定着个体拥有的生命健康权的多少。因没有医疗保险而不敢接受治疗，是许多美国家庭不得不面对的现实。联合国极端贫困与人权问题特别报告员菲利普·奥尔斯顿指出，美国穷人正受到新冠病毒最严重的打击，更容易感染病毒，死亡率更高。疫情进一步拉大了美国的贫富差距——当上千万美国人因疫情失去工作和收入之时，650多名亿万富翁的财富在过去一年增加了1.3万亿美元。美国税收公平组织执行主任弗兰克·克莱门特指出：“疫情危机正在压垮美国的有色人种和低收入工人，而几乎全是白人的亿万富翁们却实现了财富的飙升。”

疫情成为美国社会问题的放大器和催化剂，暴露出一场典型的美国式危机。社会如此撕裂的美国，抗疫失败是注定的。硬将美国推上“全球抗疫排名”第一的座位，不过是自欺欺人的“精神胜利法”罢了。对痴迷于歪门邪道的一些美国政客而言，早日回归现实，正视问题，拿出勇气刀刃向内，才是正道。继续甩锅推责，只会徒增悲哀。

《人民日报》（2021年7月23日）

究竟谁的立场“极不负责且危险”？

——政治操弄难掩美抗疫不力事实⑤

要求对他国进行调查时，美国总是将“透明”“负责”的口号挂在嘴边；面对国际社会对其诸多疑点的质疑时，美国却总是三缄其口。如此鲜明反差，除了美国一贯在国际事务中秉持的“双标”立场之惯性使然，也让人们越来越有理由怀疑其背后有不可告人的秘密

7 月 22 日，中国政府就新冠病毒溯源问题举行新闻发布会，指出第二阶段溯源应该在第一阶段溯源的基础上来延伸，应该以世卫大会有关决议作为指引，经过成员国充分讨论磋商后开展，强调对第一阶段病毒溯源已开展过的，尤其是已经有了明确结论的，就不应该再重复开展。中方的这一立场体现了按科学原则推动溯源工作的负责任态度，反映了国际社会的广泛共识。然而，美国白宫新闻秘书却无端将所谓“极不负责且危险”大帽扣给中方，这不仅是对常识的漠视，是对科学的傲慢，其根本目的，还是为了继续通过抹黑中国来掩盖自身抗疫失败的事实、推卸拖累全球抗疫大局的责任。

在病毒溯源问题上，究竟谁的立场“极不负责且危险”？对这个问题，国际社会的判断正变得越来越清晰。一段时间以来，美国一些人围绕溯源问题大搞政治操弄，在栽赃他国时无所不用其极，不惜凭空捏造所谓“疑点”，但对涉及本国疫情早期传播的重重疑点，却始终讳莫如深。要求对他国进行调查时，美国总是将“透明”“负责”的口号挂在嘴边；面对国际社会对其诸多疑点的质疑时，美国却总是三缄其口。如此鲜明反差，除了美国一贯在国际事务中秉持的“双标”立场之惯性使然，也让人们越来越有理由怀疑其背后有不可告人的秘密。

国际社会有充分理由要求对美国进行病毒溯源调查。根据美国媒体自己的报道，美国国立卫生研究院的研究发现，美国 5 个州的新冠病毒感染证据在 2019 年 12 月就已出现。佛罗里达州 171 名新冠肺炎患者出现症状早于该州首例报告病例。新泽西州贝尔维尔市市长 2019 年 11 月就已感染新冠病毒，比美国报告首例确诊病例早了两个多月。2019 年 7 月，电子烟肺炎“大白肺”席卷美国多州，其症状同新冠肺炎症状极其相似。2019 年 12 月 13 日至 2021 年 1 月 17 日，美国有 9 个州常规献血存档样板中新冠病毒检测抗体有 106 份呈阳性反应。劣迹斑斑的德特里克堡生物实验室及 200 多个美国海外生物实验室，更是疑云不散。如此种种，美国显然欠世界人民和国际社会一个交代。

回答好“病源从哪里来”，事关全球公共卫生安全，事关人类能否更有效应对类似的疫情冲击。如果美国是真心想弄清楚这个科学问题，真正为全球公共卫生安全着想，为什么要对自身疑点保持沉默，拒不回应国际社会关切？除了心虚，人们也越来越有理由怀疑，美方从一开始就醉翁之意不在酒，摆出“关心”病毒溯源的架势，是为了达到科学之外的目的，充分暴露了其为所欲为的霸权心态。

为了诓骗世人，美国一些政客甚至搞起了“溯源恐怖主义”。据报道，多位秉持科学精神进行溯源研究的科学家，就因为在溯源问题上发表客观公正言论，竟招致政治高压、网络谩骂甚至人身威胁。一位参与过相关研究的西方科学家对媒体直言，“这是一场有组织的政治运动”。此类跌破底线的行径，必然招致全球科学力量、正义力量的共同反对。英国惠康基金会总监杰里米·法勒强调，新冠病毒溯源只能凭可靠的科学证据，“那些出于政治目的、无根据的谣言或阴谋论没有容身之地”。

新冠病毒溯源要靠科学家在全球范围内多点多地进行考察研究。任何出于一己私利、背弃科学精神、搞政治操弄的行径，只会严重干扰和破坏全球抗疫合作，只会激起国际社会的强烈不满和反对。美方当务之急应该做的，是反躬自省，纠正错误，回应国际社会关切，而不是发表罔顾事实、不负责任的言论，企图继续推卸责任、混淆视听。

《人民日报》（2021 年 7 月 24 日）

美国的行为无异于“输出病毒”
——政治操弄难掩美抗疫不力事实⑥

作为全球医疗技术最发达、最成熟的国家，美国非但没有在境内控制住疫情，导致迄今本国近3500万人确诊新冠肺炎，超过61万人失去生命，还造成病毒向境外扩散，成为名副其实的病毒扩散国。这样的美国，哪里表现出一点责任心？又何曾真正关心过生命？

一段时间以来，美方到处煽风点火，不断加大对新冠病毒溯源的政治操弄，貌似对疫情溯源十分上心，实则没有做任何对科学溯源和全球团结抗疫有益的事。然而，美国政府一些人士在借病毒溯源抹黑中国时，竟大言不惭地大谈“责任”和“拯救生命”。人们不禁要问，和中国在短时间内取得抗疫的重大战略成果相比，美国作为全球医疗技术最发达、最成熟的国家，非但没有在境内控制住疫情，导致迄今本国近3500万人确诊新冠肺炎，超过61万人失去生命，还造成病毒向境外扩散，成为名副其实的病毒扩散国。这样的美国，哪里表现出一点责任心？又何曾真正关心过生命？

美国国内抗疫失败，且未采取实质有效的出境控制措施，加剧了疫情全球扩散。根据美国国家旅游办公室发布的数据，2020年4月至2021年3月，美国公民累计经空港、陆地出国2319.5万人次。2020年11月至2021年1月系美国疫情高峰期，日均新增确诊病例18.6万例，同期美国公民日均出国8.7万人次，达到阶段峰值。美方的不负责任，导致多国出现自美输入病例。以色列特拉维夫大学2020年5月研究结果显示，该国约70%确诊病例感染的病毒毒株来自美国。韩国媒体今年2月25日报道，该国7000例输入病例中，35%来自美国。新西兰媒体报道，2020年2月至2021年1月初，自美输入病例达 182 例，位居第二位。澳大利亚卫生部 2020 年 5 月公布，该国 6000 多例确诊病例中，14% 自美输入。美国无视科学、自行其是的做法，严重威胁他国民众的生命健康。

美国不顾国际社会反对，丝毫不讲国际道义，大规模遣返非法移民，造成拉美国家疫情加剧。据美国有线电视新闻网援引美国国土安全部边境巡逻部门消息，2020 年 3 月至 9 月，美国共遣返 16 万非法移民。美国媒体报道指出，许多中美洲非法移民在避难所生存条件差，在被遣返前既未隔离，也未接受新冠病毒检测。危地马拉、牙买加、墨西哥、海地等国均报道自美遣返人员中发现大量确诊病例。危地马拉卫生部长 2020 年 4 月表示，50%~75% 的自美遣返人员被确诊，占该国确诊人员总数的 19%，其中仅 4 月 13 日一架载有 76 名自美遣返人员的航班中，就有 71 人核酸检测阳性。2020 年 4 月 8 日，美国华盛顿拉丁美洲研究所等 60 多家机构发表联合声明，谴责美国在全球旅行受到限制且各地都执行严格管控政策之时加紧遣返非法移民，将全球置于危险之中。《纽约时报》发表评论直言，美国将成千上万可能已感染新冠病毒的人遣返回没有能力应对这一病毒的贫穷国家，这一行为无异于“输出病毒”。

美国驻外人员视他人健康为儿戏，不遵守当地防疫规定造成病毒扩散。2020 年 7 月初，日本冲绳县知事召开新闻发布会说，驻日美军基地数十名士兵确诊，但美军拒绝采取隔离措施，大批士兵离开基地在外狂欢。2021 年 5 月 31 日，大量驻韩美军人员休假外出，在釜山海云台海滩聚集且拒不佩戴口罩，引发当地民众不满。有美国媒体指出，五角大楼的这一做法，简直就像是在“四处放毒”。

大量事实表明，美国是全球抗疫进程中最大的绊脚石。美方种种不负责任的政策无异于向全世界投毒，一些发展中国家更是深受其害。如今，美方一面将病毒溯源这一严肃的科学问题政治化，一面却努力想装出一副负责任的样子，企图通过虚伪的表演，继续蒙骗国际社会，以达到其不可告人的政治目的。

行胜于言。真正的责任感必须也只能体现在行动上。美国自己的最新实时统计数据显示，7 月 23 日，美国日增确诊病例近 12 万，为 5 个多月来最高。在切实控制住本国疫情、在停止“抗疫利己主义”、在真正展现透明度回应国际社会质疑之前，美国根本没有资格奢谈“责任”和“拯救生命”这样的词汇。

《人民日报》（2021 年 7 月 25 日）

美国何以沦为谣言的制造和传播者？
——政治操弄难掩美抗疫不力事实⑦

美国政府不思如何有效抗疫，却出于一己私利和借疫情打压中国的地缘政治考虑，从未停止制造和传播政治病毒的努力。美国制造的政治病毒的传播，已成为全球性公害

制造并传播谣言，操控利用媒体，炒作所谓“证据”，大搞“有罪推定”，是美国政府诋毁、抹黑、打压他国的惯用伎俩。在伊拉克、叙利亚等问题上，美国政府和媒体上演“双簧”，精心炮制“洗衣粉事件”“白头盔视频”等，造成的严重后果绵延至今，已成为美国身上洗不去的污点，也让人们对美式霸权思维和霸凌行径之危害，有了更清醒的认识和警惕。

如今，在病毒溯源这一严肃的科学问题上，美方故伎重施，企图通过妖魔化、污名化中国，达到甩锅推责、遏制中国发展的目的。人们不禁要问：在病毒溯源问题上，美国难道是想再上演一次“洗衣粉事件”，再制造一些耸人听闻的“白头盔视频”？如果美国真的这么想，既无助于改变其抗疫失败的事实，更是对正以不可阻挡的步伐迈向伟大复兴的今日中国维护自身权益之决心、意志和能力的严重误判。

一年多来，美国政府不思如何有效抗疫，却出于一己私利和借疫情打压中国的地缘政治考虑，从未停止制造和传播政治病毒的努力。从将“新冠病毒”篡改为“中国病毒”，到制定谈话要点、唆使美国官员将疫情责任推到中国身上；从专门撰写长达 57 页的“谎话红皮书”，指导美国政客借疫情抹黑中国，再到一次次抛出“实验室泄漏论”等论调；从启动臭名昭著的情报化操作，企图将“实验室泄漏”的“罪名”强加给中国，到诉诸“溯源恐怖主义”，胁迫

世界卫生组织和一些科学家放弃公正客观立场，使第二阶段溯源工作有丢失科学客观原则、偏离正确轨道的风险……在制造并传播谣言方面，美国无所不用其极，是对人类文明底线和国际关系准则的肆意践踏。

一年多来，美国近 3500 万人确诊新冠肺炎，超过 61 万人死亡，始终走不出“恶化—缓解—恶化”的疫情怪圈，足以说明谣言害人更害己。早在去年 2 月，世界卫生组织就明确指出，打击与疫情相关的谣言十分关键，因为谣言会损害全球抗击疫情的努力。世卫组织为此专门成立了“谣言传染病”管理团队。国际权威医学期刊《柳叶刀》曾刊登 27 名全球顶尖公共卫生领域科学家签署的联合声明，强烈谴责关于新冠病毒的阴谋论。声明警告，阴谋论除了制造恐慌、谣言、偏见以及损害全球共同抗击疫情的努力外，别无他用。

一年多来，美国制造的政治病毒的传播，已成为全球性公害。正是在美方谣言的蛊惑下，美国与一些国家刮起歧视亚裔的歪风，针对亚裔的暴力事件明显增多。正是因为美国的胁迫，新冠病毒溯源工作不能以科学、专业、客观精神向前推进。世界卫生组织新冠病毒溯源研究国际专家组成员彼得·达萨克表示，中国已成为新冠病毒“实验室泄漏论”的受害者。英国《自然》杂志刊文指出，美国力推“实验室泄漏论”令人不安，这些有毒言论可能阻碍病毒溯源工作。

然而，无论如何包装，谎言终究是谎言，在事实面前不值一驳。在新冠病毒溯源第一阶段工作中，中国秉持公开、透明、科学、合作的原则，全力支持由多国科学家组成的世卫组织专家组工作，尽全力组织协调相关单位，完全满足世卫组织专家参访的要求。专家们去了所有想去的地方，会见了所有希望见到的人。中方有充足的证据显示，武汉病毒研究所没有开展过冠状病毒增益功能研究，没有所谓的人造病毒，该所职工和研究生没有一人感染新冠病毒；新冠病毒没有人工改造的痕迹，这从根本上否定了人造病毒的可能性。正是基于这样的事实和自信，在对当前疫情最严重且疑点重重的美国开展病毒溯源调查之前，中方不会也不可能接受不尊重常识和科学、以抹黑中国为目的的第二阶段溯源工作计划。

美国不断借疫情散布谎言、污蔑中国，根源在于美国一些人无法接受中国发展壮大的事实。美方如此行径，再次刷新了人们对美式霸权的认知，也让人们看清了美国对当今世界发展大势的无知。美方似乎忘记了，它所面对的，是一个拥有坚强决心、坚定意志和强大能力捍卫国家主权和领土完整的世界第二大经济体，是一个致力于推动构建人类命运共同体、以自身新发展为世界提供新机遇的中国。迄今，已有近60个国家致函世界卫生组织，认同第一阶段溯源研究成果，反对溯源政治化图谋。短短几天内，1200多万中国网民签名呼吁世卫组织对美国开展溯源调查，就是世界范围内民意的体现。

“你可能在某个时刻欺骗所有人，也可能在所有时刻欺骗某些人，但不可能在所有时刻欺骗所有人。”美方苦心孤诣制造并传播的谣言，终究蒙蔽不了世人的眼睛，掩盖不了事实真相，注定将走向破产失败。

《人民日报》（2021年7月26日）

“美国优先”是对多边主义的最大伤害
——政治操弄难掩美抗疫不力事实⑧

为给自己抹黑他国、破坏全球抗疫的行径披上合法外衣，美方动辄打着“多边机构”“伙伴国家”的旗号，企图以国际社会代言人自居。事实表明，嘴上喊着“美国回来了”的美国政客，心里想的仍然是“美国优先”，他们心中只有利己主义

美国疾病控制与预防中心的统计显示，截至7月23日，美国过去一周平均日增新冠肺炎确诊病例40246例，较一周前增加46.7%。面对再趋紧张的疫情形势，美国一些政客的心思却没有放在本国抗疫上，而是继续玩弄疫情污名化、病毒标签化、溯源政治化的老把戏。为给自己抹黑他国、破坏全球抗疫的行径披上合法外衣，美方动辄打着“多边机构”“伙伴国家”的旗号，企图以国际社会代言人自居。然而，美方行径完全违背国际社会共识，是彻头彻尾的伪多边主义。

美方翻手为云、覆手为雨的政治操弄，给全球抗疫合作带来严重破坏，也给世卫组织工作造成巨大困扰。从去年公然违背世卫组织等有关规定在病毒名称上搞污名化，到悍然退出世卫组织，再到今年纠集个别盟国否定中国—世卫组织新冠病毒溯源联合研究报告，公然让情报机构主导病毒溯源，一再炒作有罪推定的“实验室泄漏论”，美方的目的很清楚，就是转移自身抗疫不力的责任，达到抹黑打压中国的政治目的。事实表明，嘴上喊着“美国回来了”的美国政客，心里想的仍然是“美国优先”，他们心中只有利己主义。

越来越多证据表明，美国存在疫情早期传播疑点。国际社会有充分理由要求美国接受病毒溯源调查，但美国对国际社会的严重关切始终讳莫如深。截至

7月26日，已有1300多万中国网民签名呼吁世卫组织调查美国德特里克堡生物实验室。不少外国网民也在社交媒体上提议对各国民众开放签名，因为“全世界都想知道新冠病毒溯源的真相”。美国布朗大学沃森国际和公共事务研究所高级研究员斯蒂芬·金泽表示，德特里克堡生物实验室不仅有“黑历史”，曾与日本战犯合作，而且目前仍然是美国生物战研究的中心，对该实验室进行深入调查“会非常引人关注”。但据美国媒体报道，美国政府内部警告“不要对新冠病毒的起源进行调查，否则可能打开装满蛆虫的罐子”。美方一面对国际社会的质疑置之不理，一面却四处宣扬自己对“多边方式的支持”。对美国来说，它所宣称的多边主义的唯一标准就是可以为其所用。这种赤裸裸的伪多边主义，是对以国际合作为目标的真正的多边主义的最大伤害。

美式多边主义的实质是拉帮结派，搞“小圈子”和集团政治，把自身霸权意志强加于人。世卫组织秘书处提出的第二阶段溯源工作计划之所以遭到众多国家反对，是因为该计划不顾第一阶段溯源工作得出的科学结论和病毒源头呈现多国多源多点的现实证据，坚持将“中国违反实验室规程造成病毒泄漏”作为研究重点。这不得不让人认为，这份无视科学和常识、将中国作为唯一目标国的工作计划，是在呼应美国鼓噪的“实验室泄漏论”，完全是为了服务于美国打压中国的政治需要。有英国学者指出，华盛顿不仅利用联盟政治影响世卫组织的调查过程，还在各种场合对世卫组织施压。很显然，美国重返世卫组织这一全球最大的公共卫生领域的专业性国际组织，并不是为了加强国际抗疫合作，而是为了借台散布不利于中国的政治病毒。对美国来说，政治逻辑早已压倒了科学逻辑，只要能抹黑中国，其行事根本没有底线可言。美国《连线》杂志网站刊文指出，一些美国人并不想要一个答案，只是想利用病毒溯源这一漫长且复杂的科学过程，加深人们的疑虑，向中国泼脏水，转移美国国内政治矛盾的焦点。

必须指出的是，美方以为靠拉帮结派、胁迫施压就能在世界上“带节奏”，显然是错判了形势。美国代表不了国际社会，更没有资格以国际社会的名义到处指手画脚。在病毒溯源问题上，越来越多国家认同第一阶段溯源研究成果，反对溯源政治化图谋，充分说明病毒溯源计划不能偏离真正的多边主义，必须坚持成员国主导、经成员国充分协商。

要合作，不要抹黑；要真相，不要谎言；要科学，不要政治操弄。这是病毒溯源问题上的正道。一年多来，美方在病毒溯源问题上大搞政治操弄，已经让美国民众吃够了苦头。当前，美国疫情形势正在恶化，连美国媒体都认为“留给政府应对的时间已经不多了”。美方继续执迷不悟，以多边之名行单边之实，只会让自己更加孤立，让本国民众吃更多苦头。

《人民日报》（2021 年 7 月 27 日）

美国要重塑的“领导力”其实是“破坏力”

——政治操弄难掩美抗疫不力事实⑨

美国在病毒溯源问题上的错误言行，是其在国际事务中日益浓重的零和对抗思维的真实外露。为修复美国形象，美国现政府摆出了一副“痛改前非”的姿态，并不时高谈阔论“多边主义”“国际责任”。然而，为维护美式霸权，美国现政府同样不惜践踏国际规则，破坏国际合作

与上一届美国政府在国际舞台上上演的一系列退群毁约的戏码不同，美国新一届政府自成立以来，一再高喊“美国回来了”，号称要“重塑美国的领导力”。然而，面对仍在全球肆虐的新冠肺炎疫情，美国在新冠病毒溯源问题上的一系列霸道蛮横做法，却让越来越多国家深感失望，也让人们对美国所要重塑的“领导力”有了更清晰的认知。为推卸自身抗疫失败的责任，为转移国内民众对现政府在解决党争激烈、社会分裂、经济恢复等诸多问题上乏善可陈的不满情绪，美国现政府完全走上了前政府霸权霸道霸凌的老路。为了抹黑打压中国，美国拉帮结派，大搞栽赃陷害，毫无科学精神，严重背弃道义。事实表明，美国所要重塑的所谓“领导力”，正表现为对全球抗疫的巨大“破坏力”。

美国是病毒溯源政治化的最大推手，为达到其不可告人的政治目的，无所不用其极。一年多来，疫情肆虐全球，病毒频繁变异，全球共同应对挑战的呼声日益强烈。然而，自视为世界第一科技强国、总是把“以调查为基础”挂在嘴边的美国，却始终无视科学和事实。美国公开拉拢盟国在溯源问题上向世卫组织施压，自导自演情报溯源闹剧，反复炒作有罪推定的“实验室泄漏论”，公然在世卫组织等平台上散布政治病毒。美方的种种危险做法，引发诸多质

疑批评。英国《自然》杂志网站报道指出，要求对武汉病毒研究所开展调查的行为会适得其反，因为这听起来像是一种指控。墨西哥传染病学专家赫拉尔多·佩雷斯认为，美国更多是出于自身利益考虑，然而，“尝试寻找一个谴责对象是毫无意义的行为”。

美国在病毒溯源问题上的错误言行，是其在国际事务中日益浓重的零和对抗思维的真实外露。众所周知，美国上一届政府奉行“美国优先”，不断退群毁约，不断对他国搞强权霸凌，引起国际社会普遍反对。为修复美国形象，美国现政府摆出了一副“痛改前非”的姿态，并不时高谈阔论“多边主义”“国际责任”。然而，尽管美国政客嘴上说得很动听，但人们却日益看清，美国现政府的外交政策不过是新瓶装旧酒。为维护美式霸权，美国现政府同样不惜践踏国际规则，破坏国际合作。法国《回声报》报道指出，从根本上说，当前美国政府的优先事项与特朗普时期相差不远。美国纽约大学经济学荣休教授梅尔文·克劳斯指出，当前美国的外交政策框架与上届政府的“美国优先”方针没有太大区别，甚至在应对疫情时也遵循某种形式的“美国优先”政策。

和上一届美国政府相比，现政府显然在拉帮结派上花了更多心思，手法也更娴熟，更擅长以多边之名行单边之实，用更花哨的伪装来搞“美国优先”。美国政客或许以为，靠搞伪多边主义就能蒙骗世人，就能让美国重新获得此前丧失的国际“领导力”。这一想法未免太天真幼稚了些。在应对疫情这一全球性挑战面前，真正的领导力体现在促进国际社会团结合作上，而不是甩锅推责上。在病毒溯源问题上，真正的领导力体现在尊重科学与事实上，而不是政治操弄上。在人类对抗病毒的赛场上，美方罔顾生命健康，优先选择是争夺影响力，遏制打压他国。这一错误的出发点，决定了美方所谓重塑“领导力”的行动，最终只会南辕北辙，只会引发更多反对。美国林赛集团高级顾问约瑟夫·沙利文在《外交政策》杂志撰文直言，评判美国外交的标准不应是言辞，而是行动，目前的美国政府仍在以有损世界其他国家利益的方式追求美国利益。

在各国迫切需要加强团结合作以共度时艰的关键时刻，大国要有大国的样子，展现真正的责任担当。执迷于对抗游戏的美国，已成为全球团结合作的最大障碍。在 21 世纪的今天，任何国家如果还抱持冷战思维，还想从冷战工具箱里翻找过时的工具，为遏制打压他国拉“小圈子”、搞集团对抗，最终只会被时代所抛弃，所谓的重塑“领导力”更是妄想。

《人民日报》（2021 年 7 月 28 日）

究竟谁在破坏科学规范不言自明

——政治操弄难掩美抗疫不力事实⑩

中国反对受到严重政治化干扰的第二阶段溯源工作计划，就是在维护病毒溯源的科学性和公正性，就是在维护全球团结抗疫的大局，就是在维护人类健康福祉

7月27日，美国撺掇其盟国的个别人士，以所谓科学官员的名义发表声明，继续向中国施压：中国如果不接受第二阶段计划，就没有尽帮助世界从危机中吸取教训的共同责任，就是对科学界长期公认的规范的破坏。其实，这份罔顾事实的声明，与其说给中国听，不如直接抛给美国。究竟谁没有为世界早日摆脱疫情困扰而努力？究竟谁没有维护科学规范？在显而易见的事实面前，答案早已不言自明。

世界卫生组织秘书处日前提出的第二阶段溯源工作计划，是一份丢失科学客观原则、缺乏合作精神的文件。这不是一份真正找寻病毒源头的计划，而是设法抹黑中国的计划，中国不会也不可能接受。中国不仅最早成功控制住了疫情，而且尽己所能为国际抗疫合作提供物资、知识和疫苗援助。同时，中国也是最早同世卫组织分享有关数据、全面参与溯源科学研究的国家。今年年初，中国—世卫组织新冠病毒溯源研究联合专家组秉持科学思维，以事实证据为基础，共同合作开展全球溯源中国部分工作。中国秉持公开、透明、科学、合作的原则，全力支持世卫组织专家组工作，完全满足了专家参访的要求，为推动病毒溯源国际合作作出了表率。联合研究报告科学评估了关于病毒引入人类的路径，明确得出了“实验室泄漏极不可能”的结论，国际科学界对此已有广泛共识。可以说，全球病毒溯源研究的中国部分已经出色完成。反观美国，一场疫情在世界最发达国家竟造成逾61万人死亡、近3500万人感染的惨剧，其

自行其是的政策还导致疫情向周边国家迅速扩散。两相对比，究竟谁没有为世界早日摆脱危机而尽责尽力？

病毒溯源是科学和病毒的赛跑，是一项严肃而又迫切的工作。第二阶段病毒溯源工作理应在第一阶段溯源工作的基础上来延伸，对已经开展过的，尤其是已经有了明确结论的，就不应该再重复开展。浪费时间就是对生命的最大漠视。越来越多科学研究显示，疫情源头呈现多国多地多点的特点，美国等国家出现遭病毒侵袭案例的时间明显早于武汉首例病例。下一阶段溯源工作理应在全球多国特别是目前疫情最严重且疑点重重的美国展开。然而，第二阶段溯源计划坚持将“中国违反实验室规程造成病毒泄漏”作为研究重点，刻意忽略全球早期病例、冷链传播病毒等重要研究方向，将矛头直指中国，不仅毫无道理地推翻了第一阶段溯源工作的科学结论，而且对美国等国家的严峻疫情选择性失明。如此违背科学和常识的计划背后，究竟是谁在破坏科学规范？这不得不让人得出结论，这份所谓的病毒溯源第二阶段工作计划，受到严重的政治干扰，早已背离了科学的初衷。正如有专家指出的，第二阶段溯源计划“是对花了数月时间用尽心血试图找出大流行根源的专家智商的侮辱”，更是对科学与事实的彻底背叛。

第二阶段溯源工作计划是对国际溯源合作和全球抗疫努力的干扰和破坏。第七十三届世界卫生大会通过 73.1 号决议，明确要求世卫组织继续与有关国际组织以及各成员国密切合作，通过开展科学合作实地考察等工作，查找新冠病毒的动物源头和向人类的传播途径。这意味着制定下阶段溯源工作计划必须坚持成员国主导，世卫组织应同成员国充分协商，并达成一致。工作计划起草过程应当是公开透明的，不应由少数国家主导，贴有明显的国家立场标签。目前的第二阶段溯源工作计划起草过程缺乏透明度，是政治操弄的产物。迄今已有近 60 个国家致函世卫组织，认同第一阶段溯源研究成果，反对溯源政治化图谋，这充分反映了国际社会的公义所在和人心向背，这些国家的声音应该也必须受到尊重。

把病毒的源头搞清楚，可以有效防止类似疫情的再次发生。病毒溯源工作不应被政治病毒感染，不能成为个别国家甩锅推责、遏制打压他国的工具，更不能因此导致国际社会走向分裂。中国反对受到严重政治化干扰的第二阶段溯源工作计划，就是在维护病毒溯源的科学性和公正性，就是在维护全球团结抗疫的大局，就是在维护人类健康福祉。

具有讽刺意味的是，这些所谓的科学官员在要求中国维护科学规范的同时，貌似公正地表示：“我们希望这些标准适用于所有地方，包括我们自己的国家。”如果他们说的是实话，那么，他们就应该推动他们各自国家的政府同中国政府一样，秉持开放透明态度和科学精神，邀请世卫组织专家到本国开展溯源研究，分享交流研究成果，为全面、客观、科学地描绘出病毒传播图谱作出实实在在的贡献。建言并推动本国政府摒弃对病毒溯源的政治化操弄，让科学回归科学，才是科学官员应有的良知和作为。

《人民日报》（2021 年 7 月 29 日）

反科学让美国走上错误的方向
——政治操弄难掩美抗疫不力事实⑪

美国一些政客把政治手段当作对抗新冠病毒的武器，把矛头对准其他国家，就像挥舞长矛向风车发动攻势的堂吉诃德，既拿错了武器，也选错了作战对象。这样的美国，岂有抗疫不败的道理？

7月28日，在联合国大会关于听取新冠肺炎疫情应对评估独立专家组通报的非正式会议上，美国代表不顾会议初衷，再次滥用联合国平台，污蔑中国拒绝世卫组织秘书处提出的病毒溯源第二阶段工作计划是“破坏”病毒溯源。这是美国将病毒溯源政治化的又一“小动作”，自然遭到中国代表的严厉驳斥。美国在病毒溯源问题上利用一切时机抹黑中国，反映出美国以政治打压科学的疯狂到了令人匪夷所思的地步。而疯狂的背后，则是美国日益严峻的疫情形势。

美国疾病控制与预防中心日前发布的报告显示，美国新冠肺炎疫情正严重反弹，全美50个州的感染病例和住院病例增幅几乎都在上升。与此同时，全美疫苗接种速度明显放缓。有分析指出，随着德尔塔毒株的加速传播和疫苗接种率停滞不前，未来4到6周美国新冠肺炎病例日增长率可能会达到目前的近4倍。持续恶化的疫情形势，明显加剧了美国政客甩锅推责的冲动。然而，疫情应对毕竟是科学问题，抹黑他国如果能有助于缓解疫情，美国疫情也就不会深陷“恶化—缓解—反弹”的怪圈了。遗憾的是，一年多了，美国政客一直没有从惨痛的现实中吸取教训，聚焦国内问题、推出有效抗疫措施。美国政府的不作为事实上已使其沦为新冠病毒的帮凶，带给本国民众更多的失望。“大家都对这种病毒在美国的失控感到非常沮丧和震惊。我们有这么多财富和医疗人才，为什么会走到这一步？”美国斯坦福大学全球卫生创新中心主任米歇尔·巴里的提问，也是很多美国科学界人士和民众的共同困惑。

“美国为什么会走到这一步”，答案其实再简单不过。美国政客站在科学的对立面，采取种种反科学的举措，最终酿成了如今抗疫失败的惨剧。在抗击疫情的战场上，美国政客把政治手段当作对抗新冠病毒的武器，把矛头对准其他国家，就像挥舞长矛向风车发动攻势的堂吉诃德，既拿错了武器，也选错了作战对象。这样的美国，岂有抗疫不败的道理？

从疫情开始，各种反科学的操作就让美国走上错误的方向。白宫先是对疫情轻描淡写，故意将新冠肺炎称为“大号流感”，感染病毒的风险和死亡率“非常低”，甚至推荐“消毒剂注射法”。在一些政客的推波助澜下，各种反科学言论甚嚣尘上，专业理性的声音遭到胁迫打压，社会偏见被持续放大。一些美国民众被政客和媒体“带节奏”，导致荒唐事层出不穷——误服消毒剂、反“居家令”、反疫苗，多地甚至出现“病毒派对”导致集中感染。美国乔治敦大学全球卫生法教授劳伦斯·戈斯廷叹息道：“历史性流行病正在蔓延，要坚持以科学作引导，因为忽视科学会使人丧命。遗憾的是，美国公共卫生专家却愈发被晾在一边。”

政治凌驾于科学之上，任何有效的措施在美国的推出都难上加难。佩戴口罩是全球公认的有效防疫措施，但美国政客却对是否应要求民众在公众场所佩戴口罩争论不休，生生将医学问题变成了政治问题。更为可笑的是，“口罩中用来在鼻梁处定型的金属条是5G天线，可导致脑癌”等奇谈怪论，竟然也在美国这样的科学大国不乏市场。如今，面对疫情快速反弹，是否戴口罩在美国再次成为一个政治问题。去年，美国南部多个州紧跟联邦政府脚步，无视疫情重启经济以助选情，造成确诊病例数和住院病例数急剧上升。面对如此反科学的举动，美国疾控中心4位前主任去年7月在《华盛顿邮报》联合撰文，批评美国政府用政治绑架抗疫，给抗击疫情造成混乱。让美国众多公共卫生专家感到无奈的是：时至今日，“原本可以避免的悲剧仍在发生”。

对正陷于一场公共卫生灾难中的美国人民而言，美国政府回应国际社会关切，邀请各国科学家赴美开展病毒溯源调查，弄清源头之所在，才是负责任的表现，才能避免在错误的方向上越走越远。继续痴迷于以政治对抗科学，只会让自己在疫情的泥沼中越陷越深，而最终为其错误埋单的，将是美国人民的健康和生命。

《人民日报》（2021 年 7 月 30 日）

虚伪“支持”包藏险恶居心

——政治操弄难掩美抗疫不力事实⑫

在全球抗疫最吃紧、世卫组织资金需求最紧迫的关头，美国悍然断供退群，甚至扬言“不排除组建替代机构”。回顾一年多来美国的所作所为，可以清晰看出其对世卫组织所谓“关心”“支持”的虚伪性和险恶居心

近来，在论及世卫组织时，美国动辄使用“关心”“支持”等话语，与其长期以来对全球抗疫漠不关心、关键时刻断供退群形成鲜明对比。人们不禁要问：美国是痛改前非、开始真心支持世卫组织工作了吗？实则不然。美国所支持的，不过是世卫组织秘书处日前提出的丢失科学客观原则、缺乏合作精神的第二阶段溯源工作计划。这份计划呼应了美国反复炒作的“实验室泄漏论”，本身就是美国企图在某些重要议题和项目上操控世卫组织的典型例证。

病毒溯源调查应当基于证据、专家主导、不受干涉，这是国际社会一致认可的原则，但美方明显言行不一。美方声称溯源调查要基于证据，但在它诬蔑中方实验室泄漏、造谣所谓3名武汉病毒研究所员工患病时，却拿不出丝毫证据，连这3个人的名字都说不出来；美方声称溯源要专家主导，但它却公然动用情报部门搞溯源调查，排挤打压客观理性的科学专业人士；美方声称溯源要不受干涉，但美国国立卫生研究院在2020年1月初采集的美国国内血液样本中检测出新冠病毒抗体后，美国政府高官以“干扰对华溯源工作，对美国国家安全不利”为由叫停该溯源调查项目，封存2020年1月2日以前的血液样本不再检测。美国说一套、做一套，暴露出的不仅是其在国际事务中一贯秉持的“双标”立场，更是其政治操弄病毒溯源、甩锅抹黑中国的险恶居心。

回顾一年多来美国的所作所为，可以清晰看出美国对世卫组织所谓“关

心”“支持”的虚伪性。疫情发生初期，美国对世卫组织及时发出的疫情预警信号无动于衷，直到预警过去 40 多天后才宣布进入“国家紧急状态”。在美国疫情确诊人数突破百万的危急时刻，美国政客竟将炮口对准协调国际抗疫合作的世卫组织，诋毁世卫组织的疫情防控是“失败的”。在全球抗疫最吃紧、世卫组织资金需求最紧迫的关头，美国悍然“断供”并退出世卫组织，甚至扬言“不排除组建替代机构”。国际权威医学杂志《柳叶刀》主编霍顿怒斥：美国政府的行为是“对全人类的犯罪”。

美国现政府虽然重新加入世卫组织，并高调宣称“支持多边主义”，但其行为从未放弃“美国优先”和“抗疫利己主义”。世卫组织呼吁发达国家向发展中国家提供疫苗支持，美国却在忙着囤积疫苗、限制原料出口；世卫组织希望加强全球抗疫合作，美国却在大搞疫情污名化、病毒标签化、溯源政治化，在撕裂国际社会；世卫组织强调隔离“政治病毒”，指出“将疫情政治化无异于火中取栗”，美国却自行其是，让情报机构主导病毒溯源，到处输出“政治病毒”。俄罗斯媒体指出，美国甩锅中国，是企图把危险的病毒变成一种国际勒索的手段。

真正支持世卫组织，不是口头上喊得漂亮，而是体现在行动上。疫情发生后，采取最严格、最全面、最彻底的防控措施，尽快控制住疫情，才是对在全球抗疫中发挥专业领导作用的世卫组织的真正支持。中国是这么做的，而且做到了。谭德塞总干事称赞中国“行动速度之快、规模之大，世所罕见”，“毫不夸张地说，中国的许多措施实际上正在成为疫情应对的新标杆”。在世卫组织急需资金、物资和疫苗时，及时提供帮助，才是对世卫组织的真正支持。中国先后两次向世卫组织捐款总计 5000 万美元，为国际社会提供大量医疗防护物资，最早承诺新冠疫苗研发并投入使用后作为全球公共产品，迄今已向国际社会提供超过 7 亿剂疫苗。在病毒溯源问题上，中国始终坚持科学、专业、严肃和负责任的态度，率先同世卫组织开展全球溯源合作，得出科学结论，这才是对世卫组织的真正支持。

“中国人民为尽量减轻新冠肺炎疫情造成的负面影响，实施严格的防控措施，以牺牲正常生活的方式为全人类作出了贡献。”联合国秘书长古特雷斯去年 2 月高度评价中国贡献。如今，美方却妄想通过政治操弄，在某些重要议题和项目上胁迫世卫组织，从而达到将“实验室泄漏论”的帽子强加到中国头上的目的。这是对付出巨大牺牲和做出巨大贡献的中国人民的极大不公，也是人类文明史上的耻辱一页。发展起来的中国绝对不可能接受。科学就是科学，公道自在人心。无论美方如何把“胁迫”包装成“关心”“支持”，其将病毒溯源问题政治化的图谋，其抹黑、打压、遏制中国的祸心，只会让世人看得越来越清楚。

《人民日报》（2021 年 7 月 31 日）

美国最大的敌人是美国自己
——政治操弄难掩美抗疫不力事实⑬

树“假想敌”的做法，丝毫无助于解决美国面临的重重问题。美国热衷于将政治资源浪费在挑起与他国的对抗上，充分暴露出美式民主重政治表演、不重治理实效的痼疾

在新冠病毒溯源问题上，美国明知中国绝不可能接受其一手操弄、完全针对中国的所谓第二阶段溯源工作计划，却仍固执地在错误的道路上越走越远。为了向中国泼脏水，美国不仅自己深陷“阴谋论”中不能自拔，还叫嚣要拉上盟友“使用一切可用资源和工具”向中国施压。在全球疫情起伏反复、美国疫情更是空前反弹的当下，美国的行径，无疑就是在阻挠、拖延病毒溯源这一重要科学问题的正常推进，是对包括美国民众在内的各国人民生命健康权的最大漠视。

面对疫情等全球性挑战，大国合作至关重要。2014 年，中美两国在抗击埃博拉疫情上卓有成效的合作，就成为大国合作抗击疫情的成功范例。那么，在世纪疫情危及全球安全发展、美国自己也深受其害的今天，一心想着要重塑其所谓全球领导力的美国，为什么要罔顾国际社会的期待，顽固地将中美关系推向对抗的方向？这种不可理喻的行为背后，是美国政府在国内面临重重困难，政绩表上乏善可陈，民众不满情绪日益上升。为了转嫁国内矛盾，美国政府错误地把算盘打到了中国身上，希望借对华示强来表现“担当”，赚取廉价的政治得分。

《纽约时报》的统计数据显示，在截至 7 月 29 日的 7 天内，美国日均增加新冠肺炎确诊病例 71231 例，上升势头十分明显。这一苦涩的事实再次说明，

树“假想敌”的做法，丝毫无助于解决美国面临的重重问题。无论是持续不断的疫情，还是困扰美国已久的种族矛盾、枪支暴力、贫富分化、社会撕裂、治理失灵等，反映出的都是美国社会深层次的结构性问题。美国的问题是自己造成的，也只能自己解决。美国政府何尝不明白这一道理，却依然热衷于将政治资源浪费在挑起与他国的对抗上，充分暴露出美式民主重政治表演、不重治理实效的痼疾。

本届美国政府喊出的口号，是要找回美国的“灵魂”，宣称其内政外交都要为美国国内中产阶级服务。但半年多来，美国社会现实与这一口号之间的差距越来越大，愈演愈烈的党派纷争严重裹挟着美国政治议程。美国总统将增进种族平等作为四大优先事项之一，上任当天即谈到“一场酝酿了近 400 年的种族正义呐喊”。然而，乔治・弗洛伊德案引发的美国警务改革法案，至今仍在国会打转。加强基础设施建设本是美国两党为数不多的共识，但在“为反对而反对”的政治漩涡中，相关法案至今难产。美国民调结果显示，59% 的受访美国民众对美式民主制度运行方式不满，55% 的受访者对国家未来方向持悲观态度。美国布伦南司法研究中心研究员项目主任特德・约翰逊日前对美国问题作出诊断：“围绕投票权、国家安全政策、大规模基础设施计划、执法和枪支政策改革，甚至是种族关系状况的激烈党派之争，都表明美国的‘灵魂’在很大程度上前途未卜。”

早在 20 多年前就有美国学者指出，冷战结束以来，许多美国人患上了“敌人缺乏症”。如今，美国人的“敌人缺乏症”更加明显。他们天真地认为，在国外找到一个“假想敌”将有助于这个分裂的国家重新找回“目的感”。在这种错误思维的驱使下，本届美国政府正在延续上届政府的极端和错误对华政策，不断加大对中国遏制打压，频频挑战中国底线。美国在新冠病毒溯源问题上表现出的偏执，正是这一政治算计的外露。从根本上讲，这是一种自欺欺人的懦弱行为。美国《外交政策》杂志网站近日发表的文章指出，美中关系正处于几十年来的最糟糕时刻，美国现政府的对抗性方式可能使情况变得更糟，并损害美国的其他利益。

50 年前的 7 月，种族骚乱和反战抗议席卷美国，美国民众对国家前途的信心降至低谷。时任美国总统尼克松在堪萨斯城发表演讲，以古代帝国衰落为例，提醒美国人“健康的道德力量和精神力量”的重要性。就在这场演讲后 3

天，时任美国总统国家安全事务助理基辛格秘密前往中国。中美重新打开交往大门，两国人民和整个世界都从中美关系的良性互动中极大受益。半个世纪后的今天，美国政府十分有必要从历史中汲取智慧。正如美国外交史学会前主席梅尔文·莱弗勒所指出的，思考美中关系的未来时，应更多将焦点放在国内，因为真正的挑战是让“自己的系统”在国内运行良好。

美国最大的敌人是美国自己。中国的发展也从来不建立在美国衰落的基础上。美国政府需要做的，是纠正错误政策，真正找回自己丢失的“灵魂”。执迷于把中国当“假想敌”，将中美关系往对抗的方向推，美国不仅会严重束缚自己解决自身问题的手脚，而且将撕裂国际社会，破坏的又岂止是全球抗疫大局？

《人民日报》（2021 年 8 月 1 日）

美国是全球抗疫战场的分裂制造者

——政治操弄难掩美抗疫不力事实⑭

严峻的形势表明，国际社会必须加强团结合作。然而，美国始终没有站到全球团结抗疫的队伍中来，去年没有，今年也没有。在全球抗疫的战场上，美国一如既往地制造分裂

疫情仍在全球肆虐。世卫组织警告，过去一周全球新增确诊病例近 400 万例，按照目前的趋势，预计未来两周全球累计确诊病例将超过两亿例。严峻的形势表明，国际社会必须加强团结合作，才能尽快控制住疫情蔓延。危机时刻，美国政客开始把“团结”挂在嘴边，声称国际社会团结一致非常重要。但明眼人一看便知，其所谓的“团结”实则是分裂，不过是想拉一些国家支持其一手操弄、不尊重事实、违背科学和良知的第二阶段溯源工作计划的障眼法而已。

“我们战胜这场疫情的唯一途径是所有国家本着团结与合作的精神共同努力。”这是世卫组织的呼吁。一年多来，人类与新冠肺炎疫情的艰苦较量充分证明，这是一个需要理性而不是谎言的时刻，是需要科学而不是栽赃的时刻，是需要团结而不是分裂的时刻。人类必须团结，只有团结才能凝聚起战胜疫情的力量。

然而，美国始终没有站到全球团结抗疫的队伍中来，去年没有，今年也没有。在全球抗疫的战场上，美国一如既往地制造分裂。在去年全球疫情肆虐之际，美国截留他国抗疫物资、买断药物，对世卫组织断供退群，今年又囤积疫苗、限制原料出口，拉“小圈子”、搞伪多边主义，甚至企图在某些重要议题和项目上胁迫世卫组织。如此等等，不一而足。

“国际社会最大的敌人不是新冠病毒本身，而是导致人们对立的污名化。”

这是世卫组织的警告。然而，一年多来，美国一直在搞疫情污名化、病毒标签化、溯源政治化，到处散布谣言，制造对立。从公然将新冠病毒称为“中国病毒”，到一次次抛出“实验室泄漏论”等论调，美国的行径在国家之间竖起隔离的高墙，在自己国内，则煽动起歧视亚裔的“种族主义火焰”。美国不仅严重破坏全球团结抗疫进程，在备受种族矛盾困扰的美国，这种加剧种族间裂痕的做法最终只会反噬美国自身。

美国政府明目张胆大搞“溯源恐怖主义”，许多持公正立场的科学家饱受人身攻击和谩骂威胁，一些科研机构遭到政府经费断供的威胁。曾收到过死亡威胁的美国国家过敏症和传染病研究所所长安东尼·福奇直言：“美国现在将很多问题政治化，这已经不是什么秘密了。”美国将“黑手”伸向科学界，妄想通过威胁打压分裂国际科学界，阻碍科学家早日找到新冠病毒的源头，扰乱人类以科学的武器战胜疫情的进程，是对全人类的不负责任。

美国政府口口声声说“我们在桌子边，总比在屋子外好”，但他们“回到屋子里”的真正目的，不是促进国际社会团结合作，而是为了拉拢盟友对抗中国。在把中国视为最大战略竞争对手和威胁的错误认知下，美国罔顾事实，颠倒黑白，污蔑中国对外提供疫苗援助是搞“疫苗外交”，宣称中国帮助他国发展是为了“填补美国留下的真空”。抱持这种冷战零和思维的美国，只会在国与国之间制造鸿沟，只会阻碍、拖累人类携手应对全球性挑战的进程。

人类是命运共同体，团结合作是战胜疫情最有力的武器。作为世界最大的发达国家，美国的疫情直接关系着世界抗疫前景。美国疾病控制与预防中心7月30日的数据显示，美国7天平均日增确诊病例、死亡病例、住院病例较前一周分别上升64.1%、33.3%、46.3%。美国公共卫生专家担心，如果政府不采取有效措施，确诊病例会继续快速增加。面对如此恶化的疫情形势，人们不禁要问：美国政府要到何时才能心口如一，真正加入到团结抗疫合作的队伍中来，而不是在破坏团结合作、制造分裂隔阂的错误道路上越走越远？

《人民日报》（2021年8月2日）

美国打任何牌施压中国都不可能成功
——政治操弄难掩美抗疫不力事实⑮

面对美国软硬实力都在下降的现实，无论是上届美国政府还是现政府，都将中国视为战略竞争对手和主要威胁，抓住一切机会，把疫情、贸易、教育、科技、网络安全等所有问题政治化，持续制造“中国威胁”的舆论氛围，企图打压孤立遏制中国发展。历史、现实和未来都将证明，美国打任何牌施压中国都不可能成功

美国政府一直在鼓噪新冠病毒“实验室泄漏论”，但始终苦于找不到证据支持，即使是情报部门介入，迄今也一无所获。美国政府显然不愿接受这一现实。据美国媒体报道，美国一些政客竟然宣称要“持续优先”搞情报溯源，直到“得出高度可信的结论”。有人甚至建议政府花钱买“证据”。说白了，哪怕就是编故事，美国也要将病毒溯源政治化进行到底，千方百计要让情报部门炮制出一份栽赃中国的报告。为了这一政治目的，科学精神在美国政客心中毫无位置。

让情报部门介入病毒溯源，是美国现政府在炒上届政府的冷饭。去年，上届美国政府为了摆脱抗疫不力导致的选情被动，大搞甩锅推责、污名化中国的把戏。他们将新冠病毒称为“中国病毒”，毫无根据地宣称“病毒来自武汉的一家实验室”，并向情报机构施压以支持其荒谬观点，但因为缺乏证据最后只能不了了之。

选举中，曾对时任政府这一做法不屑一顾、表示要“倾听科学”的现执政团队，为何在执政一段时间后老调重弹，强推“实验室泄漏论”？有分析称，这与现政府面临的国内压力有关。如果说，上任伊始，种族分裂、党争激化、贫富差距、疫情失控等美国社会问题还可以说是上届政府的责任，那么，在执

政半年多后，这一切早已成为现政府治理低效的表现。面对明年中期选举能否保住民主党在国会众议院多数席位的压力，美国现政府寄希望于甩锅中国来转嫁国内民众的不满情绪。

美国选举制度设计的弊端固然是原因之一，但更深层次的原因，是美国的对华认知走入了误区。面对美国软硬实力都在下降的现实，无论是上届美国政府还是现政府，都将中国视为战略竞争对手和主要威胁，抓住一切机会，把疫情、贸易、教育、科技、网络安全等所有问题政治化，持续制造“中国威胁”的舆论氛围，企图打压孤立遏制中国的发展。但美国政府需要弄明白的是，中国的发展振兴有着巨大的内生动力，是历史演变的必然趋势。中华民族伟大复兴已进入不可逆转的历史进程，任何国家、任何势力都无法阻挡。历史、现实和未来都将证明，美国打任何牌施压中国都不可能成功。

病毒溯源是一个需要通过规范研究解答的科学难题，只能以科学为动力。所谓“实验室泄漏论”已被科学界视为“非专业人士毫无根据的幻想”。美国政治操弄病毒溯源问题已到了偏执的地步，但真正损害的却是自身的形象。诋毁中国—世卫组织新冠病毒溯源联合研究报告的科学结论，打压秉持客观立场的科学工作者等“溯源恐怖主义”做法，与科学、公正原则背道而驰，彻底颠覆了人们对美国这个科技大国、自诩的“山巅之城”的认知。美国各种反科学的操作，真正限制的是美国政府应对本国疫情的能力。美国《波士顿环球报》网站日前发表题为《美国已失去思考或未雨绸缪能力》的文章，认为美国对新冠肺炎疫情的处理显示美国的党派偏见、阴谋论主义和怀疑心态严重束缚了美国应对突发公共卫生事件的能力。

让新冠病毒溯源工作回归科学原则，而不是出于政治目的搞有罪推定。这是国际社会的共识。“科学界希望美国重返世卫组织能加强抗击新冠肺炎疫情大流行和挽救更多生命的努力，但不幸的是，华盛顿重返世卫组织给这个以科学为先锋的专业机构带来了地缘政治竞争。”瑞士生物学家威尔逊·爱德华兹的评论可谓一语中的，表达了国际科学界对美国行为的失望之情。是时候了，美国政府应倾听国际社会的期待，摒弃臆想，放弃对抗，不要再扮演“病毒学家”的角色。

《人民日报》（2021年8月3日）

美式霸权思维是对世界发展大势的熟视无睹

——政治操弄难掩美抗疫不力事实⑯

在打压中国上，美国一直寄希望于盟友的支持。但实际情况是，美国执迷不悟造成其影响力下降，早已没有了往日的号召力，绝无可能通过遏制中国来重塑其领导力。通过对话找到一条不同制度、不同文化、不同发展阶段的两个大国的和平共处之道，是美国应有的正确选择

当前，全球疫情震荡反弹明显，美国国内日增确诊病例数更是急剧攀升，超过了去年夏天峰值。然而，美国政府仍然把眼睛盯在打压中国而不是自身抗疫之上。在继续政治操弄病毒溯源问题的同时，美国政府频繁派遣高官在中国周边国家活动。用国际媒体的话讲，美国是渴望在该地区构建对华包围圈，从而形成向中国施压的态势。美国政府为对抗中国而做出的一系列"小动作"再次说明，美国对当今世界发展大势熟视无睹，仍然搞不明白应该如何与一个勇于承担大国责任、更加自信进取的中国打交道。

百年变局与世纪疫情叠加，最需要大国彰显责任与担当。无论是在抗击疫情还是助力世界经济复苏上，中国都发挥了负责任大国的作用，成为大变局中的稳定力量。中国积极支持世卫组织工作，推动全球抗疫合作，践行将新冠疫苗作为全球公共产品的承诺，向各国出口、援助大量抗疫物资和疫苗，成为全球抗疫物资的最大最稳定供应国。进入新发展阶段的中国，继续扩大开放，持续改善营商环境，为包括美国企业在内的各国企业创造了新机遇。美国商会执行副会长薄迈伦日前表示，美国工商界普遍期待发展健康稳定互利的美中经贸关系，反对经贸脱钩，希望深化美中在经贸领域的务实合作。

反观美国，不仅自身抗疫失败，出现 3500 多万感染病例，62 万多人死亡，

抗疫不力导致疫情向周边国家大量蔓延，还用退出世卫组织、囤积疫苗、截留物资等自私行径显示美国的破坏力。病毒溯源事关人类能否找到未来避免类似疫情冲击的有效方法，美国罔顾事实，搞政治操弄，污名化中国，实际上是在拖累全球抗疫进程。在世界经济早已高度融合的今天，美国发动贸易战、科技战等，企图以保护主义和单边主义来遏制中国的发展。

巨大反差和对比面前，美国不是反思、修正自身的内外政策，而是患上了日益严重的“对华焦虑症”，利用一切机会打压中国，让非理性思维主导了美国的对华战略。在美国眼里，发展起来的中国是对美国霸权的最大威胁。这一错误认知是其失衡心态和失真世界观共同作用的结果。作为世界头号大国，美国难以接受中国全面崛起的强劲态势，其当前国内面临的窘境更是加重了其妖魔化中国的冲动。同时，面对疫情、气候变化、恐怖主义、经济复苏乏力等日益增多的全球性挑战，任何一个国家都无法独自应对。这是今天这个时代的一个基本现实。美国《外交》杂志认为，美国“再也回不到过去了”，世界与美国都发生了太大的变化，美国霸权“回归”的企图是对世界发展大势的熟视无睹。

在打压中国上，美国一直寄希望于盟友的支持。但实际情况是，美国执迷不悟造成其影响力下降，早已没有了往日的号召力，绝无可能通过遏制中国来重塑其领导力。近年来，经济上，美国奉行“美国优先”，将关税武器化，在保护主义、单边主义的邪路上越走越远。政治上，美式民主光环不复存在。今年初，美国国会大厦被暴力示威者占领，成为美式民主失序的典型事件。美国现政府声称要“重启民主”，但至今对国内枪支暴力、种族怒火、贫富鸿沟、社会撕裂、政治极化等痼疾束手无策。美国前驻华大使芮效俭指出，美国在成为全球唯一超级大国后，日益膨胀，无论在国外还是国内，都在为滥用权力而付出代价。

最新经济数据显示，中国经济持续稳定恢复、稳中向好，“表现出异乎寻常的韧性”，中国已成为欧盟和东盟的第一大贸易伙伴。面对 14 亿多中国人的巨大市场，没有国家愿意与中国脱钩，没有国家能够承受与中国脱钩造成的损失。对于美国胁迫其他国家选边站队的危害性，国际社会有清醒的认识。德国总理默克尔指出，在诸多领域，“如果撇开中国，将永远无法找到解决方案”。与中国寻求合作，合力应对危机，许世界一个更好的未来，是国际社会对美国的期待，也是一个大国该有的样子。

得道多助，失道寡助。日前，100 多个国家和地区 300 多个政党、社会组织和智库向世界卫生组织秘书处提交联合声明，坚决反对将溯源问题政治化，再一次证明人心所向，国际正义力量不可能被美国裹挟。正视现实，端正心态，放弃反华战略，回归理性务实，在集中精力解决本国问题的同时，通过对话找到一条不同制度、不同文化、不同发展阶段的两个大国的和平共处之道，是美国应有的正确选择。

《人民日报》（2021 年 8 月 4 日）

美国严重干扰破坏科学溯源的正确方向

新冠病毒要溯源，政治病毒也要溯源。坚持科学溯源的正确方向，肃清政治溯源的赘痈流毒，各方责无旁贷

当前，新冠肺炎疫情肆虐全球，任何负责任的政府和有良知的科学家都应团结合作、全力抗疫。然而，美国始终在新冠病毒溯源问题上颠倒是非、混淆黑白，毫无根据地翻炒“实验室泄漏论”等陈词滥调，持续将疫情政治化、病毒污名化、溯源工具化。美国政治操弄病毒溯源给全球抗疫合作蒙上阴影，也人为将溯源问题分化出两条道路，严重干扰国际溯源研究合作。

第一条道路是中国倡导并推进的科学溯源，也是溯源工作的应有之义。中国在疫情初期便以严肃和负责任态度率先开展溯源工作。去年 5 月，中方在第七十三届世界卫生大会视频会议上强调，要加强信息分享，交流有益经验和做法，开展检测方法、临床救治、疫苗药物研发国际合作，并继续支持各国科学家们开展病毒源头和传播途径的全球科学研究。中国两次邀请世卫组织专家来华开展溯源研究。今年初，来自美国、英国、日本、澳大利亚等 10 国的国际权威专家同中国权威专家组成联合专家组，在华开展了为期 28 天的联合研究，专家组共同分析数据、共同走访交流、共同深入研究，“想去的地方都去了，想见的人都见了”，明确得出了“实验室泄漏极不可能”的结论，给出了在全球更广范围内开展溯源研究等一系列重要建议。这些权威和科学结论的形成，遵循了世卫组织程序，采取了科学方法，理应得到认可和尊重，并在此基础上继续开展下阶段溯源工作，在多国多地共同开展溯源研究。中国已基于这份报告向世卫组织秘书处提交了下阶段全球溯源工作的中国方案。

第二条道路是美国操纵和鼓噪的政治溯源，正日益干扰破坏科学溯源的正确方向。这条邪路上布满美国制造、美国散播的政治病毒：一是甩锅推责，转嫁自身抗疫失败带来的政治压力；二是伪多边、真霸权，将世卫组织和科学合作机制视为“合则用，不合则弃”、服务一己政治私利的工具；三是造谣抹黑，大肆编造不实信息和谎言；四是背离科学，以情报溯源取代科学调研，胁迫打压专家学者，企图制造“寒蝉效应”；五是倒打一耙，罔顾国际社会关切，避而不谈美国德特里克堡生物实验室及200多个美国海外生物实验室的诸多疑云。这些政治病毒严重毒化了溯源应有的客观公正氛围，破坏了溯源国际合作的基础，如不肃清，则科学溯源无从谈起。

谎言掩盖不了真相，公道自在人心。在全球疫情形势依旧复杂严峻的情况下，美国借溯源问题搞政治操弄的做法招致国际社会广泛质疑和普遍反对。截至目前，70多个国家以致函世卫组织总干事、发表声明等方式，支持中国—世卫组织新冠病毒溯源联合研究报告，捍卫科学溯源的人间正道。这些正义声音充分证明，在科学面前，任何信口雌黄、无中生有的谎言都将无所遁形。

新冠病毒要溯源，政治病毒也要溯源。坚持科学溯源的正确方向，肃清政治溯源的赘痈流毒，各方责无旁贷。事实上，美国是新冠病毒来源重大嫌疑国，也是政治病毒溯源的重点对象国。美国如果真的关心病毒源头问题，就应开放德特里克堡等实验室接受国际调查，而不是罔顾事实、挑战科学，执意在政治溯源的邪路上越走越远。

《人民日报》（2021年8月6日）

甩锅推责治愈不了美式“基础疾病”

将政治凌驾于科学之上，将一己私利凌驾于人民生命健康之上，将美式霸权凌驾于全球抗疫合作之上，不但无助于美国抗疫，也无助于治愈美国的“基础疾病”

美国新冠肺炎疫情正进入新一波上升期，每日新增确诊病例数、住院病例数、死亡病例数等疫情核心指标严重反弹，过去一周日均新增确诊病例超过 10 万。在沉重的现实面前，美国政客仍痴迷于将疫情污名化、病毒标签化、溯源政治化，反复上演甩锅推责的把戏。这是对美国不幸逝去生命的漠视，也是对事实、科学和正义的亵渎。中国智库 9 日联合发布《“美国第一”？！美国抗疫真相》研究报告，系统揭露美国抗疫不力的深层原因。

美国疫情曲线从未“拉平”，而是呈现“一波未平，一波又起”的走势。美国约翰斯·霍普金斯大学发布的数据显示，截至美国东部时间 8 月 8 日下午 6 时，美国共报告新冠肺炎确诊病例 35757980 例，死亡病例 616816 例。美国华盛顿大学的最新研究成果指出，由于检测偏差、延迟报告等重大缺陷，全美实际新冠肺炎确诊病例数量可能被低估了 60% 之多。美国拥有全球最发达医疗技术、最丰富医疗资源、最强医疗护理能力，为何却成为疫情最严重的国家？这一巨大反差的背后，是美国社会严重的“基础疾病”。

美国政治极化，党争白热化，联邦体制相互掣肘、层层推诿，深层次制度弊端突出。疫情发生以来，美国两党始终无法弥合政治分歧，严重拖累抗疫步伐。在两党无休止的争斗中，美国错过了疫情防控的“黄金窗口期”，核酸检测、佩戴口罩、居家隔离、疫苗注射、医疗物资战略储备分配、紧急纾困法案等都受到影响。美国联邦、州、地方各层级之间，行政、立法、司法各部门之间，到处弥漫着党派分歧，抗疫政策沦为两党博弈的筹码，疫情防控陷入严重“政治化内耗”。美国国会众议院冠状病毒危机小组委员会主席詹姆斯·克莱伯恩指出，疫情在美国暴发 6 个月后，美国政府仍未制定统一的国家战略来保护人民健康。美国《大西洋月刊》刊发题为《我们生活在一个失败国家》的文章指出：“一些慢性疾病——腐败的政治阶层、僵化的官僚机构、无情的经济、分裂和心烦意乱的公众——多年来都没有得到治疗。”

美国不但自身抗疫不力，还严重干扰和破坏全球抗疫合作。在全球抗疫的战场上，美国大搞单边主义、“疫苗民族主义”、“溯源恐怖主义”，是备受诟病的“病毒扩散国”“疫情源头嫌疑国”和“全球抗疫破坏国”。2020 年 11 月至 2021 年 1 月，美国日均新增确诊病例 18.6 万例，同期美国公民日均出国 8.7 万人次。美国疫情峰值期与美国公民出国高峰期叠加，导致多国出现自美输入病例。美国不顾国际社会反对，无视国际道义，大规模遣返非法移民，造成一些发展中国家疫情加剧。向来以“人权灯塔”自居的美国大量囤积疫苗、限制原料出口，人为加剧“免疫鸿沟”，更是令国际社会失望至极。

美国将抗疫模式、病毒溯源、疫苗有效性等科学问题政治化，不断制造并传播谣言，肆意抹黑攻击他国。从将“新冠病毒”篡改为“中国病毒”，到唆使美国政客公开叫嚣追责索赔，从三番五次翻炒“实验室泄漏论”，到启动臭名昭著的情报溯源操作……美国政客眼睛只盯着一己私利，始终走不出疫情政治化的怪圈。美国知名学者艾利森直言，疫情期间，美国政治精英将矛头对准中国，是为了避免为抗疫失败承担责任。俄罗斯“皇城”电视台网站评论文章更是一语中的：美国已经把危险的病毒变成了一种国际勒索手段。

美国本不应成为抗疫失败的国家，但美国社会严重的“基础疾病”导致其始终无法聚焦抗疫主题，这是美国抗疫失败的根源所在。美国政客继续执迷不悟，将政治凌驾于科学之上，将一己私利凌驾于人民生命健康之上，将美式霸权凌驾于全球抗疫合作之上，不但无助于美国抗疫，也无助于治愈美国的“基础疾病”。面对汹涌而至的新一波疫情，美国该迷途知返、做出正确选择了。

《人民日报》（2021 年 8 月 11 日）

“散装美国”酿成抗疫失败苦果

在党派极端对立、政治高度极化、社会严重撕裂的背景下，美国长期以来自得的制度设计演变为“否决政治”，“散装美国”的抗疫格局酿成至今超过62万民众丧生的惨剧

近来，美国新冠肺炎确诊病例陡增，疫情形势再次恶化。即便如此，美国两党仍围绕抗疫政策措施争论不休，联邦政府与地方政府公开相互指责。美国的抗疫乱象折射出制度失灵的深层次问题。在党派极端对立、政治高度极化、社会严重撕裂的背景下，美国长期以来自得的制度设计演变为“否决政治”，“美利坚合众国”变成了“散装美国”，最终酿成抗疫失败的苦果。

疫情肆虐美国各地，50个州全部进入“重大灾难状态”，严峻的形势客观上要求美国整合所有公共卫生资源、动员全社会力量进行应对。但现实是，从核酸检测、佩戴口罩、保持社交距离、居家隔离、注射疫苗到医疗战略储备分配、紧急纾困法案等，美国两党、不同层级权力机构不思同心合力抗疫，却纷纷利用所谓制衡体制带来的行一己之私的“便利”，让政治私利裹挟抗疫大局，造成“散装美国”的抗疫格局，酿成至今超过62万民众丧生的惨剧。正如美国媒体所指出的，这是“美国式失败”。美国《时代》周刊杂志文章更是直言，美国的整个“政府体系”需要为悲剧负责。

三权分立向来被美国政客冠以“权力制衡、自我纠偏”的光环。然而，疫情面前，美国在内政、外交以及国际抗疫合作上种种反科学的不智之举充分显示，这种制度设计非但没有发挥“纠偏”作用，反而在日益激烈的党争中异化为权力斗争的舞台。去年，美国两党出于长期练就的“政治本能”，都将疫情应对措施与即将举行的大选联系起来。他们首要考虑的不是能不能有效控制疫

情，如何最大限度救治民众挽救生命，而是如何对本党选情有利，如何甩锅抗疫不力的责任。一年多来，两党在诸多议题上一再缠斗，长时间拉锯扯皮，浪费宝贵的时间窗口。在美国三权分立架构中号称“独立”的司法系统，也不能避免卷入党争，被美国学者批评“没有为如何处理公共卫生危机树立良好的榜样”。

因为被不同党派控制，美国联邦、州和地方三级政府相互攻讦、推诿责任是常态。上届美国政府任期内，共和党控制的联邦政府与民主党执政的“蓝州”冲突频发，不仅相互争夺抗疫物资，还屡屡执行截然相反的抗疫政策。这种混乱状态充分反映出美国政客利用固有体制最大化自身政治利益的本质。

本届美国政府上台后，民主党控制的联邦政府和共和党主政的“红州”之间依然深陷冲突。激烈的政治缠斗在各个州内部也在不断上演。2020 年 7 月，佐治亚州的共和党州长曾对该州最大城市亚特兰大市的民主党市长提起诉讼，试图阻止市长颁布的“口罩强制令”。如今在得克萨斯州，达拉斯县的戴口罩令也面临州政府挑起的官司。美国媒体人法里德・扎卡里亚指出，美国之所以未能有效控制疫情，主要是因为“美国联邦制权力分散”。

疫情应对需要合力，“散装美国”必然导致美国疫情应对支离破碎、混乱不堪。深入观察美国抗疫乱象，有一点确定无疑，那就是美国政客关心政治私利大于民众生命健康，这无疑是对他们一向标榜的“民主”“人权”的最大反讽。美国著名政治学者弗朗西斯・福山指出，疫情“加剧了美国的政治极化”，“而且随着时间的推移，政治极化很可能会变得更加严重”。当前，美国政客对“散装美国”这样的深层次问题依然熟视无睹，一门心思甩锅推责，只会让美国政治更加极化、社会更加撕裂，只会让本国民众付出更大代价，只会给全球抗疫造成更大威胁。

《人民日报》（2021 年 8 月 16 日）

疫情凸显美国“资本至上”冷酷现实

民众的生命健康只是美国政客利益算计中的一个数字，甚至可以忽略不计。“资本至上”大于“生命至上”，严重扭曲了美国的疫情应对，从一开始就让美国抗疫走上了错误方向

面对新冠肺炎疫情等重大突发公共卫生危机，政府必须尽最大可能救治受感染民众、阻断传播链条。然而，在自诩为“民主灯塔”“人权楷模”的美国，疫情应对却始终被资本利益牵着鼻子走，资本利益而非公众福祉才是政客们优先考虑的对象。资本主义的逐利本质，决定了美国“资本至上”大于“生命至上”。这是美国抗疫过程的真实写照，是导致美国抗疫失败的重要原因。

在美国政客眼中，民众的知情权、生命健康权在资本利益面前微不足道。疫情发生之初，时任美国领导人为保股市，刻意忽视疫情预警，淡化疫情风险，浪费了疫情防控的“黄金窗口期”。据《纽约时报》网站报道，白宫新冠病毒应对工作组与国家安全委员会 2020 年 2 月 14 日合作准备了一份疫情应对备忘录，明确建议采取一系列严格管制措施。然而，美国政府决策层在听取相关措施将导致美国股市崩盘的判断后，立刻否决了该备忘录。同样也是美国媒体报道，美国多名国会议员一边隐瞒疫情，一边却在大量抛售股票。有美国网友辛辣地讽刺说：“戏院失火时他从出口溜走了，同时还顺手把戏票卖给了妇女儿童。”这些美国政客眼中只有资本利益和个人私利，从一开始就让美国抗疫走上了错误方向。

在美国政客眼中，短期经济利益始终凌驾于公共卫生安全之上。疫情全面暴发后，美国联邦政府和许多州政府急于在尚未真正控制住疫情的情况下重启经济，导致美国疫情反弹。一年多来，美国疫情始终走不出“恶化—缓解—

恶化”的怪圈，一再出现波峰，与政府在追求短期经济利益和维护公共卫生安全之间政策摇摆不定密切相关。与美国疫情严峻形势相伴随的，是美国股市的畸形繁荣，而从资本市场上受益最多的则是富人群体。数据显示，自 2020 年 3 月 23 日触及低点后，美国股市一路飙升。至 2021 年 1 月，600 多名美国亿万富翁的财富总额从大约 2.947 万亿美元增加到 4.085 万亿美元，增幅达 38.6%。疫情加剧美国社会贫富分化鸿沟，美国经济学家保罗・克鲁格曼直言，美国的疫情应对“在流行病学和经济层面上都是失败的”。

在美国政客眼中，自然进化中的优胜劣汰法可以成为他们漠视生命的堂皇借口。在回答为什么新冠病毒感染者中死去的多是穷人、老人以及弱势群体难以获得核酸检测机会时，时任美国领导人曾回答“这就是生活”。这个答案“非常美国”，因为在这样一个国家，“急救床位宁可空着，也不给穷人治病”等怪象，“不愿看到公共卫生措施损害美国经济”等谬论，以及“故意牺牲老年人、工人、非洲裔和拉美裔人口”等悲剧层出不穷。据报道，在美国，一个没有医保的新冠病毒感染者接受治疗的费用可能高达数万美元。盖洛普公司一项民调显示，美国平均每七人中就有一人由于无力支付高额的医疗费用，即使出现感染症状也不敢就医。“资本至上”严重扭曲了美国的疫情应对，民众的生命健康只是美国政客利益算计中的一个数字，甚至可以忽略不计。

“就像人一样，一个国家在危难之际也会显露出真正的面目。”一位欧洲记者在记录美国抗疫进程时如是写道。抗疫期间，民众利益和资本利益在美国政治决策中被本末倒置，并非偶然现象。美国专栏作家拉娜・福鲁哈尔指出：“几十年来，美国政府所做的政策决策，都毫无例外地在整体上偏向私营部门，尤其是大型公司的利益，而忽视了国家和劳动者的利益。事实证明，这给我们的健康和经济造成了巨大损失。”

透过疫情棱镜，人们清楚地看到，美国政治体系呵护的是资本利益。美国政府所标榜的民主、人权、平等等概念，早已被金钱异化，成为虚幻的海市蜃楼。

《人民日报》（2021 年 8 月 17 日）

病毒溯源必须回归科学正轨

近日，世界卫生组织宣布成立“新型病原体起源国际科学咨询小组”，以针对具有流行病和大流行病可能的病原体起源进行研究，为世卫组织建立全球溯源框架提供科学建议。在当前新冠病毒溯源问题高度政治化的背景下，世卫组织成立咨询小组是否真能使溯源问题回归科学正轨？

美国能否停止政治干扰，还科学一片净土？

本世纪初，美国情报部门编造伊拉克“试图获得核武器”的虚假消息，凭一瓶“洗衣粉”的所谓证据搞栽赃陷害，进而发动伊拉克战争，最终给伊拉克人民造成旷日持久的灾难与创伤。历史教训历历在目，美国近来又在新冠病毒溯源问题上故伎重施，为一己政治私利，搜罗编造虚假情报蒙骗世人，对国际科学界党同伐异，对世卫组织秘书处威逼利诱，公然破坏全球科学溯源和国际抗疫合作大局。

面对决意将溯源政治化进行到底的美国，我们不得不对咨询小组能否避免美国政治干扰打上许多问号：美国会不会像干扰中国—世卫组织联合研究一样干扰咨询小组的工作，直到结果如其所愿？作为全球疫情最严重国家和病毒扩散国，美国愿不愿打开国门，欢迎咨询小组的国际专家们去调查疫情源头，分享原始数据，开放德特里克堡基地和北卡罗来纳大学实验室？如果美国不能停止政治操弄，不愿收回政治黑手，不敢向科学敞开大门，我们自然无法相信咨询小组的工作能够得出科学的结论。

世卫组织秘书处能否顶住美国压力，维护自身的权威？

自新冠肺炎疫情发生以来，中国率先同世卫组织开展合作，克服疫情防控的巨大压力，两次邀请世卫组织专家来华溯源，形成了中国—世卫组织新冠病毒溯源联合研究报告。这份报告是中国和世卫组织国际专家经过实地扎实调研，付出艰辛努力得出的科学成果。个别国家妄图通过政治施压、污蔑抹黑推翻结论，磨灭中国为全球溯源作出的贡献，世卫组织秘书处绝不应为其站台背书。

越来越多的国家、政党、团体向世卫组织秘书处表达了反对溯源政治化的立场，支持联合研究报告。2500多万网民联署呼吁世卫组织调查美国德特里克堡生物实验室。面对这些正义的呼声，我们期望听到世卫组织科学、客观、公正的回应，拿出实实在在的行动！期望看到世卫组织不向“退群施压”低头，不向“金钱诱惑”弯腰，在咨询小组的组成上和运行中坚守公平正义，真正把病毒溯源拉回科学正轨！

咨询小组专家能否排除干扰，捍卫研究独立性？

因溯源问题政治化遭受美国黑手的科学家不在少数，许多不愿为美发声、替美站台、随美起舞的科学家确实面临着诸多压力。但是非自有曲直，公道自在人心，寒蝉效应并无法湮灭良知、淹没正义。

溯源工作始于科学，兴于科学，成于科学。科学家使命光荣、责任重大，要敢于对强权和私利说不，敢于对压力和诱惑说不。面对全球各地越来越多早期疫情的报道和疑点，特别是国际社会对美国暴发白肺病、德特里克堡生物实验室等疑问和关切，我们期望科学家们能够放弃种族偏见、跨越国别界限、抛弃政治干扰，尽快启动到相关国家的溯源研究，给世界人民一个满意的答复。

病毒是人类公敌，国际社会只有团结合作，才能战而胜之。各国政府、世卫组织及国际科学界都应该着眼人类健康、停止内耗争斗，着眼国际公义、放弃政客私利，着眼全球合作、摒弃地缘博弈，让溯源问题真正回归科学轨道，让新冠肺炎疫情早日成为过往云烟，让人类卫生健康共同体从构想成为现实。我们期待世卫组织成立的咨询小组为此发挥积极作用！

《人民日报》（2021年10月1日）

谎言重复一千遍仍然是谎言

美方一直在精心打造其谎言工程，企图通过有罪推定抹黑栽赃中国。这种痴迷于搞病毒污名化、溯源政治化的行径，同团结抗疫的精神完全背道而驰

在二十国集团领导人罗马峰会推动国际社会合力抗击疫情之际，美国国家情报总监办公室却发布所谓新冠病毒溯源问题解密版报告，继续在溯源问题上搅浑水、搞栽赃。美方痴迷于搞病毒污名化、溯源政治化，同团结抗疫的精神完全背道而驰。国际社会对美方不负责任的态度也看得更加清楚。

新冠病毒溯源是一个严肃复杂的科学问题，应该也只能由全球科学家合作开展研究。然而，一年多来，美方丝毫不顾科学和事实，大搞情报溯源。从通过美国媒体爆料所谓“重大突破”，到今年 8 月底发布所谓报告摘要，再到此番炒作所谓“更新、更详细的解密版报告”，美方一直在精心打造其谎言工程，企图通过有罪推定抹黑栽赃中国。美方动用情报部门搞溯源，本身就是将溯源问题政治化的铁证。美国情报部门劣迹斑斑，造假、欺骗伎俩世人皆知，由其炮制的所谓溯源报告，根本就无公信力可言。

谎言重复一千遍仍然是谎言。这份所谓解密版报告完全是谎言的重复。“武汉实验室泄漏论”有违中国—世界卫生组织新冠病毒溯源联合研究报告的科学结论，早已被国际科学界否定。美方继续炒冷饭，足见其毫无科学精神。至于溯源国际合作问题，中方从一开始就表明了科学、专业、严肃和负责任的态度，率先同世卫组织开展全球溯源合作，两次邀请世卫组织专家来华开展溯源研究，并在专家组来华开展溯源工作时完全公开透明，满足了其全部参访要求。这样一份报告的出笼只能再一次说明，美方无论发布、炮制多少个版本的报告，也改变不了其彻头彻尾的政治报告和虚假报告的性质，美方的动机就是要将病

毒溯源问题政治化。

在病毒溯源问题上，尊重科学和事实、坚持真理和正义是大势所趋、人心所向。近期，80 多个国家以致函世卫组织总干事、发表声明或照会等方式，明确表明了反对溯源问题政治化、维护中国—世界卫生组织新冠病毒溯源联合研究报告的立场。100 多个国家和地区的 300 多个政党、社会组织和智库向世卫组织秘书处提交反对溯源政治化的联合声明。这些国际社会的正义声音，充分表明搞溯源政治化没有市场，借病毒溯源抹黑他国企图不可能得逞。

面对肆虐全球的疫情，任何国家都无法独善其身，团结合作才能早日战胜疫情。与中方在溯源问题上的负责任态度形成鲜明对比的是，美方尽管国内疫情发生的时间线不断提前，德特里克堡和北卡罗来纳大学生物实验室疑点重重，却始终没有正面回应国际社会合理关切。美国新冠肺炎确诊病例已近 4600 万例，死亡病例超过 74 万例。事实证明，美方搞病毒污名化、溯源政治化不仅严重干扰国际社会团结抗疫，而且严重阻碍本国疫情防控，已经沦为病毒的“帮凶”。

全球疫情持续反复，美国应该早日停止对外甩锅推责，把精力放在国内抗疫和全球合作上来；早日停止政治操弄，为全球科学家开展溯源合作创造条件；早日停止攻击抹黑，回应国际社会合理关切，接受世卫专家访问，并开放德特里克堡生物实验室以及生物实验基地。美国如果继续置国际公义于不顾，执迷于政治操弄和情报溯源，只能进一步损害全球溯源科学合作，进一步破坏国际抗疫合作，造成更多的生命损失。

《人民日报》（2021 年 11 月 2 日）

叁

第三章

“爱国者治港”，不容外部势力置喙

得道多助　失道寡助

香港的明天会越来越好，因为中国维护国家主权、安全、发展利益的决心坚定不移，维护香港长期繁荣稳定、确保“一国两制”行稳致远的决心坚定不移，世界上所有拥护正义的力量都站在历史正确的一边？

近日，白俄罗斯代表70个国家在联合国人权理事会第四十六届会议上作共同发言，重申支持中国在香港特别行政区实行“一国两制”，强调香港特区是中国不可分离的部分，香港事务是中国内政，敦促有关方面切实尊重中国主权，停止干涉香港事务和中国内政。此外，还有20多个国家在人权理事会以单独发言等方式，支持中方在涉港问题上的立场和举措。广大发展中国家在联合国人权理事会再次联手发出正义之声，充分体现了事实胜于雄辩、公道自在人心。

不干涉别国内政，是联合国宪章的明确规定，是国际关系的基本准则。香港是中国的香港，香港事务纯属中国内政，任何国家、组织和个人都无权干预。然而，某些西方国家近年来一再公然干预香港事务，明目张胆为香港反中乱港势力撑腰打气、提供保护伞。当前，围绕中国全国人大会议将就完善香港特区选举制度作出决定，西方一些政客再次跳出来，妄图打着人权旗号，借涉港问题向中方施压。殊不知，在世界正义力量面前，这种行径注定失败。

香港选举制度是中国的地方选举制度，如何设计、如何发展、如何完善完全是中国内政，任何外国无权干涉。包括香港同胞在内的广大中国人民，以及真正关心香港繁荣稳定的国际人士普遍认为，完善香港特区选举制度，落实“爱国者治港”原则，既是推进“一国两制”事业、保持香港长治久安的实际需要，也是中国宪法赋予全国人大的权力和责任，完全合宪合法，正当合理。

“我想再次强调，香港是中国不可分割的一部分，包括完善选举制度在内的任何决定既是中国的权利，也是中国的责任，这些决定有利于香港的长远发展和繁荣。”白俄罗斯常驻日内瓦代表安布拉泽维奇的话，代表了国际上正义力量的普遍看法。

西方一些政客抛出的种种奇谈怪论，暴露出彻头彻尾的“双重标准”。放眼世界，无论在哪个国家，效忠自己的祖国都是公职人员以及竞选公职的人必须遵守的基本政治伦理。然而，面对中方完善香港选举制度、落实“爱国者治港”原则的合法行动，他们却如坐针毡，试图给中方安上种种莫须有罪名。对于造成这种不正常反应的原因，国际社会看得很清楚。巴基斯坦伊斯兰堡战略和国际问题研究中心执行董事阿里・萨瓦尔・纳克维指出，全面落实“爱国者治港”原则是中国采取的正确且十分重要的举措，而一些国家却在企图利用香港事务给中国制造麻烦。

得道多助，失道寡助。阻挡正义事业、正义力量的任何鼓噪都注定是徒劳的。香港的明天会越来越好，因为中国维护国家主权、安全、发展利益的决心坚定不移，维护香港长期繁荣稳定、确保“一国两制”行稳致远的决心坚定不移，世界上所有拥护正义的力量都站在历史正确的一边。

《人民日报》（2021 年 3 月 11 日）

中国内政决不容许任何外部势力干涉

中方坚持贯彻“一国两制”方针的决心和信心丝毫不会动摇，反对任何外部势力干涉中国内政的意志坚如磐石；中国有足够能力坚决维护国家主权、安全、发展利益

3月11日，十三届全国人大四次会议以高票表决通过《全国人民代表大会关于完善香港特别行政区选举制度的决定》，就完善香港特别行政区选举制度作出新的宪制性制度安排。这一坚持和完善“一国两制”制度体系、维护香港长治久安的重大举措，是包括香港同胞在内的广大中国人民共同的选择。然而令人遗憾的是，美英等西方国家一些政客却对中方举措再次进行抹黑，肆意干涉中国内政，充分暴露了其唯恐香港不乱的阴暗心理。

作为中国最高国家权力机关，全国人大就完善香港特别行政区选举制度作出决定，符合宪法和基本法规定，符合国际通行惯例，是坚持和完善“一国两制”制度体系的应有之义，具有坚实的政治基础和法治基础，权威性不容挑战。西方国家一些政客对中方行动发出所谓“合法性”质疑，不仅完全没有法理依据，而且暴露了他们自身漠视国际法和国际关系基本准则的蛮横霸道。香港是中国的香港，完善香港特别行政区选举制度纯属中国内政，任何国家都没有资格对此横加干预。

近年来，反中乱港势力利用选举制度漏洞缺陷进入香港特别行政区治理架构，外部势力明目张胆扶持其政治代理人，深度插手干预香港选举等政治事务。面对如此严峻的挑战，任何国家都不会坐视不管。美国等西方国家自身也有非常严密的防范外国干预选举的法律规定，美国国会众议院刚刚通过的关于选举法律修改的议案，就专门设有防止外国干预美国选举的严格规定。例如，美国

政界人物不能接受外国支持，必须向联邦调查局和联邦选举委员会报告与外国的接触；候选人、竞选团队、政党等若故意与外国政府代理人合作，将面临刑事处罚，等等。显然，西方国家一些政客揣着明白装糊涂，他们在本国选举安全问题上反复推敲，却容不得中国采取完善香港特别行政区选举制度、确保香港长治久安的合法行动。何等荒谬！

中国以有力行动落实“爱国者治港”原则，这是天经地义的。西方国家一些政客却执意扭曲事实，给中方行动加上所谓“限制民主”的莫须有罪名。如此假借所谓“民主”之名混淆视听、颠倒黑白，丝毫不能改变国际社会正义力量对事情是非曲直的判断。近日，白俄罗斯代表 71 个国家在联合国人权理事会第四十六次会议上作共同发言，强调香港特别行政区是中国不可分离的部分，香港事务是中国内政，敦促有关方面切实尊重中国主权，停止干涉香港事务和中国内政。此外，还有 20 多个国家在人权理事会以单独发言等方式，支持中方在涉港问题上的立场和举措。国际社会发出日渐强烈的正义之声，充分体现了事实胜于雄辩、是非已有公论。

完善香港特别行政区选举制度，将使香港得以重新出发，为香港创造更好未来提供重要保证，是人心所向、大势所趋。香港事务完全是中国内政，用不着任何外部势力指手画脚。上蹿下跳的西方国家一些政客应该看清楚，中方坚持贯彻“一国两制”方针的决心和信心丝毫不会动摇，反对任何外部势力干涉中国内政的意志坚如磐石；中国有足够能力坚决维护国家主权、安全、发展利益。

《人民日报》(2021 年 3 月 13 日)

“爱国者治港”是大势所趋、不可阻挡

中国全国人大就完善香港特别行政区选举制度通过相关决定，得到了包括香港同胞在内的 14 亿中国人民的广泛支持。然而，少数西方国家近日通过单独或联合发表所谓声明，诋毁中方作出的有关决定，粗暴践踏国际法和国际关系基本准则，赤裸裸干预香港事务，充分暴露他们见不得香港好、不想让香港治，把香港当作棋子遏制中国发展的险恶用心和卑鄙伎俩。

当今时代国际关系体系，绝不应该是没有是非公理和基本道德的丛林世界。少数西方国家妄图拉小团伙对华施压，打出所谓“民主”“自由”的幌子大搞双重标准，反倒更让世人看清其颠倒是非、混淆视听的本质。完善香港选举制度绝不是要不要民主、自由的问题，而是涉及夺权与反夺权、颠覆与反颠覆、渗透与反渗透的较量。需要正告少数西方国家，今日之中国，早已不是 100 多年前那个任由八国联军肆意欺压的积贫积弱的旧中国。中国人民不信邪也不怕邪，不惹事也不怕事，任何外国不要指望我们会拿自己的核心利益做交易，不要指望我们会吞下损害我国主权、安全、发展利益的苦果。

少数西方国家的那些所谓声明，满纸意识形态偏见，渗透霸权主义思维，暴露伪善和“双标”。世人不得不质问，香港被殖民统治时期，港督独揽大权，香港毫无民主可言，少数西方国家的那些政治势力缘何从不过问香港民主？如今故作姿态发表声明，其实根本无关民主。真正关心民主，就不会在看到暴徒冲击香港立法会时幸灾乐祸、煽风点火，就不会对中方完善香港选举制度、让香港民主行稳致远的有力行动横加干预。必须指出，民主的价值在于实现治，不是制造乱。当前，在香港事务上阻挠治、鼓动乱的那些势力，恰恰是站在民主的对立面。

事实是，香港回归祖国以后，进入“一国两制”、“港人治港”、高度自治的历史新纪元，香港政治民主循序发展，香港居民享有的民主权利和自由比历史上任何时候都更为广泛。但近年来，反中乱港势力利用香港选举制度存在的漏洞和缺陷登堂入室，破坏香港的宪制秩序和有效管治，甚至勾结外部势力，严重危害中国国家主权、安全、发展利益。面对如此严峻挑战，中国全国人大依法完善香港选举制度，实属必要之举，有利于推进香港的民主制度循序渐进、稳健发展。广大香港同胞对全国人大的这一决定普遍拥护，认为这“体现了中央对香港的关怀，将开启有香港特色的新的民主选举制度的序幕”，数十万香港民众踊跃参加网上联署支持这一决定，充分说明完善香港选举制度得民心、顺民意，是大势所趋、不可阻挡的。

少数西方国家一再干预香港事务，惯用的伎俩是拿《中英联合声明》说事。他们这样做，不过是试图以偷换概念的恶劣手法给中国贴上“不履行国际义务”的标签。众所周知，随着中国恢复对香港行使主权，《中英联合声明》中规定的与英方有关的权利和义务已经全部履行完毕。香港回归后，中国政府治理香港特别行政区的法律依据是中华人民共和国宪法和香港特区基本法，不是《中英联合声明》。有关国家没有任何法律依据、也没有任何资格援引《中英联合声明》对香港事务说三道四。

无论过去、现在还是将来，香港都是中国的香港。完善香港选举制度是反映广大中国人民共同意志的决定。少数西方国家包庇纵容反中乱港分子的行径已经遭到国际社会广泛谴责，外部势力干预香港事务和中国内政的任何企图注定不能得逞。爱国者治港，反中乱港者出局，这是全体中国人民的必然选择，是历史的必然选择。

《人民日报》（2021 年 3 月 14 日）

奉劝美方收起政治恫吓的把戏

任何干预和诋毁，都动摇不了中国维护国家主权、安全、发展利益和香港繁荣稳定的坚强意志，更阻挡不了香港由乱及治和中国发展壮大的坚定步伐

3 月 17 日，美国国务院发表所谓声明，诋毁中国全国人大就完善香港特别行政区选举制度通过相关决定，威胁对中方人员实施金融制裁。美方在涉港问题上的霸凌主义和干涉主义行径，严重违反国际法和国际关系基本准则，严重干涉中国内政，充分暴露其扰乱香港、阻挠中国稳定和发展的险恶用心，令人不齿。

美方企图靠挥舞制裁大棒搞政治恫吓，这种恶劣行径阻挡不了香港由乱及治的大势。近年来，美方打着“人权”“民主”“自由”的幌子，不断挥舞制裁大棒，不遗余力地为反中乱港势力撑腰打气，妄想在香港制造乱局，破坏香港繁荣稳定。但事实证明，所谓制裁声明不过是废纸一张。中国制定并实施香港国安法以来，香港法治和秩序得到维护，香港居民的人权得到有效保护，国际社会更加看好香港繁荣稳定发展的前景，外国投资者对香港的信心增强。连日来，香港特别行政区政府和社会各界纷纷对全国人大就完善香港特别行政区选举制度通过相关决定表达拥护与支持，充分说明完善香港特别行政区选举制度得民心、顺民意，是大势所趋，不可阻挡。这是对国际上的一些诬蔑不实之词最好的、最有力的回应。事实充分证明，香港的前途和命运牢牢掌握在包括香港同胞在内的 14 亿中国人民手中，外部干涉对香港有害无利，不得人心。

香港是中国的香港，香港特别行政区的选举制度怎么设计、怎么完善纯属中国内政，任何国家都无权说三道四、置喙干涉。连日来，近百个国家在联合国人权理事会上重申支持中国在香港特别行政区实行“一国两制”，强调不干

涉主权国家内政是联合国宪章重要原则和国际关系的基本准则，应切实尊重中国主权，停止干涉包括香港事务在内的中国内政。这表明中国政府在涉港问题上的立场举措得到国际社会广泛理解和支持。事实是，美方动辄对其他主权国家实施制裁，早已引起国际社会正义力量的一致反对与谴责。联合国人权理事会第四十六届会议期间，联合国单边强制措施对人权负面影响特别报告员批评美国长期以其国内法为由对其他国家施加制裁，严正指出美方单边制裁严重侵犯有关国家的人权。美方置国际道义于不顾，肆无忌惮地挥舞制裁大棒，只会一而再、再而三地将美式虚伪和霸道暴露无遗。

中方全面准确贯彻“一国两制”方针的决心坚定不移，反对任何外部势力干预香港事务和中国内政的决心坚定不移。任何干预和诋毁，都动摇不了中国维护国家主权、安全、发展利益和香港繁荣稳定的坚强意志，更阻挡不了香港由乱及治和中国发展壮大的坚定步伐。奉劝一句，美方应早日收起政治恫吓的把戏。

《人民日报》（2021年3月18日）

谎言止于真相

美方在涉港问题上罗织再多谎言、搞出再多政治操弄，都只不过是在磅礴的正义力量面前惯性地发出几声噪音而已

香港局势由乱及治、日益向好，这是包括香港同胞在内的全体中国人民备感欣慰的事实。但在3月31日，美国国务院发表所谓年度《香港政策法报告》，再次大肆编织谎言，百般攻击香港国安法，耸人听闻地宣称所谓香港自治“遭破坏”，并试图将所谓“违法”的莫须有罪名强加在中国头上。这是彻头彻尾的抹黑诬陷、胡搅蛮缠。

必须指出，美方抛出的这份所谓报告，继续妄想用谎言为搞乱香港开道，完全打错了算盘。香港国安法开启了香港由乱及治的重大转折，完善了香港特别行政区选举制度，发展了香港特别行政区的民主制度，为确保“一国两制”实践行稳致远和维护香港长治久安提供了制度保障。当前的香港社会，“黑暴”不再，“揽炒”终结，人心思稳思定，各界得以团结抗疫、改善民生、振兴经济。这种积极转变让越来越多香港同胞认识到，只有祖国强大，才能使香港免于坠入“颜色革命”的深渊，才能确保“一国两制”得到全面准确贯彻落实，才能有香港更美好的明天。

当前香港的真相，绝不是美方所谓的“损害”自由。香港回归祖国以来，中央政府始终全面准确贯彻“一国两制”、“港人治港”、高度自治方针，严格按照宪法和基本法办事，港人依法享有前所未有的广泛权利与自由。香港国安法实施以来，香港违法暴力示威活动得到了有效控制，经济社会生活恢复秩序和稳定，民众安居乐业的权利得到法律充分保护，更坚定了各界对这部法律护航香港长治久安的信心。

事实真相已经反映人心向背、大势所趋，美方在涉港问题上罗织再多谎言、搞出再多政治操弄，都只不过是在磅礴的正义力量面前惯性地发出几声噪音而已。

香港取得今天的发展成就，源于几代香港市民的打拼，源于背靠祖国的巨大优势，从来不是靠任何外国的恩赐和施舍。中央政府对香港进行了全方位、多领域的支持，包括支援香港抗击新冠肺炎疫情，在“十四五”规划中为巩固香港国际金融、航运和贸易中心地位提供强有力支持。粤港澳大湾区是未来中国经济增长关键点，势将进一步激活香港发展潜力。毫无疑问，美方取消或威胁取消所谓的“特殊地位”，阻挡不了香港繁荣发展，也阻挡不了香港继续融入祖国，贡献国家，获取更大发展空间的大势。

经过近年来的风风雨雨，包括香港同胞在内的全体中国人民以及秉持客观理性态度的国际人士，对“一国两制”行稳致远之道的认知正不断加深，对美国等少数西方国家编织的谎言的识别力和免疫力明显增强。在联合国等多边平台，大多数国家坚持仗义执言，反对少数西方国家借香港事务干涉中国内政，支持中国在涉港问题上的立场和举措。

香港是中国的香港，香港事务纯属中国内政。美方必须认清事实，切实遵守国际法和国际关系基本准则，停止以任何方式干预中国内政。历史终将证明，“一国两制”这项伟大事业必定能排除干扰、不断发展，香港必将长期保持繁荣稳定，绽放“东方之珠”的光芒。

《人民日报》（2021 年 4 月 3 日）

正义审判不容外部势力指手画脚

对中国内政和香港特别行政区事务横加干涉的恶劣行径，只会激发包括香港同胞在内的全体中国人民同仇敌忾、维护香港长期繁荣稳定的坚定意志

违法者受到法律制裁，乃天经地义之律。近日，反中乱港分子黎智英、李柱铭、何俊仁等 9 人被依法定罪，这是公道正义的体现，不容置喙。并不意外的是，少数西方国家一些人又急不可耐跳出来发声明，以所谓“人权”“民主”之名攻击正义审判，表白其依然给反中乱港分子撑腰的狂傲态度，公然暴露其违背国际法和国际关系基本准则、粗暴干涉中国内政的本质。我们再次正告：香港是中国的香港，香港事务纯属中国内政，任何外国势力无权干涉。

是非曲直，自有真相明证。少数西方国家一些人无论怎样大行诬蔑抹黑之道，都是枉费心机。近年来，特别是“修例风波”发生后，反中乱港分子肆无忌惮煽动民粹暴力，公然鼓吹“港独”主张，丧心病狂挑战“一国两制”底线，勾连外部势力祸港乱港。反中乱港分子的一系列行径，不仅严重危害国家安全和香港安定，而且严重侵害市民权益、践踏法治精神，是对香港特别行政区宪制秩序的严重挑战，也是对香港基本法和香港国安法的挑衅。此患不绝，香港不宁。

文明社会，民主需要法治护航。香港国安法开启了香港由乱及治的重大转折，完善香港特别行政区选举制度优化和发展了香港特别行政区的民主制度，为确保“一国两制”实践行稳致远和维护香港长治久安提供了制度性保障。将黎智英、李柱铭、何俊仁等长期祸害香港、危害国家的反中乱港头目绳之以法，是法治的必然要求，也是香港民众的共同期盼。当前的香港，暴力事件显著减少，社会秩序恢复稳定，这是维护人民利益的积极成果。香港各界振奋精神，

致力于团结抗疫、发展经济、改善民生，这是反映人民意志的积极行动。

法治社会，有法必依、违法必究，任何人都没有法外特权。面对这一公理，少数西方国家一些人竟然坐不住了。他们完全无视中国政府和中国香港特别行政区政府严格依照基本法处理香港事务的基本事实，公然插手干预中国香港的司法活动，无疑是对国际公认的法治精神的亵渎，是对香港司法独立的破坏。尤其值得注意的是，少数西方国家一些人在香港暴徒横行导致社会民生遭受重创之时欢呼雀跃，却在香港开启由乱及治的新局面之时“忧心忡忡”。这种极其不正常的心理，正说明他们见不得香港好、不想让香港治，把香港当作棋子遏制中国发展的险恶用心。

涉港问题如同一面镜子，照出了少数西方国家的怪象：怀着殖民主义情结，死守强权政治和霸权主义范式，沉溺于冷战思维的那些人，挖空心思酿造散发酸腐气息的旧酒，不知羞耻地上演新瓶装旧酒的“老把戏”。他们不明白，对中国内政和香港特别行政区事务横加干涉的恶劣行径，只会激发包括香港同胞在内的全体中国人民同仇敌忾、维护香港长期繁荣稳定的坚定意志。

应当看到，历史总是要前进的。纵使一些沉渣不时泛起，前进的大潮依然势不可挡。香港明天会更好。

《人民日报》（2021 年 4 月 18 日）

法治精神不容亵渎　外来干涉不能得逞

有效遏制外来干涉，维护国家安全、确保香港长治久安和繁荣发展，中国完全有这个决心和信心，更有足够的能力

法治精神不容亵渎，违法行为必受惩处。香港特别行政区区域法院近日宣判，反中乱港分子黄之锋等 4 人因犯“明知而参与未经批准集结罪”，被判监禁 4 至 10 个月不等。该判决严格按照香港基本法和香港司法程序执行，事实充分、程序合法。然而，美国个别政客在推特上发文公然要求香港特别行政区政府立即释放这些反中乱港分子。何其荒谬无理！他是想另谋职业，来香港做法官吗？如果是，他至少得先补一堂香港法律课，然后再看看自己能否有资格当法官。

香港的人权和自由，包括言论自由和集会自由，受到中华人民共和国宪法和香港基本法的充分保障。但是任何权利的行使都有法定界限，任何人都没有损害他人人身和财产安全的自由，没有破坏社会繁荣稳定的自由，没有挑战国家主权、安全和发展利益的自由。4 名反中乱港分子涉嫌一宗非法集结案，其有蓄谋地企图以大规模非法集结挑战警方权威、瘫痪政府管治的恶劣行径，为世界上任何一个法治社会所不容。正如本案法官宣判时指出，被告明知集会未经批准但仍然参加，是故意及有预谋、公然犯法，必须判以阻吓性的刑罚，以反映本案的严重性、以儆效尤，避免其他人效仿。

香港是中国的香港，香港事务纯属中国内政，任何外国势力都无权说三道四、横加干涉。美国一些政客不知道哪里来的底气，竟公然造势要求释放已经认罪的被告，企图插手香港正常、正当的司法审判，不仅完全背离了法治精神，而且严重违背国际法和国际关系基本准则。

美国一些政客本应十分清楚“非法”必与“惩戒”为因果。在美国，非法集会就是被法律明文禁止的，任何参与非法集会者都将面临法律的严惩。例如，在亚拉巴马州，非法集会被列为B级犯罪，最高将面临3000美元罚款和6个月的监禁；在亚利桑那州，非法集会是一级重罪，最高可判处2500美元罚款和6个月监禁……毋庸置疑，香港特别行政区区域法院对香港的非法集会参与者依法作出判决，完全是以法治维护公道正义的体现。美国一些政客对此妄加非议，这是明目张胆地将政治操弄凌驾于法律之上，令人不齿。

美国一些政客抱持虚伪的双重标准，一再干扰、阻挠香港特别行政区司法机关依法办案，包庇和美化违法犯罪分子，公然站在香港法治与秩序的对立面，站在香港广大民众的对立面。当然，美方干预香港事务和中国内政的企图注定是徒劳的。有法可依、有法必依、执法必严、违法必究，这是以法治维护社会秩序、维护民众切身利益的必需。尤其值得强调的是，有效遏制外来干涉，维护国家安全、确保香港长治久安和繁荣发展，中国完全有这个决心和信心，更有足够的能力。

《人民日报》（2021年5月9日）

美方政治操弄的实质是破坏香港民主

美国一些政客在涉港问题上罗织再多谎言、搞出再多政治操弄，也不可能改变香港在由乱转治之后由治及兴的大势

5 月 27 日，香港特别行政区立法会审议高票通过《2021 年完善选举制度（综合修订）条例草案》，标志着完善香港特别行政区选举制度涉及的本地立法工作全面完成。面对香港去疴治乱、正本清源、重新出发的又一法律成果和制度进步，美国一些政客却如坐针毡，甚至煞费心思地发表所谓声明，以造谣诬蔑手段给中国泼脏水，目的就是要给香港民主政治制度发展下绊子，为“反中乱港”留后门。美方粗暴干涉中国内政的行径，赤裸裸暴露出破坏香港民主与法治的真面目。

中国是法治国家。香港特别行政区全面完成此次本地立法是贯彻落实全国人大有关决定及全国人大常委会修法精神的重要举措，将堵塞原有选举制度的漏洞，进一步确立“爱国者治港”新秩序，推动香港民主政制在健康有序的轨道上稳健向前发展，为香港实现良政善治提供更坚实保障，更好地维护中国国家主权安全发展利益和香港长期繁荣稳定。

确立“爱国者治港”新秩序是广大香港市民心之所向。在完善香港特别行政区选举制度这个问题上，中央完成有关修法工作后，香港特别行政区政府迅速向特别行政区立法会提交有关本地选举法律修订案，特别行政区立法会在一个多月时间里高质高效地审议有关法案，爱国爱港政团社团及社会各界人士积极发声支持和建言献策，让有关法案更加完备，在立法会以高票顺利通过。这一顺畅专业的立法进程充分说明，完善香港选举制度得民心、顺民意，是大势所趋、不可阻挡。

近年来，美方动辄以香港民众的“代言人”、香港民主的“守护者”自居。这一次，美方声明还煞有介事地高喊“听取香港民众的声音”。问题是，美方尚没有认真听取美国民众的声音呢！但凡他们懂得关心民众，美国就不会在新冠肺炎疫情的阴霾下付出如此惊人的生命代价——美国新冠肺炎确诊病例总数超过 3300 万例，死亡病例总数约 60 万例，位居全球首位。美国是一个始终难以缓解本国民主赤字、治理乱象的国家，美国一些政客却对香港民主表现得如此上心，这是何等荒唐的现象！更何况，国际社会早已看清楚，美方“关心”哪里的民主，哪里的民主必定遭殃。必须指出，美方应当把更多精力放在本国事务上，而不是对香港民主如此指手画脚、说三道四。

美方以其背离法治精神的虚伪“双标”，在声明中又公然为违法犯罪撑腰，要求释放违反香港国安法的犯罪分子。这不仅充分说明了美国一些政客搞乱香港的真意图，而且更加证明了香港国安法对香港“一国两制”事业发展的保驾护航作用。香港国安法实施以来，香港违法暴力示威活动得到有效控制，经济社会生活恢复秩序和稳定，民众安居乐业的权利得到法律充分保护。《2021 年完善选举制度（综合修订）条例草案》得以高质高效审议通过，也充分表明没有乱港势力在立法会内恶意阻挠破坏，香港的民主质量和治理效能就会大幅提升。

风雨过后的“东方之珠”正迎来新的发展阶段，香港“一国两制”实践正掀开历史新篇章。中方绝对不会允许任何势力、任何人把黑手伸向香港。美国一些政客在涉港问题上罗织再多谎言、搞出再多政治操弄，也不可能改变香港在由乱转治之后由治及兴的大势。

《人民日报》（2021 年 5 月 29 日）

世上没有也不能有对抗道义和法律的自由

《苹果日报》违背法律、违背良知的行为有目共睹，其公司和人员受到法律惩处，自身还存在经营不善问题，现在这家刊物终于办不下去了。这是正义使然、人心使然、市场使然。

可是，少数西方国家一些政客颇不甘心看到自己扶植的反中乱港势力失败。这些人打着所谓“新闻自由”的幌子，以偷换概念手法把对抗道义和法律的行为冠以“基本自由”之名，企图给香港法治设障。这是公然干涉香港事务和中国内政的行径。我们必须严正指出，对于少数西方国家一些政客严重违反国际法和国际关系基本准则的行径，全中国人民和世界上一切秉公道、讲正义的人都坚决反对。

香港是法治社会，反中乱港没有法外权。少数西方国家一些政客抛出的所谓“新闻和言论自由”说辞，绝不能成为鼓动冲击经济社会秩序、危害国家安全行为的免罪牌。有法必依，违法必究，执法必严，这是天经地义的事。香港民众普遍渴望依法维护经济社会秩序，积极支持通过健全法治来巩固和完善“一国两制”，促进香港繁荣稳定。这样的事实，是香港主流民意的体现，不是少数西方国家一些政客戴着有色眼镜就可以滤掉的。

一段时间以来，少数西方国家一些政客对香港事务和中国内政指手画脚、说三道四，以大打“香港牌”来遏制打压中国。掀开罩在他们脸上的那层写有所谓“新闻和言论自由”字样的盖头，世人可以清晰看到他们企图破坏香港法治的真面目。他们见不得香港由乱及治的向好变化，更不愿接受香港由治及兴的必然前景。

应当看到，《苹果日报》自创办之初就靠出位报道打开销路，不惜超越道德界限，其以狗仔队揭发名人隐私的事件频频引发争议。香港民众早就指控该报诽谤、编造假新闻，恶意进行人身攻击。2019 年，《苹果日报》以一连串不实报道煽动民众情绪，严重危害香港法治及市民安全。香港民间组织“苹果假新闻及毒新闻监察组”负责人强调，该报多年来打着所谓“新闻自由”的幌子虚构新闻，怂恿年轻人犯法，反国家、反政府，甚至勾结外国势力干违法勾当，必然使该报走向末路。香港法律界人士也普遍呼吁对其采取法律行动。

世界上哪个国家和地区可以放任新闻和言论不受法律规范？面对这个问题，少数西方国家一些政客倒是应该认真补一补本国的法律课。美国政府设有专门机构对媒体进行监管，美国联邦通信委员会负责向美国的电台、电视台发放牌照，对节目内容进行限制；美国最高法院也曾表示，当“提倡使用暴力或违法行为”的言论“目的在于煽动或造成即将发生的非法行为”并“很可能造成这样的行为”时，这些言论不受保护。在德国，否认犹太人大屠杀和以其他形式煽动针对某些族群仇恨的行为，最重可判处 5 年监禁；社交媒体平台必须及时回应用户举报的违法言论，视情况删除或屏蔽违法言论内容，对违法言论处理不力的社交媒体平台可能面临巨额罚款。在法国，通过媒体损害国家基本利益、教唆违法犯罪、进行诽谤侮辱、传播虚假消息等行为，均属于必然受到法律制裁的行为。

世上没有也不能有对抗道义和法律的自由。少数西方国家一些政客在《苹果日报》问题上一再说事，暴露了他们的双重标准实质，也暴露了他们缺乏对现实和大势的准确认知和基本把握，更暴露了他们的险恶用心。香港已经回归祖国 24 年，爱国者治港是人心所向，更是大势所趋。少数西方国家一些政客企图通过打“香港牌”、操弄双重标准来遏制中国，只不过是徒劳的逆动，终不能得逞。

《人民日报》（2021 年 6 月 27 日）

要自尊自强，不要乱港祸港

国安家好，法护香江，这是香港人心所愿，也是今日现实。但是，这个现实却令那些支持反中乱港分子的外国势力倍感焦躁。当地时间 7 月 7 日，美国白宫竟然宣布延长所谓“针对香港局势宣布的国家紧急状态”、延续有关涉港制裁措施，妄称中方在香港采取的举措对美国的国家安全、外交政策与经济利益构成威胁。实乃荒谬透顶!

香港局势，如何能与美国“国家紧急状态”挂钩？去年 7 月，美国时任总统特朗普发布的行政命令就这样生生把二者捏在一起，亮出“世界警察”的傲慢模样，贻笑大方。而今，美国现政府新瓶装旧酒，挖空心思诋毁抹黑中国，继续上演“将美国国家紧急状态进行到底”的闹剧。

必须指出，美方这种不思悔改、错上加错的干预行径，这种一再插手香港事务和中国内政的张狂表演，从来都是包括香港同胞在内的 14 亿多中国人民所坚决反对的。民心不可违，中国政府和人民维护国家主权、安全与发展利益的坚定决心不容低估，香港社会捍卫法治秩序、维护特区繁荣稳定的共同意志坚定不移。

今日之香港，是洋溢着民族自尊自强之精神的地方。包括香港同胞在内的全中国人民刚刚隆重庆祝了中国共产党百年华诞和香港回归祖国 24 周年。在今年举行的金紫荆广场“七一”升旗仪式上，仪仗队和护旗队首次采用中式步操，用普通话而非如过往那样以英文做指令。这一彰显香港民心意志的细节，备受国际瞩目。同样令人印象深刻的是不久前举行的“时代精神耀香江”系列活动——连续数日，由一批国家顶尖航天科学家组成的“宇宙天团”走进香港校园，国家探月工程带回地球的月壤和其他航天展品向香港公众开放，在香港社会掀起“航天热”“爱国情”。香江之畔，各界人士满怀崇高的民族自尊，尽展家国情怀，抒发报国壮志，纷纷表示要在积极投身中华民族复兴大业的过程中实现个人理想。

与香港这种昂扬奋进气氛形成极度反差的是，少数西方国家一些人还在忙着大做阴晦的“乱港祸港梦”。他们无比“留恋”2019年在香港出现的祸乱，近来在媒体平台上拼凑了不少乱港分子两年前手执外国国旗招摇、混淆是非宣扬暴力的照片。他们从历史垃圾堆里翻捡出自己炮制的违背国际法和国际关系基本准则的涉港法案、行政命令，企图让那些废纸再闹出点动静。一句话，他们狂喜于香港之乱、恼火于香港之治的扭曲心态暴露无遗。

历史车轮滚滚向前。香港民众深切体会到曾经的那些“黑暴”事件之于经济社会民生意味着什么，对暴恐行为早就深恶痛绝。香港民众十分珍惜自香港国安法实施以来社会稳定的局面，衷心欢迎香港警方果断执法、维持治安，保障港人生命财产安全，坚决反对那些鼓吹暴力、煽动仇恨、美化暴力者。在香港民众有力支持下，香港特别行政区政府不断总结经验，依据香港国安法认真执法办案，深得香港人心。

香港国安法的实施成效表明，来自别有用心的外国政客和媒体的诋毁指责之辞完全是站不住脚的。与国外立法相比，香港国安法在尊重和保障人权上秉持更高标准，明确列出香港居民享有的权利自由及各项重要法治原则，充分体现了“惩治极少数，保护大多数”的原则。正是因为有了香港国安法，香港居民的正当权益才能得到保护，香港营商环境才能拥有保障。一项来自民间智库的大数据分析显示，香港国安法实施一年以来，对香港持正面和中立态度的外国舆论高达87%，对香港的负面评价大幅减少，香港对外资的吸引力也随之上升。花旗集团近日宣布，2021年将在香港增加至少1500名员工，包括新增人员和替代人员，是一年前招聘人数的两倍。高盛银行今年在港招聘人数预计将增加20%。香港特别行政区政府公布的数据显示，从2020年年中至今，境外资金净流入仍在增加中，一年来总额超过500亿美元。

真金不怕火炼，事实胜于雄辩。那些顽固秉持偏见和双重标准对抗道义的挑衅，无论其以何种形式上演、延续多久，结局只能是灰溜溜地以失败收场。事实已经证明并将继续证明，香港国安法是保障“一国两制”行稳致远的“安全阀”，是契合国际实践的高标准“示范法”，是反对外部干预的“霹雳剑”，是维护香港繁荣稳定的“守护神”。“一法安香江”重大成效影响深远，东方之珠的未来必将更加灿烂光明。

《人民日报》（2021年7月9日）

为香港开启由治及兴新篇章保驾护航

任何外部干预都动摇不了中方全面准确贯彻落实“一国两制”的坚定决心，都动摇不了中国维护国家主权、安全和发展利益的坚强意志，都改变不了香港由乱及治、由治及兴的历史大势

近日，香港特别行政区政府在网上举办以“国安家好”为主题的香港国安法法律论坛。与会人士回顾香港国安法立法及实施一周年的过程，普遍认为香港国安法实施一年来，国家安全得到维护、香港社会重回正轨、法治正义得到伸张，港人的权利、自由和安全得到切实保障，香港迎来由乱及治的重大转折，开启由治及兴的崭新篇章。

没有国家安全立法保驾护航，就没有香港的长治久安。香港国安法实施以来，“港独”“黑暴”等现象大大减少，香港市民基本恢复了正常生活。据香港警方统计，2019 年、2020 年香港罪案数分别同比增长 9.2%、6.8%，而在今年第一季度，罪案数同比下降约 10%。近日，香港某外资银行旺角分行营业厅拆除围板的照片在网络上流传，引发点赞热议，有市民感叹，“连银行也安心拆板，香港真的安全了”。香港紫荆研究院今年 6 月发布的最新调查显示，逾七成受访香港市民满意香港国安法实施成效，大多数市民从香港国安法实施后社会安定、市民安居乐业的变化中，切实感受到这部法律实施带来的好处。

国家安全是一国安身立命之本，制定国安立法是一国神圣不可侵犯的主权。一年前，中国全国人大常委会审议通过香港国安法，是行使和维护国家主权的体现，也符合国际法和国际通例。然而，一些西方国家的反华政客却罔顾事实，通过所谓涉港决议或毫无约束力的制裁威胁，肆意诋毁香港国安法。这是对中国内政的粗暴干涉，是赤裸裸的双重标准和强盗逻辑。任何不带偏见的

人都清楚地看到，香港国安法实施后，香港社会恢复稳定，广大香港市民和外国在港公民的各项合法权利和自由在更加安全的环境中得到更好保障。国际社会对香港经济长远向好发展的信心也在不断增强。据香港特别行政区财政司介绍，过去数月有多达 500 亿美元的资金流入香港，去年在香港营运的内地和海外企业超过 9000 家，其中 1500 家以香港为地区总部，充分显示了企业界对香港的今天和未来充满信心。国际货币基金组织不久前发表报告，再次肯定香港国际金融中心的地位，对香港发展前景投下信任票。

在中国共产党成立 100 周年、香港回归祖国 24 年后的今天，外部势力任意对香港事务指手画脚的日子一去不返，勾结反中乱港势力在港兴风作浪的日子一去不返，企图通过施压和制裁迫使中国吞下损害国家主权与安全苦果的日子一去不返。个别西方国家出于搞乱香港、打压中国的企图，至今仍在对香港国安法说三道四，试图靠所谓国际施压、单边制裁吓倒香港、吓倒中国，纯属痴心妄想。在联合国人权理事会第四十七届会议上，白俄罗斯代表 67 国作支持中国的共同发言，强调香港事务是中国内政，外界不应干涉，支持中国在香港特别行政区实行“一国两制”。国际社会的正义之声表明，个别西方国家毫无底线的谎言，越来越臭名昭著、失去市场。

青山遮不住，毕竟东流去。香港是中国的香港，香港事务纯属中国内政。任何外部干预都动摇不了中方全面准确贯彻落实“一国两制”的坚定决心，都动摇不了中国维护国家主权、安全和发展利益的坚强意志，都改变不了香港由乱及治、由治及兴的历史大势。

《人民日报》（2021 年 7 月 11 日）

盗用“新闻自由”之名的闹剧当休矣

美国国务院网站当地时间7月10日挂出关于《苹果日报》的一纸荒唐声明。声明是以媒体自由联盟的名义发的，签署国家数目为21个，不及该组织成员总数的一半。声明所谓“强烈关切”的对象是煽动“黑暴”行为的标志性刊物，已于6月自行决定停刊。如今少数西方国家一些势力绝望地就此吆喝一声，算是给他们所支持的反中乱港分子作出了一个毫无价值的交待。有良知的人当能看出，该声明的实质就是置道德底线于不顾，混淆是非，偷换概念，盗用“新闻自由”之名与公道正义唱反调。

“道德的基础是人类精神的自律。”毫无疑问，新闻自由不能是脱离道德规范的自由，不能让人类文明蒙羞。《苹果日报》是什么？是一家以“煽色腥”驰名的报纸。要知道，这种以煽动、色情、血腥为特征的“黄色新闻”报纸，即便在其发源地美国也已是早就被扔进历史垃圾堆的、为人所不齿的东西。美国公众不该忘记，19世纪80年代到20世纪初“黄色新闻”泛滥时期的乱象是何等违背伦理天良——报纸上充斥着刺激人们感官的文章、画面，攻击名人，叫嚣战争，在“注意力经济”竞斗场上疯狂而贪婪地逐利。1901年，美国大搞“黄色新闻”的《纽约新闻报》公开煽动刺杀美国总统麦金莱，麦金莱于当年9月遇刺身亡，舆论普遍认为凶手就是受到了《纽约新闻报》所刊发言论的蛊惑。该报由此滑向销量大跌轨道，没过多久就告别了历史舞台。

历史是一面镜子。选择美式“黄色新闻”路径的《苹果日报》以贩卖谎言为营生，最终走进死胡同，这是必然的结局。看看香港媒体近来列出的《苹果日报》100个谎言：出钱造假、合成“裸照”、行贿换资料、诽谤名人、煽动暴力……《苹果日报》创办26年来被判违法、定罪的案例不计其数，早就把这家媒体钉在耻辱柱上了。公道自在人心！《苹果日报》关门不是政府的命令，而是市场的选择，说明了香港大多数民众的心愿。

文明社会的任何一种自由和权利，都不能是无限制的肆意妄为，而应是由体现公众意志的法律所规范、所保障的。就连英国哲学家约翰·斯图尔特·密尔，这位以其《论自由》影响了西方很多国家自由派政党的学者也承认，应当用权力干预违反文明人意志的行为，以防止伤害他人。100 多年前美国联邦最高法院的霍姆斯大法官曾在一项判决中提出，言论自由“不会保护在剧场里错误地大呼失火并因此引起恐慌的人”。

新闻自由，同煽动罪行有严格的法治边界。媒体自由联盟的成员国应该自问：本国法律能够容得新闻媒体危害国家安全、破坏社会秩序、泄露国家机密、煽动宗教和民族对立吗？当然不能。很多国家对新闻自由有明确的法律规定，比如法国的《新闻自由法》，详列了事后处罚的诸多规定，对媒体的教唆、诽谤、妨害公共秩序行为予以追惩。同样道理，两年前反中乱港分子在香港假借所谓“言论自由”之名鼓吹“违法达义”，煽动青年学生参与违法暴力，理所当然是法治所不能放任的。

应当看到，自香港国安法颁布实施以来，香港社会由乱转治，更有利于开展正常的新闻报道工作。世界瞩目香港，必然需要把握香港由治及兴的不可逆转的大势。一年多来，美英两国多家媒体纷纷增派驻港外籍员工，在港外媒记者人数呈大幅上升之势。对于西方媒体如是自主而自由进行的布局，签署媒体自由联盟所谓声明的那些人该如何解读呢？

少数西方国家一些人在《苹果日报》问题上兜兜转转地做了一些文章，制造了一些假相，但都不过是盗用“新闻自由”之名助纣为虐、指鹿为马的闹剧而已。闹剧当休矣！事实面前，假相终将被戳穿，这是谁也改变不了的铁律。

《人民日报》（2021 年 7 月 12 日）

美方恐吓行径拦不住香港蓬勃发展

当地时间7月16日，美国政府悍然炮制所谓“商业警告”，毫无理据抹黑香港营商环境，并制裁中央驻港机构官员。此等严重违背国际法和国际关系基本准则、赤裸裸干预香港事务和中国内政的行径，将“美式霸凌”“美式双标”的狂妄自大表现得淋漓尽致。必须指出，美方的制裁与恐吓故伎绝对吓不倒顶天立地的中国人，无论过去、现在还是将来，盖皆如此。中方不怕鬼、不惧压、不信邪，必将对美方有关霸凌行径予以坚决反击。

世人看得清楚，美方正在穷其颠倒黑白之所能，妄图破坏香港繁荣稳定、危害中国国家安全、阻挠中国发展，蛮横之极、无理之极！但是，历史发展之势，不会为美方的制裁与恐吓所左右。在全体中国人的志气、骨气、底气面前，美方任何叫嚣和造势，都只能化作泡影。

中方站在历史正确的一边，坚守公道和正义，何惧“暴风雨来得更猛烈些”！就在美方炮制所谓“商业警告”，挥起制裁大棒之际，北京、香港、澳门三地以视频连线方式举行“香港国安法实施一周年回顾与展望”专题研讨会，与会者掷地有声地正告那些企图以谬论误导人们对香港国安法认知的美西方势力：你们粗暴地践踏国际法、干涉我国的内政，对我们做的毫无意义的所谓制裁，只能更加激起我们的愤怒和对你们的蔑视，只能不断敲响你们在香港的代理人——反中乱港分子的末日丧钟，只能是搬起石头重重地砸在你们自己的脚上。

美方在自己编造的谎言基础上发出所谓“商业警告”，这是彻头彻尾的构陷。他们口口声声说健康的营商环境离不开法治，但却处处阻挠香港完善法治。他们所不肯正视的，恰恰是随着香港国安法实施和完善选举制度落地，香港国际金融、贸易、航运中心地位更加稳固，法治和营商环境更加优良，社会氛围更加和谐的现实。

香港营商环境的真相，与美方叙事具有本质不同。香港国安法实施一年来，香港社会秩序恢复，法治原则彰显，发展重回正轨，香港居民依法享有各项权利自由，外国在港投资者迎来更加安全、稳定、可预期的营商环境，包括美国驻港企业在内的国际持份者的合法权益得到更好保障。2020 年，流入香港资金额达 500 亿美元，香港银行体系结余屡创历史新高，港股 IPO（首次公开募股）集资额位居世界第二。联合国贸发会议发布的《2021 年世界投资报告》指出香港是 2020 年吸引外国直接投资最多的地区之一，国际货币基金组织不久前发布的报告再次肯定香港国际金融中心地位。

大量事实表明，无论外国投资者还是香港本地投资者，对香港营商环境的信心不是削弱了，而是增强了；投资者日益懂得要把香港放在中国整体发展的宏大愿景中观察，深切体会到立足香港市场有利于获取中国内地经济的巨大机遇。当前，美国驻港企业所焦虑的，绝不是香港国安法带来的经济社会井然有序，而是被美方绑在反中乱港政治图谋的战车上。

香港国安法的颁布实施，从根本上堵住了香港维护国家安全制度方面的漏洞，斩断了内外敌对势力危害国家安全的“黑手”，有力维护了宪法和基本法确立的香港特别行政区宪制秩序。需要强调的是，美方采取任何恐吓手段，都不可能让“港独”猖獗、“黑暴”肆虐、“揽炒”横行的旧日在香港重现，更无法阻拦香港蓬勃发展的脚步。历史的车轮决不会倒退，只会滚滚向前。

《人民日报》（2021 年 7 月 18 日）

依法反击美方制裁，中方说到做到

针对美方炮制所谓“香港商业警告”，无端抹黑香港营商环境，非法制裁多名中国中央政府驻港机构官员，中方从一开始就明确表态“包括香港同胞在内的全体中国人民绝不接受，必将坚决反击”。7 月 23 日晚，中方宣布采取对等反制，根据《中华人民共和国反外国制裁法》对前美商务部长罗斯等 7 个美方人员和实体实施制裁。事实表明，中方说到做到，决不虚言。

对于中方的回击，美方恐怕并不会感到意外。在中方对等反制的消息发布后不足 3 小时，美国白宫发言人就公开表示“不会被中国的制裁行动吓住”，以混淆视听的台词，生生要把“主动挑衅者”装扮成“被动受害者”。近几年来，中美之间这样的回合已经多次重现。美方一而再、再而三地严重违反国际法和国际关系基本准则，严重干涉中国内政，幻想中方有一条可伸缩的底线，甚至妄想在事关中国核心利益和重大关切问题上蒙混过关。结果呢？毫无悬念，中国捍卫国家主权、安全、发展利益的意志，始终如铜墙铁壁一般坚不可摧，无惧美方任何挑衅。

美方早就该从幻想和妄想中醒醒神了。美方不要以为这世上任何地方都能容忍美方“长臂管辖”，也不要以为美方拥有单方面定义美中关系“护栏”的特权。美方要明白，当其对香港举起制裁大棒时，《中华人民共和国反外国制裁法》必定是管大用的、是要真发威的；而且，在港经营的约 1300 家美国企业也不会愿意美国政府肆意胡来，断了它们开拓大市场的机遇。

都还记得，今年 3 月 17 日，就在中方即将动身赴美参加中美高层战略对话前夕，美方在涉港问题上再次升级对中国的所谓制裁，中方针锋相对，坚决回击美方嚣张气焰。近来，美方又如法炮制，先后在涉疆问题、涉港问题、台湾问题、人权问题、网络问题等方面造谣、诬蔑、挑事，还在中国周边“踩雷”

造势，上演其扮“教师爷”、拉小圈子的丑剧。殊不知，美方仗势压人、傲慢偏见的那一套在中方这里根本行不通，过去如此，现在如此，未来也如此。

美方所谓以“竞争、合作、对抗”处理中美关系，实质上是把中国定义为竞争对手，挑动对抗，遏制打压中国发展。这一做法没有分清中美关系的主流和支流，不符合事实，不符合两国人民根本利益。相互尊重、公平正义、合作共赢才是国与国相处之道，中美关系的历史经验深刻诠释了“合则两利，斗则俱伤”的道理。只有跨越意识形态鸿沟，相互尊重，求同存异，聚焦共同利益，才能让中美关系走上健康发展的轨道。美方理当选择同中方一道坚持中美关系的正确方向，坚持从两国人民和世界人民共同利益出发，走出一条相互尊重、和平共处、合作共赢的新路，而不是开历史倒车。

当前，美方应当彻底放弃把台湾、香港当棋子的欲念，彻底放弃在事关中国核心利益和重大关切问题上无谓地进行踩踏红线的试探。中国人民是崇尚正义、不畏强暴的人民，中华民族是具有强烈民族自豪感和自信心的民族。中国人民绝不允许任何外来势力欺负、压迫、奴役我们，中方绝不屈服于霸权主义、强权政治。为解决双边关系存在的问题，我们可以敞开大门深入谈。但若有人选择进犯，我们定将坚决反制，奉陪到底。这就是中国态度，说到做到！勿谓言之不预！

《人民日报》（2021年7月25日）

所谓“与香港人站在一起”难掩美政客的伪善

爱国爱港旗帜凝聚人心、坚定意志，任何国家、任何人都无法阻止香港重焕光彩的前进步伐

当地时间8月5日，美国政府出台所谓涉港备忘录，声称对部分滞留美国的香港人提供“延期强制离境”庇护。换言之，美方拟推迟18个月对那些人采取“强制离境”行动。美方一些政客在社交媒体上晒出这个“泼污水”加“伪慷慨”的把戏时，又套用了一遍所谓“与香港人站在一起”的说辞。如是惺惺作态碎碎念，再次暴露其政治操弄的真实面目。

“泼污水”的底色是险恶，“伪慷慨”的底色是伪善，两者活脱脱衬出一副不顾公道、无视正义的美方一些政客形象。美方声称要庇护一些所谓“害怕回到香港的人”，无非就是罔顾基本事实和香港主流民意，编织谎言污蔑香港国安法，无非就是期冀借助反中乱港分子达到破坏香港繁荣稳定、遏制中国发展的目的。对于这种赤裸裸干涉中国内政、公然践踏国际法和国际关系基本准则的行径，无论其多么嚣张，包括香港同胞在内的14亿多中国人民都会给予坚决反击。

事实充分表明，美方所谓“与香港人站在一起”，完全是彻头彻尾的谎言。美方支持的那一小撮反中乱港分子都干了些什么，给香港造成了多大伤害？这本账应该算算清楚。美方黑手支持的“港独”猖獗、“黑暴”肆虐、“揽炒”横行，令香港广大民众深受其苦——持续发生的暴力活动造成3000多人受伤，暴徒撬起来的砖头可填满48个篮球场，拆下来的栏杆连起来有125座香港国际金融中心二期大厦那么高；2019年香港经济出现10年以来首次年度负增长，

约一半的主要服务业营收剧烈下滑，其中住宿服务业、零售业同比分别下跌14.3%和11.1%，来访旅客人次大幅下降，零售、住宿、餐饮行业的失业率高位运行……应当看到，美式“权利和自由”幌子下呈现的这些数据和事实，恰恰很符合美方“唱衰”香港的心意。

满怀祸港之心的美方根本不是支持港人的权利和自由，而是纵容一小撮反中乱港分子搞乱香港特别行政区、危害中国国家安全的“自由”。他们“与香港人站在一起”是假，不遗余力破坏香港广大民众利益是真。

香港是中国的香港，最在乎香港发展，最关心香港广大民众福祉的是我们自己。香港国安法实施一年多来，精准打击了一小撮严重危害国家安全的反中乱港分子，香港罪案数显著下降，经济金融继续坚挺，香港社会对“一国两制”信心倍增，国际社会继续看好香港前景。香港广大民众切身体会到什么叫“安”来“福”来——只有“安”下来，香港才能好起来，才能有希望，才能有发展。

香港人心思稳、人心思定、人心思安，讲权利和自由决不可以脱离这个现实。美方一些政客不肯顺应香港人心所向，与那些“见不得香港变好”的反中乱港分子捆绑在一起，不过是蚍蜉撼树的自娱自乐而已。香港国安法是虎虎生威的“守护神”，给香港广大民众带来宝贵的“安”之福祉。爱国爱港旗帜凝聚人心、坚定意志，任何国家、任何人都无法阻止香港重焕光彩的前进步伐。

《人民日报》（2021年8月7日）

美英政客必须收起干预香港事务的黑手

香港社会捍卫法治秩序的共同意志不容误读。我们再次正告美英个别政客，应当恪守国际法和国际关系基本准则，必须收起干预香港事务的黑手，立即停止干扰香港法治

香港警方 9 月 8 日果断采取行动，依法拘捕反中乱港组织“支联会”多名骨干成员。香港特别行政区依法施政，不放任反中乱港组织坐大作乱，这是堂堂正正、无可争议、不容置喙的。美英个别政客就此在其个人推特上“例行”说三道四的把戏，着实贻笑大方。世人看得清清楚楚，这些秉持双重标准的伪善政客，既不是站在法律一边，也不是站在道义一边，根本没有资格干预香港事务，根本没有力量去改变香港由乱转治、由治及兴的历史大势。

香港当是什么样的香港？香港人能不能变成外部势力的提线木偶，配合美西方一些政客图谋牵制中国发展？对于这样的大是大非问题，香港广大民众越来越心中有底。从非法“占中”到“修例风波”，“支联会”这样的组织持续煽动所谓“违法达义”，把大量青少年推上疯狂打、砸、烧的暴力违法犯罪道路，试图用“揽炒”手段把香港社会拖入动乱深渊。香港广大民众早已识破这些组织中鼓吹歪理邪说者的险恶用心，懂得依法惩治反中乱港分子才是护佑香港长治久安的道理。

“支联会”如何与境外敌对势力相互勾连，如何图谋“揽炒”，在严重损害国家整体利益及香港根本利益的歧途上走了多远，事实十分清楚。“支联会”妄图以蛊惑对抗和煽动仇恨来逃避法律制裁，不敢向警方提交资料，恰恰说明其对自身的非法性质和严重违法行为心知肚明。香港国安法必定是管用的，香港警方对“支联会”采取果断行动，表明任何人以身试法都必然受到法律惩处。

美西方一些政客的反应表明，他们越来越失意甚至绝望。他们不甘心看到自己精心扶持多年的那些反中乱港分子再没有机会为其所用，不甘心看到香港国安法在执行过程中越来越彰显出强大生命力，不甘心看到反中乱港分子的作乱空间一步步归零。他们一而再、再而三，以颠倒黑白的说辞干扰香港法治，粗暴干涉中国内政。而今天，透过这些居心险恶的表演，世人眼前浮现更多的，恐怕还是不久前阿富汗喀布尔国际机场出现的混乱和悲剧——在那个被“美国民主灯塔”“照耀”过的地方，阿富汗民众深深领教了什么叫“美式傲慢”“美式践踏”“美式抛弃”。

要捍卫主权、维护尊严，要健全法治、保障秩序，这是香港社会普遍共识。在今昔对比、国际对比中，香港广大民众对此体会更加深刻。香港特别行政区政府及警方继续深入调查“支联会”涉嫌违法行为，依法追究其首要分子的法律责任，有助于肃清各种歪理邪说的思想遗毒，捍卫香港国安法权威和法治尊严。

任何杂音、干预、施压都丝毫动摇不了中央和特别行政区政府维护国家安全的坚强意志，丝毫动摇不了中国全面准确贯彻落实“一国两制”的坚定决心。香港社会捍卫法治秩序的共同意志不容误读。我们再次正告美英个别政客，应当恪守国际法和国际关系基本准则，必须收起干预香港事务的黑手，立即停止干扰香港法治。

《人民日报》（2021 年 9 月 10 日）

中国之香港，岂容美国觊觎

涉港问题一直有深刻的国际背景，外部势力伸向香港的“黑手”究竟干了些什么，世人当有清醒认识。

9月24日，中国外交部网站公布《美国干预香港事务、支持反中乱港势力事实清单》，列出美方在2019年2月至2021年8月期间针对香港的所作所为，共有五大类：一是炮制涉港法案，抹黑中方对港政策，插手香港内部事务，大肆干涉中国内政；二是悍然实施制裁，妄图阻挠香港国安法和中国全国人大有关决定在香港顺利实施；三是污蔑诋毁特区事务，妄议香港警方执法行动，破坏香港繁荣稳定；四是包庇支持反中乱港分子，为其兜售“港独”主张、散播政治谎言提供平台，是非不分、颠倒黑白为违法分子说项；五是多边串联施压，纠集盟友联手干涉香港事务，通过发表联合声明等方式对香港事务说三道四、指手画脚。

美方针对香港的所作所为，从根本上讲就是悖逆国际法和国际关系基本准则，给香港的发展繁荣设障，与香港的广大民众对立。美方如此“操碎心”，终极目标就是通过打“香港牌”遏制中国发展。

当然，美方越是挖空心思利用香港做文章，不遗余力扶持其代理人在香港埋祸根、蓄乱源，越能让世人看清其伪善双标的真面目。美方既然声嘶力竭为反中乱港分子的“黑暴”行径叫好，那为什么不对占领美国国会山的骚乱事件拍手称快？美方既然对香港警方维护秩序的正当行动百般攻击，那为什么没有指责美国警卫人员对闯入国会山的示威者开枪、没有指称美国军队随即在华盛顿荷枪实弹采取戒严措施是限制人权？毫无疑问，对于美国一些政客而言，区分是非善恶不重要，重要的是在民主、自由、人权、法治问题上千方百计用双重标准大做文章，从而为其对外挥舞大棒找借口，为掩盖其霸权本质扯上一块儿遮羞布。

中国之香港，岂容美国觊觎。应当看到，香港是一片久已唱响“万里长城永不倒”的土地。香港广大民众深深懂得，要国安家好，要良法善治，要持久繁荣。香港国安法的制定实施，香港选举制度的完善，已使香港由乱转治、由治及兴，开启辉煌的新篇章。今年中秋之夜“湾区升明月”晚会激荡的情感共鸣，就是香港广大民众衷心拥护“一国两制”、坚决支持“爱国者治港”、坚定相信香港明天会更好的强大心声。人们更加相信，融入国家发展大局的香港，必将实现自身更快、更大、更好的发展。不久前公布的《全面深化前海深港现代服务业合作区改革开放方案》广受欢迎，大湾区前景更加鼓舞人心。财政部日前公布 2021 年将在香港特别行政区分三期发行 200 亿元人民币国债，也将更好地满足国际投资者配置人民币资产的需求，以中国对外开放的坚定信心和决心，有力巩固香港国际金融中心和全球最大离岸人民币结算中心的地位。

“天下大势，浩浩汤汤，顺之者昌，逆之者亡。”香港曾经长期存在的“政治泥沼”已经不可逆转地成为过去，任何觊觎香港、打“香港牌”遏制中国发展的图谋都不可能得逞。美方应当切实尊重中国内政，立即收回干预香港事务的“黑手”，不要低估中国人民维护民族尊严和正当权益的钢铁意志。

《人民日报》（2021 年 9 月 25 日）

“爱国者治港”，不容外部势力置喙

中国维护国家主权、安全、发展利益的意志坚如磐石，香港抵御外来干涉的能力越来越强

当地时间10月21日，美国国务院又在涉港问题上释放噪音，对香港民主发展和香港特别行政区政府依法施政、依法取消部分区议员资格说三道四，抹黑诋毁香港国安法，为反中乱港分子撑腰打气。这是赤裸裸干预香港事务和中国内政的拙劣行径。包括广大香港民众在内的全中国人民，完全能够识破这种以双重标准撑起伪善面具的故伎。

必须指出，美方声明中大谈所谓“香港自由”问题，意图就是颠倒是非，抹杀香港法治造福民众的成果。美方一再放言“继续支持”的对象，绝不是香港广大民众，而是祸港乱港之徒。铁的事实说明，美方图谋让其代理人搞港版“颜色革命”根本行不通、“乱港遏华”根本办不到，拉上英国、澳大利亚等少数西方国家个别政客一起吆喝同样是徒劳的。

维护香港法治，运用法治思维、法治方式确保“一国两制”行稳致远和香港长治久安，才能保障香港广大民众的根本利益。香港在立法、执法、司法、守法各个环节全面发力，有效堵塞了香港特别行政区在维护国家安全方面的漏洞，最大程度扫除了香港发展道路上的障碍、陷阱和威胁，为护佑香港广大民众安全福祉筑牢了底线，进而有效保障港人在和平安宁的社会条件下更好行使各项自由和权利。毫无疑问，香港特别行政区政府依法对反中乱港分子和组织采取行动，正当正义、合理合法、顺应民意。

维护国家安全，把国家和地方管治权牢牢掌握在爱国者手中，相应建立宣誓效忠制度、明确公职人员资格、确保其国家认同和政治忠诚是国际通例。必

须强调，“爱国者治港”是事关国家主权、安全、发展利益，事关香港长期繁荣稳定的根本原则，香港特别行政区政府严格按照法律规定，遵循法律程序，取消有关区议员资格，是维护香港特别行政区宪制秩序、落实“爱国者治港”原则的必要之举，不容任何外部势力置喙和干涉。

实践充分证明，只有做到“爱国者治港”，中央对特别行政区的全面管治权才能得到有效落实，宪法和基本法确立的宪制秩序才能得到有效维护，各种深层次问题才能得到有效解决；只有不断融入国家发展大局，香港才能不断获得可持续发展的新机遇。香港特别行政区政府最近提出彰显突破性和前瞻性思维的“北部都会区发展策略”受到普遍欢迎，香港民众对大湾区前景的信心日益增强，更加憧憬香港由兴而盛的新未来，这是人心所向。

中国维护国家主权、安全、发展利益的意志坚如磐石，香港抵御外来干涉的能力越来越强。少数西方国家个别政客想拿欺世盗名、虚伪拙劣的“民主剧本”“人权剧本”插手香港事务、哄骗香港民众，这样的行径搞多少次，就会失败多少次。可以肯定，香港大发展之势不可逆转，长治久安的香港必能为实现中华民族伟大复兴作出应有贡献。

《人民日报》（2021 年 10 月 23 日）

“五眼联盟”必须收回干预香港事务的黑手

“五眼联盟”打着“民主”的幌子，恶意攻击香港选举制度、抹黑立法会选举，只能说明他们关心香港民主是假，插手香港政治、干涉中国内政、阻挠中国发展是真

近日顺利举行的香港特别行政区第七届立法会选举，充分体现了广泛代表性、政治包容性、均衡参与性和公平竞争性，对发展符合香港实际的民主、塑造香港良政善治的新格局、推动“一国两制”实践行稳致远具有重要意义。然而，美国、英国等“五眼联盟”国家却不甘心看到香港全面落实新选举制度，走上繁荣稳定之路。他们选择性无视香港民意和按照法定程序产生的选举成果，公然发表所谓“联合声明”极力抹黑此次选举，污蔑“香港民主要素受到侵蚀”。这种颠倒黑白的恶劣言行，这种粗暴干涉中国内政的霸权行径，必将与以往任何一次一样落得失败的下场。

事实已经证明，此次立法会选举是一场成功的选举。153 名候选人充分竞争，集中展现了爱国爱港情怀和参政议政能力。社会各界热情参与，逾 135 万香港市民行使民主权利，以实际行动表达对新选举制度的坚定支持和高度认同。最终选出的 90 名立法会议员“五光十色”，来自社会各界，必将更好兼顾地区、界别和全港整体利益，更好反映民意、体现民心。正如香港市民所说：“这次立法会选举比以往任何一届选举更具多元化和广泛代表性，完全符合香港的整体利益，是香港民主制度的里程碑。”

“五眼联盟”打着“民主”的幌子，恶意攻击香港选举制度、抹黑立法会选举，只能说明他们关心香港民主是假，插手香港政治、干涉中国内政、阻挠中国发展是真。他们将违反香港法律被判刑或是负罪潜逃的反中乱港分子，视

为“有意义的政治反对派”,“五眼联盟”的丑恶行径才是真正“损害香港权利、自由和高度自治的行为”。众所周知，香港在150多年的英国殖民统治下从没有民主可言，香港回归祖国后才开启了民主历程。“五眼联盟”应该好好治治自己的选择性色弱、色盲症，睁大眼睛看看，他们根本不是“民主优等生”，更没有资格充当“民主教师爷”。

此次立法会选举充分说明，整个香港社会思安思定、拒绝反中乱港势力恣意妄为的民意不容挑衅，在“一国两制”下香港的民主发展步伐不可阻挡。“爱国者治港，乱港者出局，香港明天更美好”，这是香港社会各界的共同期盼。“五眼联盟”发出的嗡嗡噪音，只能成为外部势力干预香港事务的铁证，只会更加暴露反中乱港分子才是破坏香港民主进程的罪魁祸首。

香港是中国的香港，香港的民主发展纯属中国内政。香港的民主制度好不好，要由包括香港同胞在内的全体中国人民说了算。中国中央政府坚定不移全面准确贯彻“一国两制”方针，坚定不移支持香港特别行政区发展符合其宪制地位和实际情况的民主制度。随着“爱国者治港”的局面更加稳固，香港的民主道路将越走越宽广，民主发展的前景将更加光明。我们正告“五眼联盟”，任何打着“民主”旗号干涉中国内政、搞乱香港的图谋都不会得逞，早日收回黑手才是明智之举。

《人民日报》(2021年12月21日)

横加干涉香港事务的霸权行径将成为历史笑柄

美英等少数西方国家应尽早放弃干预香港事务的痴心妄想，摒弃扰乱香港的政治迷思，否则必将成为历史的笑柄

步“五眼联盟”后尘，七国集团外长及欧盟高级代表抛出所谓“联合声明”，美国国务院也以所谓“香港自治法”发表报告，对中国香港特别行政区新选举制度大肆抹黑，对香港事务横加干涉。他们罔顾事实、粗暴干涉中国内政，严重违反国际法和国际关系基本准则，中国坚决反对，强烈谴责。他们嘴上大谈“民主”“人权”，实则心里充斥过时的殖民心态和霸权思维。他们一次次聒噪，不过是其祸乱香港的黑手被斩断后的哀鸣，根本撼动不了香港局势由乱到治的大局。

在香港开始全面落实新选举制度之时，美英等少数西方国家大谈“民主”，却暴露出他们对香港民主的无知。完善后的香港特别行政区选举制度，全面准确贯彻“一国两制”方针和基本法，符合香港特别行政区实际，是香港民主的优化提升和与时俱进。在新选举制度保障下，香港特别行政区第七届立法会选举回归选贤与能、为民做事的初心，何来所谓“民主要素受到侵蚀”“削弱香港享有的高度自治”之说？美英等少数西方国家不顾香港主流民意，执意污蔑生事，令人瞠目。

美英等少数西方国家将反中乱港分子奉为“倡导民主价值观和捍卫权利与自由的人”，实属荒唐可笑。爱国者治理是国际公认的基本政治伦理，确保公职人员的国家认同和政治忠诚是国际通例。反中乱港势力勾连外部敌对势力，屡屡阻挠香港特别行政区民主的发展。他们以争取“民主”为名，行分裂国家、

颠覆政权之实，严重冲击中国宪法和香港基本法确定的宪制秩序，危害国家安全，损害香港繁荣稳定。这些人在任何国家都将面临法律的制裁。美英等少数西方国家为其撑腰、背书，不过是为了继续祸乱香港，根本不是为了民主。中国中央政府审时度势，推动建立健全香港特别行政区维护国家安全的法律制度和执行机制，完善香港特别行政区选举制度，坚定落实“爱国者治港”原则，才是让香港民主发展重回正确轨道的负责任举措。

在香港回归 24 年后，美英等少数西方国家还在以《中英联合声明》为借口干预香港事务，纯属歪曲历史和法理的胡搅蛮缠。香港回归后，中国政府治理香港的宪制法律依据是中国宪法和香港基本法。《中英联合声明》中与英方有关的条款早已履行完毕，英方对回归后的香港无主权、无治权、无监督权。而美国上届政府炮制的所谓“香港自治法”，更是一部彻头彻尾的恶法，早就应该被扫进历史的垃圾堆。如今美国政府仍将这部反华法案作为插手香港事务的政治工具，顽固坚持制裁中央驻港机构官员等严重错误做法，注定毫无效力，激不起任何波浪。美英等少数西方国家打着“民主”的幌子，多次妄议香港事务，动辄通过本国立法和单边制裁干涉中国内政，这些行径既是对国际法和国际关系准则的肆意践踏，也是对“一国两制”成功实践的蓄意歪曲，更是对香港民主发展的粗暴干扰和破坏。

无论美英等少数西方国家如何扮演“民主教师爷”，现实总能映照出他们的真面目。香港在英国殖民统治下没有民主可言，港英当局长期实行高压政策，港人从未享有真正的民主、人权与自由。美国有关政客更是破坏香港民主发展、挑动社会矛盾的黑手惯犯，他们喊着“民主”“自由”的口号，干的却是祸乱香港的卑劣勾当。澳大利亚、加拿大等国在给反中乱港分子撑腰张目、破坏香港民主与法治等方面也是劣迹斑斑。他们的“民主和人权画皮”早已被事实戳穿，他们伪善的“人权剧本”早已被国际社会看透。

中国中央政府永远是香港特别行政区民主发展坚定的主导者、支持者和推动者，是全体香港居民根本利益的守护者。美英等少数西方国家应尽早放弃干预香港事务的痴心妄想，摒弃扰乱香港的政治迷思，否则必将成为历史的笑柄！

《人民日报》（2021 年 12 月 22 日）

所谓“新闻自由”外衣掩盖不住乱港贼心

妄图以所谓“新闻自由”作为免罪牌，为反中乱港分子谋取法外特权，助其在香港兴风作浪，破坏香港繁荣稳定，这样的政治操弄注定不会得逞

法网恢恢，疏而不漏。12 月 29 日，香港警方依法对涉嫌干犯“串谋发布煽动刊物罪”的“立场新闻”涉案人员实施拘捕，香港特别行政区政府保安局依法冻结该公司资产，这是维护国家安全和香港繁荣稳定的正义之举。然而，美国、加拿大、澳大利亚、英国一些政客以及联合国人权高专办公室等罔顾是非曲直，对香港警方依法执法肆意抹黑，妄图拿所谓“新闻自由”做犯罪行为的挡箭牌，以偷换概念的伎俩给香港法治设置障碍。对于这种公然干涉香港事务和中国内政的行径，中方强烈不满、坚决反对。

香港是法治社会，有法必依，违法必究。香港刑事罪行条例明确规定，任何人发表煽动文字，刊印、发布煽动刊物即属犯罪。“立场新闻”披着传媒机构外衣，实质是彻头彻尾的政治组织，在“修例风波”中为黑暴推波助澜，煽动破坏法治，在香港国安法颁布实施后仍顽固坚持反中乱港立场，不断刊发煽动他人使用暴力、甚至分裂国家的文章，涉嫌违法犯罪，性质十分恶劣。多行不义必自毙。香港警方依法采取行动，拘捕涉嫌串谋发布煽动刊物之人、冻结有关资产，是维护国家安全、捍卫香港法治与社会秩序的正当之举，得到香港社会各界坚定支持。

美西方一些政客支持新闻自由是假，见不得香港稳、看不惯香港治是真。据报道，2020 年美国至少有 117 名记者被逮捕或拘留，这一数字比 2019 年暴增 12 倍。美西方一些政客口口声声鼓吹所谓“自由和独立媒体”，把新闻自由作为自己为所欲为的政治工具，打着新闻自由幌子肆意抹黑攻击别国，却对

本国新闻自由不断恶化视若无睹，这是典型的霸权行径和双重标准。他们妄图以所谓“新闻自由”作为免罪牌，为反中乱港分子谋取法外特权，助其在香港兴风作浪，破坏香港繁荣稳定，这样的政治操弄注定不会得逞。

自由有底线，违法必受惩，这是放之四海而皆准的道理。世界上没有哪个国家和地区会放任新闻和言论不受法律规范，任何人假借、利用新闻工作从事危害国家安全、破坏法治与社会秩序的勾当，必将遭到法律的制裁。香港基本法和国安法明确保障香港居民依法享有的权利自由，包括言论和新闻自由。任何不带偏见之人都无法否认，国安法实施以来，香港发展重回正轨，新闻自由得以在安全、稳定、法治环境下得到更好保障。截至今年 4 月，驻港外国媒体共有 628 名持工作签证的外籍员工，数量较去年同期增加了 98 人，增幅达 18.5%。美国、英国多家媒体纷纷增派驻港外籍员工。这些是香港新闻自由得到充分保障的最好证明。

事实不容歪曲，大势不可逆转。美西方一些政客的聒噪，无法改变香港传媒发达、新闻自由的客观事实，无法阻挠香港开启由乱转治、由治及兴的历史新篇，无法撼动中华民族伟大复兴的铿锵步伐。正告那些颠倒黑白诋毁香港法治、企图祸乱香港的外部势力，立即停止借新闻自由之名干扰特区政府依法施政，立即停止插手香港事务、干涉中国内政。

《人民日报》（2021 年 12 月 31 日）

肆

第四章

祖国完全统一的历史任务一定要实现，也一定能够实现

一个中国原则不容任何挑战

奉劝个别国家不要误判中方捍卫核心利益、维护国家统一的决心和能力，及早放弃借台湾问题干涉中国内政的妄想

5月24日，第七十四届世界卫生大会总务委员会和全会分别作出决定，明确拒绝将个别国家提出的所谓“邀请台湾以观察员身份参加世卫大会”的提案列入大会议程。这充分说明一个中国原则是国际社会人心所向、大势所趋，不容任何挑战。

世界上只有一个中国，中华人民共和国政府是代表全中国的唯一合法政府，台湾是中国领土不可分割的一部分。一个中国原则是公认的国际关系准则，也是国际社会普遍共识。中国台湾地区参与国际组织，包括世界卫生组织活动问题，必须按照一个中国原则来处理，联合国大会第2758号决议和世界卫生大会第25.1号决议确认了这一根本原则。2016年以前，在海峡两岸都坚持一个中国原则基础上，中方对中国台湾地区参与世卫大会作出了特殊安排。但民进党执政以来，将政治私利置于台湾地区人民福祉之上，顽固坚持“台独”分裂立场，拒不承认体现一个中国原则的“九二共识”，导致台湾地区参加世卫大会的政治基础不复存在。台湾地区被世卫大会拒之门外，完全是由顽固坚持“台独”分裂立场的民进党当局一手造成的。

台湾当局以所谓“国际防疫体系缺口”为借口唆使少数国家搞涉台提案纯属无稽之谈。中国中央政府高度重视台湾同胞的健康福祉。在一个中国原则的前提下，中国中央政府对台湾地区参与全球卫生事务作出了妥善安排。新冠肺炎疫情发生以来，中国中央政府向台湾地区通报疫情260次，批准台湾地区卫生专家参加世卫组织技术活动16次。经中国中央政府同意，世卫组织秘书处还3次专门向台湾地区卫生专家通报疫情。台湾地区也加入了“新冠肺炎疫苗实施计划”。事实表明，台湾地区同世卫组织和各国的信息交流机制是完善的，渠道是畅通的，根本不存在所谓“国际防疫体系缺口”。

新冠肺炎疫情持续蔓延，本届世界卫生大会肩负推动国际抗疫合作的重任。民进党当局和个别国家逆潮流而动，执意搞涉台提案，这是不惜以干扰世卫大会进程、破坏国际抗疫合作为代价实现自身政治目的，用心十分险恶。为捍卫国家主权和领土完整，捍卫联合国大会及世卫大会相关决议的严肃性和权威性，中方不能同意台湾地区参加今年世卫大会。大会开幕前，150多个国家通过外交渠道，表示支持中方决定。80多个国家专门致函世卫组织，表明坚持一个中国原则，反对台湾参加世卫大会。这充分说明，绝大多数国家在世卫大会涉台问题上秉持正义和正确的立场。

台湾问题事关中国核心利益，在这一问题上中方没有任何妥协、退让的余地。奉劝个别国家不要误判中方捍卫核心利益、维护国家统一的决心和能力，及早放弃借台湾问题干涉中国内政的妄想。

《人民日报》（2021年5月26日）

“假防疫、真挑衅”的政治把戏当休矣

对于借疫情搞政治作秀、干涉中国内政的做法，中国政府坚决不会接受，中国人民坚决不会答应

新冠肺炎疫情发生以来，美国一些政客频频打“台湾牌”，借疫情干涉中国内政。近期，先是美国3名联邦参议员窜访台湾，声称将赠台75万剂新冠疫苗，后有美国联邦参议员公然表示将召开听证会讨论“强化美台关系”，呼吁美国政府尽快给台湾提供疫苗，并准备好回应台湾额外需求。美国一些政客表演得很卖力，但世人看得十分清楚，这些不过是美台勾连“假防疫、真挑衅”的政治算计，挑衅两岸关系，破坏台海和平。

台湾地区疫情防控形势严峻，新冠肺炎死亡率远超全球均值，民众生命健康安全受到严重威胁，尽快控制住疫情是当务之急。中国中央政府高度重视台湾同胞的健康福祉，一直明确表示愿尽最大努力帮助台湾同胞尽快渡过难关，愿向广大台湾同胞提供被世界卫生组织纳入全球“紧急使用清单”的大陆疫苗。台湾地区超过八成民众愿意接种大陆疫苗，期盼尽快进口大陆疫苗。然而，民进党当局罔顾民意，执迷于对疫苗问题进行政治操作，在编造种种借口阻挠台湾同胞用上大陆疫苗的同时，勾连美国一些政客搞“假防疫、真挑衅”的把戏，这是对台湾同胞生命健康安危的漠视。

美方向台湾提供疫苗是幌子，干涉中国内政才是真实目的。美国政府表示要对外提供疫苗，但世界只听见其喊口号，难得见到其疫苗。近期，有人为美国政府“出点子”，将疫苗资源用在“关键地区”，以谋求战略效果最大化。正是出于这样的目的，美国一些政客开始上心为台湾送疫苗。且不说美国提供的疫苗远水难解近渴，即使75万剂疫苗到了，相对于台湾2300万人口也只是

杯水车薪。美方高调炒作少得可怜且踪影全无的所谓帮助，政治企图昭然若揭。

对于借疫情搞政治作秀、干涉中国内政的做法，中国政府坚决不会接受，中国人民坚决不会答应。过去一年多来，美国屡屡借疫情挑战一个中国原则——美国卫生部门高官窜访台湾，炒作所谓“台湾参加世界卫生大会”，高调宣布给台湾送疫苗。然而，美台勾连“假防疫、真挑衅”的阴谋不可能得逞。不久前，第七十四届世界卫生大会总务委员会和全会分别作出决定，明确拒绝个别国家提出的所谓“邀请台湾以观察员身份参加世卫大会”的提案列入大会议程，充分说明一个中国原则是国际社会人心所向、大势所趋，不容任何挑战。

美国一些政客将台湾问题视为加大对华施压的砝码，是在玩火，明显低估了中国维护国家主权和领土完整的决心和意志。台湾问题是中美关系中最重要、最敏感的问题，一个中国原则是中美关系的政治基础和不可逾越的红线。美方必须明白，中国政府在台湾问题上没有妥协余地，没有退让空间，中方捍卫国家主权和领土完整的决心坚定不移。

美方既然表示奉行一个中国政策，遵守中美三个联合公报，就应该把表态落到实处，切实恪守一个中国原则和中美三个联合公报规定，立即停止与台湾开展任何形式的官方往来，慎重处理台湾问题，不向“台独”分裂势力发出任何错误信号，以免给中美关系和台海和平稳定造成进一步严重损害。

《人民日报》（2021 年 6 月 15 日）

奉劝美方不要继续误判形势

必须正告美方，任何在台湾问题上的政治算计都是自欺欺人，不仅不会动摇中国捍卫国家主权和领土完整的坚强决心，而且会让国际社会进一步看清其破坏台海和平的险恶用心

7 月 15 日，有媒体报道称美军一架运输机降落台湾。美方这一冒险挑衅行径，无非是要继续打“台湾牌”，以达到其不可告人的政治目的。必须正告美方，任何在台湾问题上的政治算计都是自欺欺人，不仅不会动摇中国捍卫国家主权和领土完整的坚强决心，而且会让国际社会进一步看清其破坏台海和平的险恶用心。

美方行径的错误性质十分明确。台湾是中国领土神圣不可分割的一部分。任何外军飞机降落中国领土都必须经中华人民共和国政府许可，任何外国舰机擅闯中国领空的行为，都将引发严重后果。中国国防部已经正告美方切勿玩火、立即停止冒险挑衅行径，不要向“台独”分裂势力释放错误信号，避免加剧在台海制造危险紧张局势。中国人民解放军保持高度戒备态势，将采取一切必要措施，坚决粉碎任何“台独”图谋。

一段时间以来，美国在台湾问题上屡屡违反一个中国原则和中美三个联合公报规定，还企图拉拢他国一起炒作台湾问题。美方频频打“台湾牌”，从根本上看，是因为其抱持冷战和零和思维，不断升级对华对抗施压，企图遏制中国发展。对于这一危险苗头，美国国内和国际社会的有识之士都表达了深重忧虑。日前，昆西研究所、正义外交政策等 28 家美国反战和进步团体发表公开信函，强调一个中国政策对于保持地区和平的重要性，并警告美方的相关政策变动可能带来局势“破坏性升级的风险”。新加坡国立大学教授马凯硕指出，

美国冒犯中国的做法只会导致自己被孤立。美国资深外交官傅立民也认为，美国对中国采取的“攻击性”政策，终将证明会令美国“自食其果”。

众所周知，台湾问题是中美关系中最重要、最敏感的问题，一个中国原则是中美关系的政治基础和不可逾越的红线。美方必须明白，中国政府在台湾问题上没有任何妥协余地和退让空间。事实上，就在日前，美国政府高官还对外表示“不支持台湾独立”，称美国“完全了解其敏感性”。美方既然知道台湾问题的敏感性，就必须言行一致，把坚持奉行一个中国原则的表态落到实处，不向“台独”分裂势力发出任何错误信号，以免给中美关系和台海和平稳定造成进一步严重损害。

解决台湾问题、实现祖国完全统一，是中国共产党矢志不渝的历史任务，是全体中华儿女的共同愿望。任何人都不要低估中国人民捍卫国家主权和领土完整的坚强决心、坚定意志、强大能力。中国必须统一，也必然统一。奉劝美方不要继续误判形势，及早放弃借台湾问题干涉中国内政、遏制中国发展的妄想。

《人民日报》（2021 年 7 月 16 日）

“以台制华”注定徒劳

我们敦促美方重信守诺，切实恪守一个中国原则和中美三个联合公报规定，停止售台武器和美台军事联系，立即撤销有关对台军售计划，不要向“台独”分裂势力发出错误信号，不要危害台海和平稳定，不要损害两岸同胞福祉

8月4日，美国防部国防合作安全局宣布批准向台湾出售价值约7.5亿美元的武器计划。此举粗暴干涉中国内政，损害中国主权和安全利益，违背国际法和国际关系基本准则，更违反一个中国原则和中美三个联合公报特别是“八·一七”公报规定，向“台独”分裂势力发出错误信号，严重损害中美关系和台海和平稳定。中方对此坚决反对，已向美方提出严正交涉。

台湾问题事关中国主权和领土完整，涉及中国核心利益，是中美关系中最重要最敏感的问题。一个中国原则是中美关系的政治基础和根本前提。1982年，中美共同发表“八·一七”公报，美方明确承诺“美国不寻求执行一项长期向台湾出售武器的政策，它向台湾出售的武器在性能和数量上将不超过中美建交后近几年供应的水平，它准备逐步减少它对台湾的武器出售，并经过一段时间导致最后的解决”。然而，美方一再食言背信，违背向中国政府和人民所作的明确承诺，充分暴露其“以台制华”的图谋。

此次美国防部批准对台军售，是美国“打台湾牌”的又一例证。在当前两岸关系形势下，美国这种不负责任的行径，不但向“台独”分裂势力发出严重错误信号，加剧台海局势的紧张与复杂程度，也给正处于困难中的中美关系带来更大的不确定性。希望美方不要再延续上一届政府的极端和错误对华政策，挑战中国底线。如果美方执意妄为，一意孤行，中方将根据形势发展坚决采取正当、必要反制措施。

美方必须明白，中国政府在台湾问题上没有任何妥协余地和退让空间。中国军队有坚定的意志、充分的信心、足够的能力挫败任何形式的外部势力干涉和“台独”分裂行径，坚定捍卫国家主权统一和领土完整，坚定维护台海地区和平稳定。“以台制华”的图谋过去没有实现，现在不可能实现，将来更不可能实现。

民进党当局陷入“倚美谋独”美梦，换来的只是一枕黄粱。有台湾学者一针见血地指出，在美国眼中，台湾依然是棋子，一颗随时可被抛弃和牺牲的棋子。随着祖国大陆综合实力不断提升，两岸实力差距不断拉大，两岸关系发展的主导权越来越牢固地掌握在祖国大陆手中。任何“挟洋自重”、破坏台海和平稳定的行径，都必将自食恶果。

中国必须统一，也必然统一，这是大势所趋，是中华民族的集体意志，不会改变，也不可能改变。日前，美国常务副国务卿舍曼来华时重申，“美坚持一个中国政策，不支持台湾‘独立’”，希望美方说到做到。我们敦促美方重信守诺，切实恪守一个中国原则和中美三个联合公报规定，停止售台武器和美台军事联系，立即撤销有关对台军售计划，不要向“台独”分裂势力发出错误信号，不要危害台海和平稳定，不要损害两岸同胞福祉。民进党当局须悬崖勒马、迷途知返，停止一切谋“独”挑衅。“挟洋自重”没有出路，只会把台湾民众推向灾难。

《人民日报》（2021 年 8 月 6 日）

祖国完全统一的历史任务一定要实现，也一定能够实现

今天的中华民族，正以不可阻挡的步伐迈向伟大复兴。今天的中国，实现国家统一的前景前所未有的明晰

“台湾问题纯属中国内政，不容任何外来干涉。任何人都不要低估中国人民捍卫国家主权和领土完整的坚强决心、坚定意志、强大能力！祖国完全统一的历史任务一定要实现，也一定能够实现！”在纪念辛亥革命110周年大会上，习近平总书记的重要讲话振聋发聩、掷地有声。

台湾问题因民族弱乱而产生，必将随着民族复兴而解决。这是中华民族历史演进大势所决定的，更是全体中华儿女的共同意志。近代以来，实现国家统一与实现民族复兴的伟大梦想紧密相连。孙中山先生曾说过：“‘统一’是中国全体国民的希望。能够统一，全国人民便享福；不能统一，便要受害。”1840年鸦片战争以后，西方列强在中华大地上恣意妄为，封建统治者孱弱无能，中国逐步成为半殖民地半封建社会，国家蒙辱、人民蒙难、文明蒙尘，中国人民和中华民族遭受了前所未有的劫难。1911年，以辛亥革命为起点，无数仁人志士团结在振兴中华旗帜之下，开始了实现中华民族伟大复兴的道路探索。1921年，中国共产党成立这一开天辟地的大事变，深刻改变了中国人民和中华民族的前途和命运。今天的中华民族，正以不可阻挡的步伐迈向伟大复兴。今天的中国，实现国家统一的前景前所未有的明晰。历史充分证明，中国共产党人是孙中山先生革命事业最坚定的支持者、最忠诚的合作者、最忠实的继承者。

以和平方式实现祖国统一，最符合包括台湾同胞在内的中华民族整体利

益。我们坚持“和平统一、一国两制”的基本方针，坚持一个中国原则和“九二共识”，推动两岸关系和平发展。两岸同胞都要站在历史正确的一边，共同创造祖国完全统一、民族伟大复兴的光荣伟业。中华民族具有反对分裂、维护统一的光荣传统。“台独”分裂是祖国统一的最大障碍，是民族复兴的严重隐患。凡是数典忘祖、背叛祖国、分裂国家的人，从来没有好下场，必将遭到人民的唾弃和历史的审判！一段时间以来，台湾民进党当局出于“台独”本性，置中华民族根本利益和台湾民众福祉于不顾，甘当外部势力的棋子，不断玩弄谋“独”花招、挑衅生事，严重损害台海和平稳定。统一是历史大势，是正道。“台独”是历史逆流，是绝路。在祖国统一的历史大势面前，任何谋“独”企图都注定不会得逞。

世界上只有一个中国，中华人民共和国是代表全中国的唯一合法政府，台湾是中国领土不可分割的一部分，这是公认的国际关系准则和国际社会普遍共识。个别国家为了实现其“以台制华”的阴险图谋，近来屡屡在台湾问题上制造事端。这种危险做法，完全误判了形势。中国人民历经苦难辉煌，拼来了山河无恙、家国安宁，创造了令世界刮目相看的伟大成就，正意气风发向着全面建成社会主义现代化强国的第二个百年奋斗目标迈进。新的征程上，在中国共产党的领导下，中国人民将继续团结一心，奋勇向前，以敢于斗争、善于斗争的意志品质，坚决战胜任何有可能阻碍中华民族复兴进程的重大风险挑战，坚决维护国家主权、安全、发展利益。任何外部势力企图阻碍中华民族伟大复兴进程，过去没有实现，现在不可能实现，将来更不可能实现。

“世界潮流，浩浩荡荡，顺之则昌，逆之则亡”。解决台湾问题，实现祖国完全统一，是中国共产党矢志不渝的历史任务，是全体中华儿女的共同愿望。海内外全体中华儿女要更加紧密地团结起来，发扬孙中山先生等辛亥革命先驱的伟大精神，携手向着中华民族伟大复兴的目标继续奋勇前进！

《人民日报》（2021年10月10日）

正告美方务必恪守承诺慎重行事

中国实现完全统一，是历史演进大势，也是全体中华儿女的共同意志。任何人都不要低估中国人民捍卫国家主权和领土完整的坚强决心、坚定意志、强大能力

近来，美国一些政客接连炒作所谓“台湾参与联合国系统”及其他国际组织问题，还罔顾事实污蔑中国威胁区域和平与稳定。美方言行严重违反一个中国原则和中美三个联合公报规定，违背自身所作承诺，违反国际关系基本准则，是向“台独”势力发出严重错误信号，是将中美关系往对抗方向推。我们必须正告美方，台湾问题纯属中国内政，不容任何外来干涉。任何人都不要低估中国人民捍卫国家主权和领土完整的坚强决心、坚定意志、强大能力。

美国一些政客一方面声称坚持一个中国政策，一方面偷换概念、混淆视听，试图将对一个中国原则的无理挑战，包装为所谓“价值观”问题、“务实议题”。尽管美方在话语设计上煞费苦心，但根本无法改变和掩饰问题的实质与美方的真实动机。

长期以来，台湾民进党当局叫嚣“台湾代表权”“台湾的国际空间”等谬论，本质就是搞“台独”。美方在该问题上为台说项，就是在向“台独”势力发出严重错误信号。台湾地区参与国际组织活动必须按照一个中国原则处理。联大第 2758 号决议已经从政治上、法律上和程序上彻底解决了中国在联合国的代表权问题。联合国系统、各专门机构和联合国秘书处任何涉及台湾的事务，均应遵循一个中国原则和联大第 2758 号决议。包括美国在内，全世界有 180 个国家在坚持一个中国原则的基础上与中国建立了外交关系。一个中国原则是国际社会的普遍共识，是公认的国际关系基本准则，不容美方单方面挑战和曲

解。50 年前，美国在联合国制造“一中一台”或“两个中国”的企图遭到挫败。50 年后的今天，美方重新炒作所谓“台湾参与联合国系统”问题，妄图开历史的倒车，是站在世界绝大多数国家的对立面，注定将再次失败。

台湾问题事关中国主权和领土完整，涉及中国核心利益，是中美关系中最重要最敏感的问题。一个中国原则是中美关系的政治基础。美方对中方在台湾问题上的坚定立场是清楚的，也一再在该问题上作出承诺。在中美三个联合公报中，美方明确承认中华人民共和国政府是中国的唯一合法政府；在此范围内，美国人民将同台湾人民保持文化、商务和其他非官方关系。美国政府曾一再重申“不支持台湾加入任何必须由主权国家才能参加的国际组织”立场。近来，美方官员也明确表示，美方无意改变一个中国政策和台海现状。然而，在现实中，美方却不断在台湾问题上制造事端，从加强美台官方往来和军事勾连到怂恿个别国家在台湾问题上滋事，再到频频炒作所谓“台湾参与联合国系统”等问题，美方的种种做法明显违背自身所作承诺。对于美方的错误言行，中方都已经作出坚决必要回应。

当前，美方采取的对华政策致使中美关系遭遇严重困难。推动两国关系重回正轨，需要美方做出正确选择，回到理性务实的对华政策上来。台湾问题是中美关系的重中之重。美方如果继续打“台湾牌”，一条路走到黑，不仅是在为当前中美关系缓和制造障碍，而且会给中美关系造成颠覆性的巨大风险，将严重损害台海和平稳定，也必将严重损害美方自身利益。

世界潮流，浩浩荡荡，顺之则昌，逆之则亡。中国实现完全统一，是历史演进大势，也是全体中华儿女的共同意志。我们坚决反对“台独”分裂和外部干涉，维护国家主权和领土完整的决心坚定不移。我们正告美方在台湾问题上务必恪守承诺，务必慎重行事，切实恪守一个中国原则和中美三个联合公报规定，遵守联大第 2758 号决议，停止发表不负责任的错误言论，停止助台拓展所谓“国际空间”，不向“台独”势力发出错误信号，以实际行动维护中美关系的政治基础。

《人民日报》（2021 年 10 月 29 日）

中国统一是不可阻挡的历史潮流

任何挑战一个中国原则、抗拒中国统一大势的行径都将被坚决挫败。任何支持“台独”分裂、违背历史潮流的企图都将以失败告终

美国一些政客总是无法克制在台湾问题上散布错误言论、颠倒黑白的冲动。美国政府高官宣称美方有承诺“确保台有能力自卫”，还试图将所谓“破坏现状”的罪名强加到中国头上。美方有关言论严重违反一个中国原则和中美三个联合公报规定，违背美国在台湾问题上所作承诺，违反国际关系基本准则，其后果只会损害台海和平稳定。

一个中国原则和中美三个联合公报是中美实现建交和两国关系健康发展的基础。然而，一段时间以来，美国一些政客频频曲解一个中国原则，企图拿美国单方面制定的“与台湾关系法”来挑战一个中国原则。众所周知，美国所谓的“与台湾关系法”违背美方在中美三个联合公报中所作承诺，将美国国内法凌驾于国际义务之上，是非法的、无效的。美方执意偷换概念、混淆视听，只会进一步暴露其在台湾问题上搅浑水、挑事端的险恶用心。

出于“以台制华”图谋，美方近来热衷于拉拢其他国家在台湾问题上滋事。不得不指出，靠拉帮结派来挑战一个中国原则，纯属痴人说梦。世界上只有一个中国，台湾是中国的一部分。这既是不容改变的历史和法理事实，也是不容挑战的现状。一个中国原则是公认的国际关系准则和国际社会普遍共识。联大第 2758 号决议不仅承认中华人民共和国是“中国在联合国组织的唯一合法代表”，还将“蒋介石的代表”从“联合国席位上驱逐出去”。联合国有关文件明确指出，“联合国认为，台湾作为中国的一个省没有独立地位”，“台湾当局不享有任何形式的政府地位”。世界上有 180 个国家承认和支持一个中国原则，

国际社会坚持一中原则的格局坚如磐石，中国统一是不可阻挡的历史潮流。

中美关系是当今世界最重要的双边关系之一。中美分别作为最大的发展中国家和最大的发达国家以及联合国安理会常任理事国，能否处理好彼此关系攸关两国和两国人民根本利益，攸关世界前途命运。当前，中美关系正处于重要历史关口，两国合则两利、斗则俱伤，合作是唯一正确选择。台湾问题是中美关系的重中之重。美方必须明白，民进党当局赤裸裸地贩卖“两国论”，与外部势力加紧勾连不断进行“台独”挑衅，这是当前两岸关系紧张、台海和平稳定风险升高的根源。美方应以实际行动恪守一个中国原则和中美三个联合公报规定，谨言慎行，停止向“台独”势力发出任何错误信号。

中国必须统一，也必然统一。任何人都不要低估中国人民捍卫国家主权和领土完整的坚强决心、坚定意志、强大能力。任何挑战一个中国原则、抗拒中国统一大势的行径都将被坚决挫败。任何支持“台独”分裂、违背历史潮流的企图都将以失败告终。

《人民日报》（2021年11月11日）

公然违背一个中国原则，立陶宛要承担一切后果

近日，立陶宛政府不顾中方强烈反对和多次劝阻，批准台湾当局设立所谓“驻立陶宛台湾代表处”。立方此举在世界上制造“一中一台”，公然违背一个中国原则，背弃立方在两国建交公报中的政治承诺，损害中国主权和领土完整，粗暴干涉中国内政，性质极为恶劣。中国政府已明确表示，将采取一切必要措施，捍卫国家主权和领土完整，由此产生的一切后果由立方负责。中方言必行，行必果。

世界上只有一个中国，台湾是中国领土不可分割的一部分，中华人民共和国政府是代表全中国的唯一合法政府。一个中国原则是公认的国际关系准则和国际社会普遍共识，是中国同其他国家发展双边关系的政治基础。“立陶宛共和国政府承认中华人民共和国政府是中国的唯一合法政府，台湾是中国领土不可分割的一部分。立陶宛共和国政府承诺不和台湾建立官方关系和进行官方往来。”这是立陶宛在中立建交联合公报中作出的承诺。如今，立方公然同台湾当局搞官方往来，甚至为“台独”势力站台，是严重的背信弃义行为。对于立方的这种恶劣行径，中国人民绝不答应。

立陶宛政府似乎认为可以通过打“台湾牌”损害中国的利益，这完全是打错了算盘。台湾问题事关中国主权和领土完整、涉及中国核心利益，中国没有任何妥协和退让的空间。立方批准台湾当局设立所谓“驻立陶宛台湾代表处”的行径，绝不可能改变两岸同属一个中国的事实，只会更加坚定中国人民捍卫主权和领土完整、实现祖国完全统一的决心。对于立方严重违反一个中国原则的行径，中方将采取一切必要措施，捍卫国家主权和领土完整。

立陶宛政府在错误的道路上越走越远，以为可以吸引一些眼球，并借此捞取一些政治资本。然而，立方此举只会自食恶果。1975 年，欧洲经济共同体与中方就中国与欧共体建立正式关系达成一致。在台湾问题上，欧共体明确表示，“欧共体的所有成员国都承认中华人民共和国政府，并就台湾问题采取了人民共和国所接受的立场”，“欧共体不同台湾保持任何官方关系或缔结任何协定”。作为欧盟成员国，立陶宛当前的行径破坏了欧盟有关承诺，站在了所有坚持一个中国原则的国家的对立面。

中国政府和人民实现祖国统一的决心不可动摇，维护国家主权和领土完整的红线不容触碰。任何挑战一个中国原则、抗拒中国统一大势的行径都将被坚决挫败，任何支持“台独”分裂、违背历史潮流的企图，都将以失败告终。立方应立即纠正错误决定，采取切实措施，消除恶劣影响，切实履行坚持一个中国原则的承诺。

《人民日报》（2021 年 11 月 19 日）

公然挑战一个中国原则是台海和平最大威胁

当地时间 12 月 3 日，美国政府高官在谈及台湾问题时，公然将台湾称为“国家”，毫无根据地将所谓“改变现状”罪名强加给中方，并称要确保台湾有“防卫手段”。美个别政客的言论严重违背事实真相和国际关系准则，公然挑战一个中国原则，粗暴干涉中国内政，是在向“台独”势力发出错误信号，打“台湾牌”“以台制华”的政治图谋是对台海和平稳定的最大威胁。

当前，台海局势面临新一轮紧张，美政客和台湾民进党当局是始作俑者。美个别政客公然将台湾称为“国家”，这严重违反一个中国原则，严重违背美方在中美三个联合公报中作出的政治承诺，性质十分恶劣，美方必须停止错误言行。台湾民进党当局煽动两岸对立，不断进行“倚美谋独”的挑衅。美个别政客的错误言行只会纵容“台独”，让台海局势变得更为紧张。

美个别政客罔顾事实，编织所谓中国单方面在台海“改变现状”的谎言。但事实上，台湾问题的真正现状是：世界上只有一个中国，台湾是中国的一部分，中华人民共和国政府是代表中国的唯一合法政府。中美建交公报明确指出，“美利坚合众国政府承认中国的立场，即只有一个中国，台湾是中国的一部分”。在八一七公报中，美方重申无意干涉中国内政。在台湾问题上，中国政府的立场是一贯的，行动是坚决的。中国一直尽最大诚意追求和平统一，但绝不允许发生和出现“台独”势力分裂中国的情况。民进党当局“倚美谋独”、不断挑衅，美方“以台制华”动作不断，中方势必作出正当反应，坚决捍卫国家主权和领土完整。明明是美台勾连行径在“破坏台海现状”，美个别政客却渲染中国捍卫国家主权和领土完整的正当行为是“改变现状”，这完全是颠倒黑白、混淆视听。

美方在炒作中方改变“台海现状”的同时，刻意抬高所谓“与台湾关系法”

及“六项保证”的地位，为其所谓确保台湾有“防卫能力”的说辞寻找借口。美方的这种政治操弄，完全违背国际关系准则。所谓“与台湾关系法”及“六项保证”，是由美方单方面制定，其内容违背中美三个联合公报，粗暴干涉中国内政，是完全错误、非法、无效的，中方从一开始就坚决反对。美方以所谓“与台湾关系法”及“六项保证”来界定对台政策，是严重错误的。

众所周知，一个中国原则和中美三个联合公报是中美关系的政治基础。历届美国政府对此都有明确承诺。当前，美个别政客出于“以台制华”企图，刻意曲解一个中国原则，这不仅背离其自身政治承诺，有失大国应有的风范，更是在挑战国际关系基本准则。

实现国家统一是世界各国的正当必然要求，自古至今概莫能外。中国实现完全统一，是全体中华儿女的共同愿望。我们是有耐心的，愿以最大诚意、尽最大努力争取和平统一的前景，但如果“台独”分裂势力挑衅逼迫，甚至突破红线，我们将不得不采取断然措施。美方应立即停止挑战一个中国原则的错误行径，真正恪守中美三个联合公报规定，停止向“台独”势力发出任何危险错误信号。

《人民日报》（2021 年 12 月 4 日）

美方挑衅言行让台海局势进一步紧张

美方任何“以台制华”的图谋，任何混淆是非、颠倒黑白的言行，任何政治恫吓，只会将台海局势推向进一步紧张

美政府高官近日宣称从威慑和外交角度来看，美国将采取一切行动确保中国大陆武力统一台湾“永远不会发生”。美方不负责任的挑衅言行，无异于火上浇油，严重威胁台海和平稳定。美方利用“台独”这颗棋子，歪曲抹黑中国大陆对台政策，以此为借口推进“以台制华”，是对中国人民实现国家统一的坚强决心、坚定意志和强大能力的严重误判。

当前台海局势面临新一轮紧张，根源在于台湾当局一再企图“倚美谋独”，而美方一些人有意搞“以台制华”。一段时间以来，美军在台海地区大刷存在感，美国议员和政府高级官员频频访台，高调炒作所谓“台湾国际空间问题”，怂恿盟国政客在台湾问题上挑起事端……美方种种行径破坏台海现状，助长“台独”势力嚣张气焰，挑战一个中国原则，无疑是在玩火。美方最新表态还将其“过去 8 个月在印太地区所做努力”与台湾问题关联，再次证明美国所谓“印太战略”不针对第三方的说法，不过是为了掩人耳目。究其根本，美方是在纵容“台独”，煽动台海局势紧张，以实现其遏制打压中国的地缘政治图谋。

美方处心积虑打造谎言链条，声称“中国单方面改变台海现状、美方不得不采取行动”，既不符合当前台海现实，也是对中方相关政策立场的曲解。以和平方式实现祖国统一，最符合包括台湾同胞在内的中华民族整体利益。我们是有耐心的，愿以最大诚意、尽最大努力争取和平统一的前景，但如果“台独”分裂势力挑衅逼迫，甚至突破红线，我们将不得不采取断然措施。民进党当局“倚美谋独”、美方“以台制华”动作不断，美台勾连挑衅在先，中方作出坚决

回应在后，事实不容抵赖。美方颠倒因果，刻意渲染中国“改变现状”，这种倒打一耙的言行，恰恰证明其在意的不是台海和平，而是利用台海紧张局势遏制打压中国。

台湾是中国的一部分，解决台湾问题完全是中国内政。中方拥有捍卫国家主权和领土完整的坚强决心、坚定意志、强大能力。这是看待台海局势发展时应该准确把握的一个基本点。无论美方搞什么动作、如何提高调门，都不可能阻挡中国完全统一的历史大势。美方应充分认识台湾问题的高度敏感性，慎重妥善处理涉台问题，不向“台独”分裂势力发出任何错误信号。美方任何“以台制华”的图谋，任何混淆是非、颠倒黑白的言行，任何政治恫吓，只会将台海局势推向进一步紧张。

中国实现完全统一是不可阻挡的历史潮流，不会因任何人、任何势力、任何国家而改变。我们正告美方切实恪守一个中国原则和中美三个联合公报规定，立即停止挑战一个中国原则、破坏台海和平稳定，立即停止与“台独”势力勾连、给“台独”势力制造幻想，否则必将玩火自焚。

《人民日报》（2021 年 12 月 10 日）

同中国发展外交关系是时代大势、不可阻挡

世界上已有 181 个国家同中国建立外交关系，这充分表明同中国建立和发展外交关系是时代大势、不可阻挡

12 月 10 日，中国同尼加拉瓜签署两国关于恢复外交关系的联合公报。两国政府决定自公报签署之日起相互承认并恢复大使级外交关系。至此，世界上已有 181 个国家同中国建立外交关系，这充分表明同中国建立和发展外交关系是时代大势、不可阻挡。

台湾是中国的一部分，中华人民共和国政府是代表包括台湾地区在内全中国的唯一合法政府，这是一个再简单不过的事实，也是一个再明白不过的道理。尼加拉瓜政府承认并承诺恪守一个中国原则，同台湾断绝所谓的“外交关系”，同中华人民共和国恢复外交关系，并承诺不再同台湾发生任何官方关系，不进行任何官方往来。这是尼加拉瓜政府基于本国利益和人民意愿作出的自主抉择，是顺应大势、合乎民心的正确抉择。

中尼恢复外交关系，标志着两国关系步入新阶段。中方明确表示，愿在和平共处五项原则基础上，同尼方加强各领域友好合作，造福两国和两国人民。近年来，中国提出的“一带一路”倡议和全球发展倡议为全球发展注入重要动力。2020 年，中尼双边贸易额超过 5 亿美元。中尼恢复外交关系后，双方开展合作的政治障碍被扫除，这有助于尼加拉瓜参与共建“一带一路”和全球发展倡议等合作，双边经贸合作将迎来新的发展，必将为 600 多万尼加拉瓜人民带来实实在在的好处。正如尼加拉瓜财政部长阿科斯塔所指出，尼中复交“也是通向共同繁荣的大门”。

尼加拉瓜是中美洲地区面积最大的国家，中尼复交为中国与中美洲地区有

关国家建立和发展正常国家关系树立了正确榜样。近年来，巴拿马、多米尼加、萨尔瓦多等拉美国家纷纷作出同中国建交的正确抉择，深刻说明了中国同拉美和加勒比地区国家友好合作关系的深入发展，深刻诠释了和平发展、公平正义、合作共赢才是人间正道。中国—拉共体论坛成立以来，中拉真诚互信、相互尊重，拉美和加勒比地区与中国建交国更加坚定支持一个中国原则。在日前举行的中国—拉共体论坛第三届部长会议上，拉共体成员国外长一致认为应进一步扩大深化拉中各领域合作，坚持多边主义，共同维护主权平等原则，维护公平正义，促进可持续发展。

中国与尼加拉瓜关系站在新的历史起点上，双方将在共谋发展的道路上携手前行，为增进中尼、中拉人民福祉和人类进步事业作出新的更大贡献。历史已经并将继续证明，承认并恪守一个中国原则是世界各国的正确抉择。我们相信，未来将有更多国家遵循 50 年前联合国大会通过的第 2758 号决议精神，同中国建立或恢复正常的外交关系，同绝大多数国家一样站在历史正确的一边。

《人民日报》(2021 年 12 月 11 日)

伍

第五章

新疆必将迎来更加幸福美好的明天

散布谎言行径恰是践踏人权

在人权状况劣迹斑斑的加拿大，一些政客沉溺于意识形态对抗的冲动，炮制反华闹剧，注定是枉费心机，必遭唾弃

近日，加拿大众议院通过涉疆错误动议，严重歪曲事实，肆意攻击中国的涉疆政策，是对中国内政的粗暴干涉和对中国人民的恶意挑衅，充分暴露了加拿大一些政客破坏新疆发展稳定，干涉中国内政的伪善面孔和险恶用心。

涉疆问题的本质是反暴恐、去极端化、反分裂问题。中国新疆地区认真落实联合国制定的《防止暴力极端主义行动计划》，借鉴其他国家的类似做法，依法开展去极端化工作，完全符合《联合国全球反恐战略》的原则和精神，是预防性反恐和去极端化的重要举措，是有效的。新疆已连续 4 年多未发生暴恐案件就是证明。

加众议院所谓“种族灭绝”纯属无稽之谈、一派胡言。中国宪法、民族区域自治法等法律对于保障少数民族发展和权益作了明确规定，包括各族妇女在内的新疆各界民众依法享有宪法法律保障的各项人权。2010 年至 2018 年，新疆维吾尔族人口从 1017 万增长至 1272 万，增幅达 25%，不仅高于全疆人口 14% 的增幅，也高于全部少数民族人口 22% 的增幅，更是明显高于汉族 2% 的增幅。当前，新疆社会大局稳定，人民安居乐业，民族团结和睦，各族人民生命权、健康权、发展权等基本权利得到有力保障，这是谁也不能否定的事实。加拿大一些政客从未去过新疆，甚至没有到过中国，却打着人权的幌子在涉疆问题上搞政治操弄，公然散布谎言以助长破坏新疆社会稳定的企图，这恰恰是对人权的践踏。

加方长期以来以“人权教师爷”自居，其自身人权状况却劣迹斑斑。19

世纪 70 年代，加政府将同化原住民列入官方议程，公开宣扬“扼杀印第安血统从他们的孩子开始”，通过设立寄宿学校对原住民实施文化灭绝政策。原住民学龄儿童被强行带离家庭，被迫改信基督教，禁止使用土著语言，许多儿童还遭受性侵、殴打等虐待。自 1870 年建立第一所寄宿学校，到 1996 年最后一所关闭，该制度持续超过一个世纪。据不完全统计，有超过 15 万原住民儿童被强迫入校，其中被虐致死超过 5 万人。2015 年，加拿大“真相与和解委员会”公布调查报告认为，原住民寄宿学校制度等同于文化种族灭绝。加拿大针对原住民的暴力凶杀问题也十分严峻，2019 年公布的一份调查报告认为，加拿大各级政府对涉原住民女性案件的处理存在严重偏见和“结构性问题”，甚至达到“种族灭绝”程度。显然，加方真正应该做的是反躬自省。

新疆事务纯属中国内政，不容任何外部势力干涉。中国捍卫国家主权、安全、发展利益的决心坚定不移。在人权状况劣迹斑斑的加拿大，一些政客沉溺于意识形态对抗的冲动，炮制反华闹剧，注定是枉费心机，必遭唾弃。

《人民日报》（2021 年 2 月 28 日）

谎言改变不了真相

事实面前，任何颠倒黑白、无中生有的谎言终将无所遁形，肆无忌惮的造谣中伤终将受到正义的清算

一段时间以来，少数西方国家在涉疆问题上频频制造散布谎言，肆意攻击抹黑中国的治疆政策。绝大多数国际社会成员已经看得很清楚，这是借所谓人权问题遏制中国发展、破坏中国安全稳定的闹剧，用心极其险恶。

涉疆问题根本不是什么人权问题，其实质是反暴恐、去极端化、反分裂问题。新疆地区从来就不存在所谓“种族灭绝”“强迫劳动”“宗教压迫”。个别别有用心的所谓学者和机构，出于偏见、无知甚至恶意，不遗余力地编造本世纪最大的谎言，赤裸裸地违背公理良知；少数西方国家借机煽风点火、为虎作伥，使尽浑身解数，大搞扣帽子、泼脏水的把戏。殊不知，谎言终究是谎言，谎言终究改变不了真相。近日，新疆维吾尔族妇女代表在联合国人权理事会第四十六届会议上严正表示，希望那些心怀恶意的人不要伤害新疆这个美丽的地方，也不要伤害中国各族人民的友谊。

中国人权状况怎么样，中国人民最有发言权。过去 40 多年，新疆维吾尔族人口从 555 万增长到 1200 多万，翻了一番。过去 60 多年，新疆经济总量增长了 200 多倍，人均预期寿命从 30 岁提高到 72 岁。当前新疆正处于历史最好的发展时期，社会持续稳定，人民安居乐业，民族团结和睦，各族人民生命权、健康权、发展权等基本权利得到有力保障，这是谁也不能否定的事实。

中国人权进步的事实摆在这里，但凡尊重事实者，都会给出公正评价。近年来，已有 100 多个国家的 1200 多名外交官、国际组织官员、记者、宗教人士等访问新疆，实地了解新疆真实情况，认为在新疆所见所闻与个别西方媒体

报道完全不同。法国知名作家维瓦斯在《维吾尔族假新闻的终结》一书中，通过两赴新疆的亲身经历讲述了繁荣稳定的真实新疆，并指出正是那些从未去过新疆的人在制造假新闻，在杜撰抄袭中以讹传讹。布基纳法索驻华大使阿达马·孔波雷近期表示，伊斯兰合作组织、世界银行及埃及、巴基斯坦、阿富汗、泰国等都曾派遣代表团访问新疆，他们对中国的反恐和去极端化成效表示赞赏。在他看来，某些西方势力炒作所谓涉疆问题，实际上是为了服务其不可告人的目的。

公道自在人心。长期以来，广大友好和发展中国家秉持客观公正立场，多次在多边场合共同发声、仗义执言，以压倒性的正义声音支持中方在涉疆问题上的立场和举措，强烈谴责少数国家刻意歪曲事实、专给为恶者撑腰的伎俩。在近期举行的联合国人权理事会第四十六届会议上，古巴代表 64 个国家作共同发言，敦促有关国家停止利用涉疆问题干涉中国内政，停止出于政治动机对中国进行无理指责，停止任何借人权问题遏制发展中国家发展的行径；还有不少国家在联合国人权理事会以单独发言等方式，支持中方在涉疆问题上的正义立场。

事实面前，任何颠倒黑白、无中生有的谎言终将无所遁形，肆无忌惮的造谣中伤终将受到正义的清算。奉劝少数西方国家摒弃意识形态偏见，停止在人权问题上搞政治操弄和双重标准，停止利用涉疆问题损害中国利益、干涉中国内政。

《人民日报》(2021 年 3 月 23 日)

制造和散布谎言者必须付出代价

中方不惹事也不怕事，决不接受任何政治讹诈，正义必须伸张。中方维护国家主权、安全、发展利益的意志和决心坚定不移

近日，针对少数西方国家基于谎言和虚假信息，以所谓人权为借口对中国新疆有关人员和机构实施制裁，中方第一时间表明严正立场、提出严正交涉，并分别宣布对欧方严重损害中方主权和利益、恶意传播谎言和虚假信息的 10 名人员和 4 个实体实施制裁，对恶意传播谎言和虚假信息的英方 9 名人员及 4 个实体、美国和加拿大的有关人员及实体实施制裁。中方有关举措是必要、正当和正义的回应，是以行动告诉那些充满傲慢和偏见的少数西方国家：制造和散布谎言者必须付出代价。

中国新疆地区各族人民享有稳定、安全、发展、进步，这是最为成功的人权故事之一。但是，不肯承认这一事实的那些来自美国、加拿大、英国、欧盟的政客，看到一些反华政客和所谓学者恶意捏造的所谓“证据”，竟然如获至宝，迫不及待“照单全收”那些虚假的所谓“内部文件”“受害人陈述”和来源不明的信息，乐不可支地玩味那些对中国官方文件和数据进行断章取义和歪曲篡改的所谓“成果”。

事实证明，少数西方国家一些政客所在乎的根本不是真相，所关心的根本不是人权。他们以各种借口干涉中国内政，企图遏制中国发展、破坏中国稳定，不愿意看到中国发展繁荣，不愿意看到中国人民过上越来越好的生活。他们尽施造谣骗术，诋毁和冒犯中国人民名誉和尊严，威胁中国国家利益。他们甚至嚣张地把作恶心理挂到了嘴边——比如，美国前国务卿鲍威尔的办公室主任、前陆军上校劳伦斯·威尔克森曾公开宣称：“美国中央情报局想破坏中国的稳

定，最好的办法就是制造中国的动荡。与那些维吾尔族人一起刺激北京，无需外力，直接从内部搞垮中国。”

必须指出，少数西方国家一些政客以为编个故事、造个谎言就能得逞，这完全是痴心妄想。他们大搞霸凌霸道霸权，但在中国这里完全行不通。中国人不吃这一套！中方不惹事也不怕事，决不接受任何政治讹诈，正义必须伸张。正如国际观察人士所评价，中国有能力也有意愿去反击西方的施压。

不干涉内政是《联合国宪章》重要原则和国际关系基本准则；少数西方国家罔顾事实、颠倒黑白，以人权为借口肆意挥舞制裁大棒，粗暴干涉中国内政，严重违反国际法和国际关系基本准则。在日前闭幕的联合国人权理事会会议上，80 多个国家以共同或单独发言形式声援和支持中国在新疆问题上的正当立场。这足以说明，公道自在人心，少数西方国家的政治操弄根本代表不了国际社会，更不可能蒙骗国际社会。

中方维护国家主权、安全、发展利益的意志和决心坚定不移。少数西方国家一些政客的倒行逆施根本阻挡不了中国前进的步伐，也无法扭转历史发展的潮流；他们如若继续一意孤行，结果只能是为其自身的愚蠢和恶劣行径付出更大代价。

《人民日报》（2021 年 3 月 28 日）

新疆必将迎来更加幸福美好的明天

中国已全面建成小康社会并开启全面建设社会主义现代化国家新征程，这将在更大程度、更高水平上保障各民族平等权利，新疆各族人民必将迎来更加幸福美好的明天

7月14日，国务院新闻办发布《新疆各民族平等权利的保障》白皮书，从公民权利、政治权利、经济权利、文化权利、社会权利、妇女儿童权利和宗教信仰自由权利等方面，详细介绍新疆各民族平等权利的保障情况。白皮书以大量事实和详实数据证明，70多年来，中国共产党和中国政府始终坚持“以人民为中心”的人权理念，始终把生存权、发展权作为首要的基本人权，把人权的普遍性原则与中国实际相结合，不断丰富和发展治疆方略，切实保障各族人民平等参与、平等发展权利，新疆人权事业不断取得新的发展和进步。

新疆曾深受暴力恐怖活动之害，境内外“东突”势力相互勾连、策划实施数千起暴力恐怖案（事）件，严重危害各族群众生命安全。新疆出台一系列地方性法规，对一切侵犯公民人权、危害公共安全的暴力恐怖活动以及利用极端主义破坏法律实施的违法犯罪活动依法进行严厉打击。同时，新疆重视源头治理，通过着力改善民生、加强法治宣传和帮扶教育等多种方式，开展预防性反恐，最大限度保障公民基本人权免遭恐怖主义和极端主义侵害。如今，新疆已连续4年多未发生暴力恐怖案（事）件，各族群众生命权得到充分保障。今年5月，拉美和加勒比地区19个国家的驻华使节在新疆实地考察，表示充分理解支持中国政府在新疆为反恐和去极端化斗争所做努力。

新疆经济社会快速发展，民生建设和投入力度持续加大，各民族经济权利得到有效保障。白皮书中的一组组数据振奋人心：1955年至2020年，新疆地

区生产总值增长 160.3 倍，人均地区生产总值增长 30.3 倍；截至 2020 年底，现行标准下新疆 273 万农村贫困人口全部脱贫，3666 个贫困村全部退出，32 个贫困县全部摘帽……天山南北，各族群众的获得感、幸福感、安全感不断增强。曾多次访问新疆的俄罗斯亚太研究中心主任谢尔盖·萨纳科耶夫指出，新疆的发展充分说明中国政府尊重少数民族的权利。

尊重和保护宗教信仰自由是中国政府一项长期的基本国策。白皮书指出，新疆坚持保护合法、制止非法、遏制极端、抵御渗透、打击犯罪的原则，全面贯彻落实宗教信仰自由政策，正常宗教活动依法受到保护，公民宗教信仰自由的权利得到有效保障。美国《全球策略信息》杂志社华盛顿分社社长威廉·琼斯曾访问新疆，见证当地的快速发展和各族民众的幸福生活。他直言，所谓的新疆违反人权，其实是一些别有用心的人制造的谎言。

事实胜于雄辩，公道自在人心。国际上一些势力歪曲事实，无中生有，大肆炒作涉疆议题，频频制造涉疆谎言，这不仅激起包括新疆各族人民在内的全中国人民的极大愤慨和坚决反对，也遭到国际社会正义力量的谴责。近日，90 多个国家在联合国人权理事会第四十七届会议上发出正义呼声，以不同方式表达对中国正当立场的理解和支持，反对以人权为借口干涉中国内政。意大利 3 家智库日前联合发布研究报告，肯定中国政府在新疆采取的反恐和去极端化措施取得显著成效。组织撰写该报告的意大利国际关系学者帕兰迪表示，他曾在新疆目睹维吾尔族和其他少数民族享有充分的宗教信仰自由，根本找不到任何所谓“强迫劳动”“种族灭绝”的迹象，对于新疆的指控没有任何依据。

当前，新疆社会大局持续稳定，各族人民和睦相处、安居乐业，处于历史上最好的发展时期。中国已全面建成小康社会并开启全面建设社会主义现代化国家新征程，这将在更大程度、更高水平上保障各民族平等权利，新疆各族人民必将迎来更加幸福美好的明天。任何破坏新疆繁荣稳定，利用涉疆问题干涉中国内政、遏制中国发展的图谋都不会得逞。

《人民日报》（2021 年 7 月 15 日）

涉疆“世纪谎言”终将破产

新疆迈向现代化的进程是任何人任何势力都无法阻挡的，新疆的明天必将更加美好

9月26日，国务院新闻办公室发表《新疆的人口发展》白皮书，以大量事实和详实数据详细介绍了新疆的人口发展情况。70余年来，新疆人口快速发展，规模持续扩大，素质不断提升，人均预期寿命稳步提高，新型城镇化、现代化加速推进，各族人民团结和谐，共同进步，幸福生活。白皮书充分展现了在中国共产党领导下新疆繁荣发展的光辉历程，是对境外反华势力炒作的涉疆谎言的有力回击。

新疆的人口发展是新疆发展进步的写照，是统一的多民族国家促进少数民族人口健康发展的成功范例。白皮书显示，2020年新疆人口达到2585.23万人，比1949年增加近5倍。白皮书指出，中华人民共和国成立前，新疆经济社会发展落后，人口规模小，人口素质低，人均预期寿命短。1949年新中国成立后，新疆人口特别是少数民族人口数量快速增长，人口素质不断提升，人均预期寿命大幅提高。今日新疆，经济社会全面发展，社会大局持续稳定，各族人民安居乐业，人口发展均衡健康。事实充分表明，新疆的人口发展成就，是过去任何一个历史时期无法比拟的，也是任何尊重事实的人士都不会否认的。

当前，新疆处于历史上最好的发展时期。2020年，新疆少数民族人口1493.22万人，比1953年增加1048.07万人。近年来，新疆依法开展去极端化工作，宗教极端主义干预行政、司法、教育、婚姻、医疗等现象得到有效遏制，晚婚晚育、优生优育成为社会新风尚。随着新疆社会稳定红利的持续释放，未来一个时期，新疆人口特别是少数民族人口将保持稳步增长，人口规模持续扩大，人口素质不断提高，人口流动趋于活跃。

近年来，境外反华势力罔顾事实，颠倒黑白，大肆炒作“强迫劳动”“强制绝育”等谬论，妄图给中国扣上“种族灭绝”的帽子。这些毫无根据的荒谬指控与包括新疆在内的中国发展越来越好的事实形成鲜明对照，是彻头彻尾的谎言，是对中国治疆政策和新疆发展成就的污蔑，是对国际法和国际关系基本准则的严重践踏。联合国人权理事会前民主公平国际秩序问题独立专家德扎亚斯指出，美国对中国新疆所谓“种族灭绝”的指控纯属无稽之谈，是别有用心的宣传和患有“中国恐惧症”的表现，违反了联合国《公民权利和政治权利国际公约》。

境外反华势力编造涉疆谎言的目的，是企图通过妖魔化中国这一政治操弄手法，阻遏中国发展进步。这种险恶图谋注定不会得逞。越来越多国家和国际正义人士站出来揭穿涉疆谎言。在联合国人权理事会第四十八届会议上，近百个国家通过共同发言、单独发言、联合致函等方式表达对中国立场的支持，强调新疆问题完全是中国内部事务，任何国家不得干涉，反对借人权问题干涉中国内政。这些正义的声音掷地有声，再次证明公道自在人心，“以疆制华”不得人心，涉疆“世纪谎言”终将破产。

青山遮不住，毕竟东流去。中国政府坚定不移维护国家主权、安全和发展利益，坚定不移促进各民族共同团结奋斗、共同繁荣发展，坚定不移贯彻新时代党的治疆方略，坚持依法治疆、团结稳疆、文化润疆、富民兴疆、长期建疆，努力建设团结和谐、繁荣富裕、文明进步、安居乐业、生态良好的新时代中国特色社会主义新疆。新疆迈向现代化的进程是任何人任何势力都无法阻挡的，新疆的明天必将更加美好！

《人民日报》（2021 年 9 月 27 日）

将体育政治化不得人心

2022 年北京冬奥会是全球冬奥运动员和冰雪运动爱好者的盛会，各国人民对此期待已久。然而，美国政府却一再利用冬奥会玩弄政治把戏，公然以所谓“新疆人权问题”为借口，宣称不派任何外交或官方代表出席北京冬奥会。美国政府执意将体育政治化，是对奥林匹克宪章精神的严重背离，是赤裸裸的政治挑衅，只会让全世界人民看清看透美国政府的反华本质和虚伪面目。

所谓新疆存在“种族灭绝”，完全是美方炮制的世纪谎言，早已被事实戳穿。当前，新疆社会大局持续稳定，各族人民和睦相处、安居乐业，处在历史上最好的发展时期。新疆各族人民群众的人权得到充分尊重和保护。美方把是否派政府官员出席北京冬奥会同自己编织的世纪谎言挂钩，蒙蔽不了世人的眼睛，只会又一次暴露其打着“人权”幌子攻击抹黑中国、干涉中国内政的真实意图。

冬奥会不是政治作秀和搞政治操弄的舞台。美国政客在没有得到东道国邀请的情况下，不断炒作所谓“外交抵制”北京冬奥会，完全是自编自导自演的一出闹剧，完全是自作多情、哗众取宠的政治操弄。北京冬奥会的主角是各国运动员，而不是个别政客。一届成功精彩的奥运会需要的是冬奥大家庭的共同努力，根本不取决于个别国家官员是否出席。正如国际奥委会委员迪克·庞德直言，美方此举对北京冬奥会基本不会产生什么影响。

北京冬奥会是人类团结和友谊的象征。当前，北京冬奥会筹备工作已进入全力冲刺关键时期，包括国际奥委会在内的国际社会高度认可中方筹办工作，外国运动员热切期待来华参赛。二十国集团、中非合作论坛、上海合作组织等多边机制也发出支持北京冬奥会的强音。不久前，第七十六届联合国大会协商一致通过由中国和国际奥委会起草的奥林匹克休战决议，决议特别提出要认识到体育在全球应对疫情冲击能力建设方面的作用，强调北京冬奥会将是展现人类团结、韧性和国际合作宝贵价值的契机。决议获得协商一致通过，并得到绝大多数联合国会员国共提，体现了联合国会员国对北京冬奥会和国际奥林匹克运动的支持，也体现了国际社会同舟共济、战胜疫情、维护和平、一起向未来的坚定决心。

中国有信心也有能力秉持绿色、共享、开放、廉洁的理念，同国际奥委会和各国一道，展现“更团结”的奥林匹克精神，为世界呈现一届简约、安全、精彩的奥运盛会，共同推动国际奥林匹克事业的健康发展。美国政府执意将体育政治化，试图干扰破坏北京冬奥会，损害的是包括美国在内的各国运动员的利益和国际奥林匹克事业，损害的是世界各国人民的共同利益，注定不得人心，最终只会让自己沦为笑柄。

《人民日报》（2021 年 12 月 8 日）

打着“人权”旗号遏制新疆发展进步终将失败

无论美方如何编造谎言、搬弄是非，都阻挡不了新疆各族人民追求美好生活的坚定步伐，都阻挡不了中国发展壮大的坚定步伐。美国自己才是搞强迫劳动的惯犯。美国将自己犯过的罪、作过的恶强加给中国，纯属以己度人、别有用心

一段时期以来，美国一些政客打着“人权”旗号反复借涉疆问题造谣生事。近日，美方炮制所谓“维吾尔强迫劳动预防法案”，继续罔顾事实、颠倒黑白，恶意诋毁中国新疆人权状况。这是对公理良知的公然挑衅，是对中国内政的粗暴干涉，严重违反国际法和国际关系基本准则。中方对此表示强烈愤慨、坚决反对。

美国有关行径根本无关人权，而是彻头彻尾的政治操弄和经济霸凌。美国妄图通过制裁打压新疆企业、制造“强迫失业”“强迫贫困”，使新疆各族群众处于贫困、封闭、落后之中，借此祸乱新疆、遏制中国发展。这种违背市场规则和商业道德的行径，只会破坏全球产业链供应链稳定，扰乱国际贸易秩序，损害美自身利益和国家信誉。

涉疆问题的实质是反暴恐、去极端化、反分裂问题。所谓新疆存在“种族灭绝”和“强迫劳动”完全是美西方反华势力制造的世纪谎言。在联合国人权理事会第四十八届会议上，近百个国家通过共同发言、单独发言、联合致函等方式表达对中国立场的支持，强调新疆问题完全是中国内部事务，任何国家不得干涉，反对借所谓人权问题干涉中国内政。这些正义的声音掷地有声、铿锵有力，也再次证明公道自在人心。

在新疆各族人民团结和谐、共同进步、幸福生活的事实面前，美方的荒谬指责不攻自破。当前，新疆处于历史上最好的发展时期，各民族像石榴籽一样紧紧抱在一起，共同创造美好幸福生活。天山南北呈现“家家有门路、人人有事干、月月有收入”的喜人景象，各族群众收入水平不断提升、生活质量越来越高，获得感、幸福感、安全感显著增强。“新疆各族人民平等团结，共同开发建设，共享幸福生活”“传统文化丰富灿烂，信仰自由得到保护与尊重”“新疆人权事业的发展进步有目共睹”……这是曾经到访新疆、见证新疆发展的国际人士的心声。

人民幸福生活是最大的人权，就业是最大的民生。近年来，新疆劳动就业保障政策体系进一步健全，就业规模不断扩大，就业结构更趋合理，劳动力素质明显提升。2014 年至 2020 年，新疆劳动就业总人数从 1135.24 万人增加到 1356 万人，增长 19.4%。在大力促进就业的同时，新疆严格依法保障劳动者平等就业、获得报酬、参加社会保险、休息休假和职业安全等合法权益，劳动权益保护水平不断提升。巴基斯坦国立科技大学中国研究中心副主任泽米尔・阿万曾多次访问新疆。他表示，眼见为实，新疆的劳动就业保障政策非常完善，所谓“强迫劳动”的指责毫无可信度。

美国一些人喜欢充当“人权教师爷”“人权判官”，对他国指手画脚、颐指气使，但具有讽刺意义的是，他们自己才是搞强迫劳动的惯犯。数百年贩卖、虐待和歧视黑奴的历史，让强迫劳动成为美国“发家史”上永远抹不去的污点。美国至今约有 50 万名从事农业劳作的童工，有 24 万到 32.5 万名妇女和儿童遭到性奴役。过去 5 年，每年被贩卖到美国从事强迫劳动的人口多达 10 万。美国将自己犯过的罪、作过的恶强加给中国，纯属以己度人、别有用心。

涉疆事务纯属中国内政，不容任何外部势力干涉。无论美方如何编造谎言、搬弄是非，都阻挡不了新疆各族人民追求美好生活的坚定步伐，都阻挡不了中国发展壮大的坚定步伐。中国政府和人民捍卫国家主权、安全和发展利益的决心坚定不移。美方必须立即纠正错误，停止利用涉疆问题散布谎言，否则终将为自己的傲慢付出代价。

《人民日报》(2021 年 12 月 25 日)

赤裸裸的经济霸凌行径

美方嘴上喊着“人权”，心里想着霸权，行径则是霸凌。美方编造谎言炒作涉疆议题，制定恶法打压新疆企业，妄图剥夺新疆各族人民劳动致富的权利，是对新疆人权的最大侵犯

美方不顾中方多次严正交涉，将所谓“维吾尔强迫劳动预防法案”签署成法。该法案蓄意诋毁中国新疆人权状况，恶意攻击新疆劳动就业保障政策，公然践踏国际法和国际关系基本准则，粗暴干涉中国内政。美国以莫须有的罪名挥舞制裁大棒，打压新疆企业，破坏新疆稳定发展，只会让包括新疆各族群众在内的广大中国人民进一步认清美国的霸权本质。

美方指责新疆存在所谓“强迫劳动”问题纯属凭空捏造，毫无事实依据。新疆的劳动就业保障政策及其实践，符合中国宪法法律，符合国际劳工和人权标准，契合新疆各族人民过上美好生活的愿望。新疆各族劳动者完全有选择职业的自由，去什么地方、干什么工作都出于自己的意愿，人身自由从未受到任何限制。美方罔顾事实，反复借涉疆问题造谣生事，以“人权”之名，行单边主义、保护主义、霸凌主义之实，严重破坏市场原则，违背世界贸易组织规则，严重损害中美两国企业和消费者切身利益，不利于全球产业链供应链稳定和世界经济复苏。

美国才是真正存在强迫劳动的国家。从历史上看，美国大肆贩卖黑奴和华工、欺压印第安人。近年来，美国刻意逃避劳工保护责任，其国内人口贩运问题泛滥成灾，农业领域强迫劳动触目惊心，私营监狱罪犯沦为奴隶、滥用童工现象普遍存在，女性和残疾人劳动权益屡遭侵害，就业领域歧视问题持续恶化。美国加利福尼亚大学伯克利分校人权研究中心教授劳雷尔·弗莱切直言，现代

奴隶制在美国依然存在。美国发布的人口贩运问题报告承认，美国是人口贩运的来源国、目的国、中转国，甚至有美国官员参与贩运人口和强迫劳动。美国是批准全球劳动核心公约数量最少的国家，特别是与强迫劳动问题直接相关的3项重要法律文件，美国至今一项也没有签署。

美方嘴上喊着“人权”，心里想着霸权，行径则是霸凌。长期以来，美国滥用自身金融霸权地位和技术优势，打着“民主”“人权”幌子，将其国内法凌驾于国际法之上，动辄实施“长臂管辖”，“美利坚合众国”已成为国际舆论中的“制裁合众国”。此次签署的所谓法案将新疆生产的全部产品推定为“强迫劳动”产品，并禁止进口与新疆相关的产品，这是赤裸裸的经济霸凌行径，其目的就是“以疆制华”，遏制中国发展。美国前国务卿鲍威尔办公室主任威尔克森曾亲口承认，所谓新疆维吾尔族问题，只不过是美国企图从内部长期搞乱中国、遏制中国的战略阴谋。

当前，中国新疆社会稳定、经济发展、民族团结、宗教和睦和顺、人民生活幸福，这是人权得到充分保障的最好证明，是国际社会有目共睹的事实。美方编造谎言炒作涉疆议题，制定恶法打压新疆企业，妄图剥夺新疆各族人民劳动致富的权利，是对新疆人权的最大侵犯。

中国人民不信邪也不怕邪。美国利用涉疆问题搞阴谋诡计，阻挡不了新疆各族人民追求美好生活的坚定步伐，阻挡不了中国不断发展壮大的历史大势。美方应立即停止政治操弄，立即停止侵害新疆各族群众的生存和发展权利，立即撤销各项涉疆制裁打压措施，切实正视并解决好自身存在的问题。

《人民日报》（2021年12月26日）

陆

第六章

美国应该好好给自己补一补民主课

美国民众还在等待“种族公正”

种族平等来得越迟，种族正义就将越来越远，种族怒火就会愈燃愈烈

美国种族不公乱象非常引人注目，近年来在美国内外都引发了大量批评。拜登总统将增进种族平等作为任内四大优先事项之一，呼吁团结、治愈，上任当天即谈到该国“一场酝酿了近 400 年的种族正义呐喊”。美国《时代》周刊最近发表的文章认为，他正面对着“关于种族公正的举国反省”。

事实上，种族歧视在美国早就是一种普遍性、系统性存在，乱象之源不竭、乱象之根难除。成为国际热点的那些触目惊心的美国种族歧视事件，都只不过是冰山一角。

当前，新冠肺炎疫情带来的挑战，正进一步将美国少数族裔遭受的“额外”打击暴露出来，折射出美国不同种族在经济社会资源占有上存在的系统性不公。美国知名传染病专家安东尼·福奇直言：“这次大流行的一个不同寻常方面就是种族之间的不平等。”美国霍华德大学医学院非洲裔副院长采利娅·马克斯韦尔博甚至感叹：“看看我们这个族群，这里是食品荒漠、交通荒漠、教育荒漠……一切有利健康的社会因素我们都不具备。”

美国少数族裔的健康权本就具有明显的脆弱性，在疫情面前更加凸显。根据美国凯撒家庭基金会 2020 年发布的一项研究，2010 年到 2018 年间，非洲裔美国人没有医保的比例是白人美国人的 1.5 倍。拉美裔美国人没有医保的比例比白人美国人高出 2.5 倍以上。高昂的医疗费用迫使大批少数族裔放弃治疗。即使进入医院治疗程序，少数族裔遭受的不公也未结束。非洲裔医生苏珊·摩尔不久前发布自拍视频，痛斥新冠肺炎治疗中存在种族主义，激起共鸣。美国《纽约时报》报道指出，大量研究表明，非洲裔病人得到的治疗往往不如白人

病人。随着美国开始推广新冠疫苗接种，种族间的接种比例差也开始显现。美国有线电视新闻网新近公布的调查结果显示，在美国多个州，白人的接种率远高于少数族裔的接种率，部分州白人的接种率甚至是少数族裔的3倍以上。

经济方面，美国少数族裔面临的困难更为严峻。据纽约联邦储备银行的数据，去年2月至4月，41%的非洲裔美国人经营的企业出现倒闭，同期白人经营的企业倒闭的比例为17%。美国“政客”网站日前报道指出，在疫情造成的经济破坏中，美国少数族裔受到的影响首当其冲，不同肤色群体之间的财富鸿沟已进一步拉大。报道分析认为，非洲裔美国人一直面临着一种“有据可查的经济歧视模式”。例如，相比有相似信用状况的白人，非洲裔更容易被拒绝发放贷款，且即使获得贷款，也往往需要支付更高的利息。非洲裔美国人商会首席执行官罗恩·巴斯比指出，非洲裔甚至更难从联邦政府经济援助计划中获得帮助。

大量民调结果显示，美国大多数公众都对种族状况存在不满看法。但在政治决策中，与种族不公问题相关的许多改革举措，却总是遭遇“政治流产”。由于政治极化掣肘，美国政府很难在解决种族问题上有所作为。近年，联邦政府在种族矛盾爆发时，甚至连基本的道义底线都难以守住。美国一些政治人物热衷于搞话语游戏，将原本需要美国社会共同面对的种族问题，转换为政治攻击的武器，早已造成民众视觉疲惫，日益蓄积不满。种族平权活动人士拉沙德·罗宾逊一针见血地指出，在改变种族歧视问题上，美国现在需要的是开始行动，“把话语问题转化为治理问题”。美国有色人种协进会主席德里克·约翰逊强调，种族平等需要的不仅仅是表明个人立场，而是“需要一系列明确的结果”。

种族平等来得越迟，种族正义就将越来越远，种族怒火就会愈燃愈烈。美国公众需要的是系统性、根治性措施，是真正的行动。

《人民日报》（2021年2月2日）

坚决反对英方蛮横打压中国媒体

为媒体正常开展工作提供支持和便利，这是当今时代通行的基本国际规则、国际道义。奉劝英方立即停止政治操弄，纠正错误，着眼中英共同利益，多做有利于中英互信与合作的事

2月4日，英国通信管理局发表声明，以存在所谓“政治属性”为由撤销中国国际电视台（CGTN）在英国播出执照。英方此举不仅是对中国媒体在英国开展正常新闻报道工作人为设置障碍，严重损害中国媒体声誉，而且严重干扰两国间正常的人文交流。这种蛮横打压中国媒体的行径，充分暴露了英方炫耀的所谓新闻自由的虚伪性。

英国通信管理局针对中国媒体进行政治打压早有预兆。2020年初，在一些极右翼组织和反华势力操纵下，该机构突然对CGTN英语新闻频道在英国落地许可发起调查。2020年5月，该机构声称要针对CGTN英语新闻频道有关香港暴力示威活动的报道实施制裁。令人不解的是，CGTN英语新闻频道客观报道乱港分子使用暴力的行为，竟被英国通信管理局无理扣上“违反中立规定”的帽子；然而，英国广播公司频频播出的那些涉港节目，刻意隐瞒乱港分子暴力行为和分裂香港的政治意图，早就把英方所谓“中立规定”弃置一旁，英国通信管理局却根本不闻不问。这种赤裸裸的双重标准足以说明，英国通信管理局基于意识形态偏见，大搞政治操弄，根本不是追求公平公正，而是为了达到某种不可告人的政治目的。

媒体是各国人民加强沟通、增进理解的重要桥梁和纽带。中国媒体恪守新

闻职业道德，秉持客观、公正、真实、准确的原则，在包括英国在内的世界各地开展正常新闻报道。CGTN 英语新闻频道是在世界范围内拥有良好专业声誉的国际化的专业媒体机构，在英国落地传播 10 多年来，与英国诸多媒体和相关机构保持着长期稳定的合作关系，为增进中英两国人民之间的了解和沟通、推进两国人文交流发挥了积极作用。

针对英方对中国媒体在英落地传播进行干扰、横加阻挠，中方态度十分明确："中方保留作出必要反应的权利，维护中国媒体的正当权益。"必须指出，为媒体正常开展工作提供支持和便利，这是当今时代通行的基本国际规则、国际道义。奉劝英方立即停止政治操弄，纠正错误，着眼中英共同利益，多做有利于中英互信与合作的事。

《人民日报》（2021 年 2 月 6 日）

中方决不接受假新闻

谎言制造者言必称“新闻报道自由”，这是值得警惕的。世界各国均对新闻媒体实施必要监管，中国国家广播电视总局这次对BBC作出处理，合规合法，合情合理

中国国家广播电视总局2月11日通报，经调查，英国广播公司（BBC）世界新闻台涉华报道有关内容严重违反《广播电视管理条例》《境外卫星电视频道落地管理办法》有关规定，违反新闻应当真实、公正的要求，损害中国国家利益，破坏中国民族团结，不符合境外频道在中国境内落地条件，国家广播电视总局不允许BBC世界新闻台继续在中国境内落地，对其新一年度落地申请不予受理。这是中方维护国家利益的正义举措，充分表明中方决不接受假新闻、反对外国媒体借虚假报道攻击抹黑中国的严正立场。

真实性是新闻的生命。但是，BBC涉华报道热衷于编造“世纪谎言”，违背新闻职业道德，充斥严重的双重标准和深刻的意识形态偏见，引起中国人民极大愤慨。比如，在涉新冠肺炎疫情报道中，BBC将疫情与政治挂钩，重新翻炒所谓“隐瞒论”“源头论”“责任论”，还将一段反恐演习视频作为中国防疫部门所谓“暴力执法、侵犯人权”新闻播出。又如，在涉疆问题上，BBC罔顾新疆根本不存在所谓“再教育营”以及新中国成立以来中国妇女解放和发展事业取得空前成就的基本事实，不加查证核实，恶意编造新疆所谓“再教育营”中存在针对妇女的系统性性侵与虐待的虚假新闻。任何一个了解事实与真相的人都会质问：BBC在光天化日之下毫无底线进行造假，严重偏离客观、平衡、公正立场，目的何在？良知何在？

中方此前已多次敦促BBC及其驻京分社认真对待中方严正立场，采取切

实措施消除相关报道产生的恶劣影响，就其涉华假新闻向中方作出公开道歉。2月8日，中国驻英国公使视频约见BBC新闻采编部主任，就该台近来频繁在涉疫、涉疆议题上播发不实报道提出严正交涉。然而，BBC不仅一再抵赖制作假新闻的事实，还道貌岸然地为这等行径张目。有网友一针见血地指出："当有14亿人、全球近20%的人不信任BBC时，BBC还自称是'世界上最受信任的国际新闻媒体'。是傲慢还是无知？我认为两者皆是。"

谎言制造者言必称"新闻报道自由"，这是值得警惕的。"新闻报道自由"绝不等同于制造谎言的自由，更不能成为西方一些媒体编造假新闻、恶意攻击抹黑他国的借口和挡箭牌。世界各国均对新闻媒体实施必要监管，中国国家广播电视总局这次对BBC作出处理，合规合法，合情合理。

谎言就是谎言，充其量只能蒙蔽一时，在事实与真相面前终将不攻自破。BBC应当自省，摒弃冷战思维，停止编造传播假新闻，停止发表不公正、不客观、不负责任的报道。我们正告BBC，对于任何恶意攻击抹黑中国的行径，中国人民都决不会答应。

《人民日报》（2021年2月13日）

“媒体自由”不应成为假新闻的遮羞布

任何国家都不应姑息纵容假新闻。对那些恶意攻击抹黑中国的媒体，中国政府和中国人民绝不欢迎

针对英国广播公司（BBC）世界新闻台涉华报道严重违反中方有关规定，中国国家广播电视总局日前通报，不允许英国广播公司世界新闻台继续在中国境内落地，对其新一年度落地申请不予受理。中方这一决定合规合法，合情合理。然而，英国一些政客近日却继续为制造假新闻的行径张目，执意混淆是非，进一步暴露其严重的对华意识形态偏见。

英方有关说辞纯属倒打一耙。本月早些时候，英国通信管理局基于意识形态偏见，以存在所谓“政治属性”为由撤销中国国际电视台（CGTN）在英国播出执照，严重损害中国媒体声誉，严重干扰两国间正常的人文交流。英方粗暴侵害中国媒体利益在先，又有什么资格对中方维护国家利益、维护新闻真实性的正义举措指指点点？英方继续“装天真”、高喊所谓“媒体自由”，凸显赤裸裸搞双重标准的虚伪性。

“媒体自由”不应成为假新闻的遮羞布。英国广播公司世界新闻台被禁止在中国境内落地，完全是咎由自取。一段时间以来，英国广播公司涉华报道恶意炒作新冠肺炎疫情、新疆反恐和去极端化工作等话题，有关报道全然无视事实和新闻职业操守，充斥颠倒黑白、无中生有的手法，刻意妖魔化中国，用心险恶。在炮制假新闻的丑剧被揭穿后，英国广播公司竟大言不惭标榜自己是“世界上最受信任的国际新闻媒体”，令人啼笑皆非。

无论是英方粗暴打压中方媒体，还是英国广播公司在涉华报道中编造“世纪谣言”，都同英国一些人以意识形态偏见看待中国的惯性分不开。在英国学

者马丁·雅克看来，英国广播公司对华报道存在着“冷战的元素”，反映了“典型的西方式的非黑即白的思维方式”。值得指出的是，一方面，近年来英国等西方国家民众批评本国媒体公信力下降导致“真相消失”的声音不绝于耳，但另一方面，面对英国广播公司在涉华报道中制造假新闻的做法，英国一些政客却又姑息纵容，甚至颠倒黑白，为虎作伥。如此咄咄怪象，充分暴露了这些人扭曲的价值观、道义观。

任何国家都不应姑息纵容假新闻。对那些恶意攻击抹黑中国的媒体，中国政府和中国人民绝不欢迎。任何人若执意站在14亿中国人民的对立面，站在道义和良知的对立面，站在事实与真相的对立面，那都是不自量力，必将自食其果。

《人民日报》（2021年2月19日）

保护人权容不得双重标准

实现人民充分享有人权是人类社会的共同奋斗目标。人权不是少数国家的专利，更不能成为向别国施压的工具。我们不接受人权“教师爷”，反对搞双重标准。

一直以来，美方自诩为世界“人权卫士”，自认例外和优越。而真实的美国人权状况，却是“金玉其外，败絮其中”。3 月 24 日，中国国务院新闻办公室发表长达 1.5 万字的《2020 年美国侵犯人权报告》，以大量的事实和翔实的数据，揭露了所谓的“山巅之城”“民主灯塔”侵犯人权、亵渎人权所留下的新纪录。

2020 年新冠肺炎疫情全球肆虐，对人类生命安全构成重大威胁。美国号称具有世界上最丰富的医疗资源和医疗护理能力，应对疫情却一片混乱，成为世界上确诊人数和死亡人数最多的国家。美国不仅自身疫情失控，与之相伴的还有政治失序、种族冲突、社会撕裂。少数族裔遭受系统性种族歧视，处境艰难；枪支交易和枪击事件创历史新高，人们对社会秩序失去信心；非洲裔男子乔治·弗洛伊德被白人警察残忍跪压致死，引燃美国社会怒火；贫富差距加速扩大，底层民众生活苦不堪言……面对如此糟糕的严重人权问题，美国政府不仅缺乏应有的反思，还对世界上其他国家的人权状况说三道四，充分暴露了其在人权问题上的双重标准及虚伪性。

美国自诩为民主制度的“样板”，动辄打着所谓维护民主、自由、人权的旗号对许多国家指手画脚、肆意打压。然而，金钱支配下的美国政治选举实质上成为“钱决”，民众对选举的信任陷入危机，政治极化现象日益严重，权力制衡异化为否决政治，选后暴乱凸显美式民主危机，华盛顿上演的政治乱象令世界震惊。极端政客为了赢得选票不惜煽动狂热情绪、挑唆选民对立，美式民主不仅难以弥合日益极化的政治分歧，反而进一步加剧了美国社会的撕裂，导致美国民众的公民权利和政治权利有名无实。

事实证明，所谓的“人权卫士”实为国际规则践踏者、人道灾难制造者。在抗疫需要全球团结的时刻，美国却执意奉行本国优先，推行孤立主义、单边主义。2020 年，美国不顾国际社会反对，悍然退出世界卫生组织；大开历史倒车，背信弃义退出《巴黎协定》；挥舞制裁大棒，在疫情期间依然对一些国家实施单边制裁，导致被制裁国家难以获得抗击疫情需要的医疗物资；不顾疫情传播风险，将至少 8800 名无人陪伴的非法移民儿童强制驱逐出境；霸凌威胁国际机构，冲击国际法和国际道义，等等，成为全球安全与稳定的最大麻烦制造者。

世界上没有放之四海而皆准的人权发展道路，人权保障没有最好，只有更好。我们支持世界各国本着相互尊重的原则加强人权交流与合作，但反对以双重标准对别国攻击抹黑，反对借人权问题干涉别国内政。当今时代，人类社会发展正处于一个新的十字路口，面临新的严峻挑战。世界各国比历史上任何时候都需要在通力合作中共同应对人类社会面临的风险和挑战。希望美方能够放下虚伪、霸道、大棒和双重标准，与国际社会相向而行，共同构建人类命运共同体。

《人民日报》（2021 年 3 月 25 日）

“人权教师爷”的把戏演不下去了

人权不是少数国家的专利，更不能成为向别国施压、干涉内政的工具

3 月 24 日，联合国人权理事会第四十六届会议闭幕。在为期一个月的会议期间，尽管少数西方国家别有用心地借所谓人权问题攻击抹黑他国，但国际组织和广大发展中国家积极发声，深入揭露、广泛谴责这些西方国家的人权问题。这一事实充分说明，世界上根本不存在所谓“人权灯塔”，这个世界不需要也不欢迎所谓“人权教师爷”。

自封“人权教师爷”的少数西方国家，常常对他国人权状况说三道四、横加指责，但其调门再高也抵消不了自身的劣迹斑斑。3 月 19 日，在《德班宣言和行动纲领》议题一般性辩论中，联合国人权事务高级专员巴切莱特和许多国家批评西方国家存在的种族主义和种族歧视问题。巴切莱特指出，乔治·弗洛伊德被杀约 10 个月后与该案相关的审判才开始，更有甚者，许多非洲人后裔死亡案件从未得到法庭审理，受害者家庭认为相关国家政府在解决执法部门系统性种族主义方面做得很不够。美国的警察暴力更是引起国际社会严重关切。数据显示，2020 年 1 月到 11 月，美国只有 17 天没有发生执法人员致死案件。近 20 位联合国人权专家在会议期间呼吁美国政府采取广泛的改革措施，以结束警察暴力并大力解决系统性的种族主义和种族歧视问题。

少数西方国家惯于打着“人权”幌子行干涉主义之实，在世界上造成大量人道主义灾难，早已引起国际社会强烈不满。2001 年以来，美国在全球 80 多个国家开展所谓反恐行动，导致包括约 33.5 万名平民在内的超过 80 万人死于直接的战争暴力，数千万人流离失所。时至今日，阿富汗、伊拉克、叙利亚等多个国家的约 2100 万人仍然流离失所，或生活在极端恶劣条件下。在 3 月 17

日审议美国参加国别人权审议结果时，发展中国家谴责美国历次武装干涉造成严重人道主义危机。此前，中国、俄罗斯、叙利亚、伊朗、古巴、白俄罗斯、委内瑞拉、玻利维亚、斯里兰卡、菲律宾、老挝、柬埔寨、津巴布韦、朝鲜等多国作共同发言，谴责有关西方国家单边强制措施严重侵犯人权，敦促其立即取消单边强制措施。这些西方国家应该听听广大发展中国家的正义呼声。

人权不是少数国家的专利，更不能成为向别国施压、干涉内政的工具。少数西方国家摆出一副居高临下的姿态，以所谓人权名义对他国指手画脚，这是霸权主义心态在作祟，也是世界百年变局情境下，其内心日益虚弱和焦虑的表现。此次联合国人权理事会会议期间，巴基斯坦代表伊斯兰合作组织反对一些欧洲国家对穆斯林社区采取歧视性措施，谴责相关欧洲国家以言论自由为借口发表诋毁宗教人士的漫画；伊朗对一些欧洲国家通过主流媒体散布针对穆斯林的仇恨言论表示关切；埃及指出在一些欧洲国家非洲人后裔和穆斯林遭到严重歧视……广大发展中国家反对少数西方国家在人权问题上大搞双重标准，这是为人权正名的正义之声，维护人权的正义之举。

少数西方国家假扮“人权教师爷”的把戏早就演不下去了，其虚伪性天下尽知。奉劝这些西方国家卸下伪装，放弃把人权作为实现霸权工具的冷战思维，正视本国人权问题，本着相互尊重的原则加强对话与合作，真正为推动世界人权事业健康发展作些贡献。

《人民日报》（2021 年 3 月 26 日）

“美式双标”虚伪荒唐

面对美国人民如此迫切需要人权保障的现实，世人不得不问：美方所谓的“人权灯塔”何以连自己家门口都无法照亮

近日，美国数十个城市爆发集会游行，抗议针对亚裔的种族歧视和仇恨犯罪。在美国国内人权危机日益严峻的真面目不断为世人所了解的情况下，美国国务院3月30日竟再次发表所谓《国别人权报告》，对全球近200个国家和地区的人权状况指手画脚，甚至公然在疫情、涉疆等问题上编织弥天大谎，对中国进行污蔑抹黑。美方如此毫无底线地大秀双重标准，实在是荒唐至极！

美国政客在《国别人权报告》发布会上口口声声说“所有人都应享有人权”，然而就在他们站立的美国国土上，50多万人因新冠肺炎疫情失去宝贵的生命，种族主义全面性、系统性、持续性存在，种族歧视言论肆意散播，警察对有色人种暴力执法，“弗洛伊德们”无法呼吸，亚裔被歧视、被攻击甚至被杀害，一年有4万多人死于枪击……很显然，对于美国一些政客而言，所谓“人权”，不过是用来攻击、抹黑他国的借口；他们对待历史性的、长期性的、根深蒂固的美国人权问题，从来都是闭一只眼睛，无意真正理会、无心彻底解决。

必须指出，美国国土上的种族和文化偏见由来已久，再加上美国一些政客在新冠病毒起源问题上大搞政治操弄，亚裔美国人正遭受严重的种族歧视。美国“制止仇恨亚太裔美国人组织”近期发布的报告显示，自去年3月19日至今年2月28日，共收到3795起各种类型针对亚裔的种族歧视事件报告。日前发生在亚特兰大地区的连环枪击案，造成包括6名亚裔女性在内的8人死亡。据美国媒体报道，不少亚裔最近整夜无法入睡，感觉“就像任人宰割的猎物”。

美国种族问题的系统性表现在社会生活的各个方面。有色人种在美国18

岁以下未成年人中的比例约为 1/3，却占被监禁未成年人总数的 2/3；非洲裔新冠肺炎感染率是白人的 3 倍，死亡率是白人的 2 倍，被警察杀死的概率是白人的 3 倍；联邦调查局 2020 年发布的报告显示，在 2019 年执法部门报告的 8302 起单一偏见引起的仇恨犯罪案件中，57.6% 涉及种族族裔身份……这些苦涩的现实充分佐证了一个结论——“肤色在决定美国人的命运方面，显然具有举足轻重的作用”。今年联合国人权理事会审议美国国别人权报告时，有 110 多个国家对美国人权问题提出了批评，联合国人权理事会几十个特别报告员也多次批评美国国内存在的歧视少数群体等问题。

美方动辄对他国人权状况肆意抹黑，却在谈到本国人权问题时轻描淡写，这充分暴露了美式民主的虚伪本质。美国政治陷于分裂，难以就弥合种族创伤、恢复种族正义推出实质性举措，一些政客甚至公然拥抱极右翼思潮，为“白人至上主义”等推波助澜。国际社会越来越清楚地看到，美国近年来种族危机愈演愈烈，政治层面的不作为难辞其咎。在美国历史学家、明尼苏达大学历史系教授李漪莲看来，美国出现此类种族歧视和暴力行为，“并非由精神错乱的个人随意犯下的罪行，而是一个系统性的国家悲剧”。

人权不是口号，更不是用来向别国施压的工具，应该体现在实实在在的行动上。当前，面对美国人民如此迫切需要人权保障的现实，世人不得不问：美方所谓的“人权灯塔”何以连自己家门口都无法照亮？

《人民日报》（2021 年 4 月 1 日）

美方最需要反思何谓人权

美国那些所谓“人权教师爷”手捧的词典里，是否真的有“人权”二字，世人不得不打个问号

美国的人权观到底是什么？对于这个问题，美国那些所谓“人权教师爷”嘴上说的是一套，实际做的是另一套。现在，他们对自己做的那一套已经如此习以为常，以至于连块遮羞布都懒得围上。

太多事实表明，美方十分擅长肆意制造人道主义危机。近日，美墨边境临时拘留中心的真相曝光，令世人触目崩心——在新冠肺炎疫情肆虐的背景下，在得克萨斯州边境地区，包括儿童在内的数千人拥挤在被美国媒体描述为“集中营”的临时设施里；孩子们痛哭着，见不到父母，甚至几天不见阳光……这样的事情，竟然发生在 21 世纪，而且是所谓“人权教师爷”一再粉饰的世界最发达国家干出来的。

美国本届政府声称要建立“人道且有效”的移民体系，但是，美墨边境的人道主义危机有增无减。美国卫生与公众服务部和国土安全部日前公布的数据显示，美国政府在美墨边境收容和拘留的无人陪伴儿童已达 1.8 万人。美国上届政府曾对移民实施“骨肉分离”举措，截至去年 10 月仍有 500 多名儿童未找到父母。美国媒体最新统计显示，近几年被美国当局拘留的 26.6 万名移民儿童中，有 2.5 万多人被羁押超过 100 天，近 1000 人在难民收容所中度过了一年多时间，多人被拘押超过 5 年。众所周知，美国政府对边境难民的人权状况一贯麻木不仁；而今，虽有“人道且有效”的说辞，但未见有效行动。

美国边境频发的难民危机，完全是美方自己种下的恶果。美国多年来打着“人权高于主权”旗号，无视《联合国宪章》尊重国家主权和不干涉内政原则，

大肆干涉他国内政，对有关发展中国家实施单边制裁，甚至对主权国家大打出手，导致严重人道主义危机。美国国会众议员奥卡西奥－科尔特斯吐露了真相：正是美国数十年来对中美洲邻国的干涉主义外交政策导致地区国家的贫困、暴力和动荡，并使得当前绝望的边境移民长期处于危机之中，“这种情况持续发生的事实是美国的政治失败”。

美国的人权劣迹是遍布整个美国的，边境地区的人道主义危机只是一个方面而已。美国历史上，对印第安人进行系统性种族清洗和大屠杀，长期贩卖、压迫黑奴，这本厚厚的旧账了清了吗？答案明显是否定的。种族主义在美国社会扎下了根，是全面性、系统性、持续性的存在。少数族裔长期深陷窘境，各种矛盾不时激化甚至燃爆，酿成人间悲剧。

在人权问题上，美国严重缺乏自省之力和修复之力，结果只能是天怒人怨——近来出现的声势浩大的“黑人的命也是命”运动、“停止仇恨亚裔”游行，就说明了这一点；不久前，在联合国人权理事会第四十六届会议上，116 个国家的代表和有关国际机构以各种形式对美国提出 347 条人权改进意见，也说明了这一点。

美国那些所谓“人权教师爷”手捧的词典里，是否真的有“人权”二字，世人不得不打个问号。毕竟，美方背负的人权债越来越重了，最需要认真反思何谓人权。

《人民日报》（2021 年 4 月 13 日）

民主竟然由钱主
——美式民主痼疾难除①

必须指出，有“钱主政治”在，就没有真民主在。既然用“钱”取代了“民”，美式民主就谈不上是真民主

究竟要钱主，还是要民主？美国社会很应该求解这个问题。不过，美国一些政客的心里，早就揣着一个见不得阳光的答案：民主是幌子，钱主是里子。

“要赢得选举，需要两样东西，一是金钱，第二个我就记不得了。”100多年前美国竞选专家马克·汉纳的话，不仅道出了当初的真相，而且至今依然不断被事实所证明。较近的一例，就是2020年美国大选，纷呈的乱象仿若政治悬疑剧，但其惹眼的“吸金”桥段并无丝毫悬念——总统和国会选举总支出高达140亿美元，是2016年大选总支出的2倍多，甚至高于数十个经济体2020年全年的国内生产总值。据美国媒体报道，排在前10位的捐款者捐款额超过6.4亿美元。从民主、共和两党总统提名人筹集资金情况看，小额捐赠占比都不及一半。种种数据表明，美式民主如同富人阶层的“独角戏”。

一系列颇具美国特色的政治怪象，揭示了“钱主政治”的运行逻辑。在“政治筹款市场”上，筹款能力成为判断美国政客前途的一项硬指标，有时是首要指标，人们甚至形象地把总统任职时间称为“华盛顿定价最高的单一商品”。据报道，一些美国国会议员用在筹款上的时间，竟与用在立法工作上的时间相差无几，每天可以长达5小时。在国会山任职超过20年的前联邦众议员詹姆斯·莫兰坦承：“金钱是美国政治的一大瘟疫，扭曲了政治过程，富豪拥有不成比例的政治影响力。”新加坡学者马凯硕的评论更加一针见血：“美国已不再是一个民主国家，而是一个财阀国家，有一个‘1%人所有、1%人所治、1%

人所享的政府’。”

更具讽刺意味的是，“权钱交易”在美国完全可以披上合法外衣。美国最高法院2010年的一纸裁决，为公司和团体通过“超级政治行动委员会”不受限制地输出政治献金开了绿灯，随后又于2014年裁定对个人竞选捐款也不设上限。美国最高法院美其名曰：政治献金是一种受宪法保护的“言论自由”。现实中，常常出现一家企业同时向两党下注的情况，这不是要随心所欲地表达自相矛盾的“立场”，而是为了对冲“风险”，防止断了政治渠道。表面上看，美国各路“超级政治行动委员会”募集资金为候选人或政党造势时，需要依据有关法律规定不直接捐款给候选人团队，也不能与候选人及其竞选委员会有合作关系；但事实上，这套运行成熟的“外围”助选体系，一定能使政治受益者明白自己“该感谢谁”。这般显而易见的“合法腐败”在美国长期备受争议，而那些偶尔被修修补补的相关法律，则更像是掩人耳目的装饰。

在“钱主”的美国，普通民众的民主权利能够得到充分保证吗？早在美国建国之初，《独立宣言》主要起草者托马斯·杰斐逊就担心，贵族金融阶层如果在政府中拥有不成比例的影响力，将侵蚀美国民主。从今天的现实看，依然是无以解忧。《纽约时报》社论指出，几十年来，美国富人越来越有钱，而现有规则让政客们更容易利用这些财富，其结果是“政客们越来越受资助者的制约”。政治学家马丁·吉伦斯和本杰明·佩奇在《美国的民主？》一书中证明，即使是广受欢迎的政策，只要美国富人群体不喜欢，他们就能成功阻击。

美国一些政客竟然毫不羞愧地在世界各地兜售这套完美诠释“金钱至上”的玩法，甚至把它作为衡量他国政治制度优劣的尺子，岂不贻笑大方。

必须指出，有“钱主政治”在，就没有真民主在。既然用“钱”取代了“民”，美式民主就谈不上是真民主

《人民日报》（2021年5月16日）

失序之责谁来负

——美式民主痼疾难除②

美国社会旷日持久的极化与撕裂积聚着矛盾，随着矛盾激化而衍变出对抗，因自不同事由而从失序走向失序，只是个时间问题

民主的目标理当是“治”，治理效果乃衡量民主实践优劣的标尺。显然，若问美式民主究竟给美国社会带来了怎样的“治”，这个答卷已经很难看了。美国社会长期呈现极化、撕裂的样貌，乱象丛生是其常态，在重大风险挑战面前也没交出多少好成绩。

多年来，美国治理失序之状总令世人目不暇接：美国政府一而再、再而三地出现“停摆”，2018 年年底至 2019 年 1 月甚至创下将近 35 天的关门纪录；新冠肺炎疫情肆虐，美国一些政客却在应不应该戴口罩这一问题上争执不下，联邦政府和州政府竟然抢夺抗疫物资、执行截然相反的疫情应对政策；“黑人的命也是命”“停止仇恨亚裔”等抗议活动席卷全国，而实现种族公正的目标依然遥不可及；枪击事件频发，控枪法案却一直在华盛顿的政治漩涡中打转……层出不穷的治理之失，反映出美式民主的结构性问题。

美国之乱，已经到了让很多美国人深感无望的地步。今年 1 月 6 日上万名示威者暴力冲击国会大厦事件，这是美国总统选举争议引发的暴乱，“国会山陷落”的消息令世界震惊。美国媒体称这是美国现代史上权力移交第一次“在华盛顿权力走廊内演变成一场实体对抗”，“暴力、混乱和破坏动摇了美国民主的核心”，是“对美国民主灯塔形象的一记重击”。英国学者马丁·雅克指出，美国社会严重撕裂，政治极化现象令人绝望，政府体系近乎瘫痪，“危机的本质被大大地低估了，但其影响极为深远”。

美国一些政客常常自夸美式民主制度的“精巧设计”，而现实呈现的，却是“精巧设计”所孕育的“否决政治”怪胎：美国共和、民主两党恶斗不断升级，政府可以停摆，国会可以瘫痪，决策难以出笼。众所周知，两党在经济、种族、气候变化、执法、国际参与以及其他一系列问题上的分歧日益明显，议员们在诸多重大公共事项上更多地从党派利益出发投票，政策之争日益变为身份之争，无休无止的缠斗使国家治理陷入低效无能的泥淖。皮尤研究中心的调查发现，每10个美国人就有6个用“太极端”来描述两党。支持不同党派的选民在极端政客的挑唆煽动之下势不两立，政治狂热激发的政治仇恨，如同瘟疫一般在全国蔓延，成为美国社会持续动荡撕裂的根源。

究竟该由谁来承担治理之责？这个问题在美国竟然不容易找到答案。新冠肺炎疫情肆虐之际，“甩锅”专家们的厉声叫喊不绝于耳，总统指责州长，州长指责联邦政府……美国上空只见“甩来甩去的锅”，而美国民众的生命安全得不到及时充分保障。毋庸讳言，美式民主带来的失序恶果，最终都是由美国民众承受的。

面对种种失序乱象，美国社会的失望情绪和反思之声此起彼伏。今年1月18日，美国著名政治学者弗朗西斯·福山在《外交》杂志网站以《腐朽透顶》为题撰文指出：“美国政府仍然被势力强大的精英集团所把持，这些集团按照自身的利益扭曲政策，败坏整个政权的合法性。而这个体制仍然过于僵化，以至于无法自我改革。”美联社与芝加哥大学全国民意研究中心联合创办的公共事务研究中心今年1月底至2月初的民调发现，45%的受访者认为美国的民主制度运作失灵，比认为“运作得很好或非常好”的高出29%。美国《国会山》日报不久前刊发的文章认为，美国现行体制“没有提供稳定的解决办法，也没有意见共识”，美国人正在丧失对西方民主制度的信仰。文章援引皮尤研究中心的调查结果指出，65%的美国人认为美国的民主制度需要进行重大改革，或是彻底修改才能存续。

一个能够实现有效治理的社会，必然离不开强大的自我净化、自我完善、自我革新、自我提高之力。显而易见，美国政治怪圈难以孕育这样的力量。美国社会旷日持久的极化与撕裂积聚着矛盾，随着矛盾激化而衍变出对抗，因自不同事由而从失序走向失序，只是个时间问题。美式民主，岂不愁矣！

《人民日报》（2021年5月17日）

肤色成了命根子
——美式民主痼疾难除③

马丁·路德·金渴望种族平等的梦想穿越了近58年时光，可美国社会还是那个以肤色作为命根子的社会，少数族裔依然深陷种族歧视噩梦

“人人生而平等，造物者赋予他们若干不可剥夺的权利，其中包括生命权、自由权和追求幸福的权利。”美国《独立宣言》的这些句子问世近245年了，却没有化为美国现实。就在不久前，美国前白人警察德雷克·肖万被控杀害非洲裔男子乔治·弗洛伊德案宣判，其谋杀和过失杀人罪名全部成立。这个迟到的宣判，让渴望种族正义的人们苦等了近11个月。美国总统拜登在宣判当晚公开讲，弗洛伊德之死让全世界看到系统性种族主义是美国“灵魂上的污点”。

美国社会需要一场灵魂拷问：为什么，美国种族主义原罪如此难除？为什么，少数族裔追求种族平等、种族正义的奋争，只能如寂寥荒野中的呐喊一般孤苦而无望？

历史的血泪，就像《汤姆叔叔的小屋》序言所讲述：“这个故事……其场景出现于迄今为止为斯文上流社会各集团所遗弃的种族……他们生长在热带阳光之下的祖先，所带来并永远遗传给其子孙的，是一种在本质上与残酷而跋扈的盎格鲁－撒克逊人不同的民族气质，因此，多少年来，所赢得的只是后者的误解和蔑视。”自殖民地时期起，盎格鲁－撒克逊白人新教徒凭借其政治、社会等领域的优势地位，在美国这片土地上系统性推行基于白人至上种族主义的政策，长期屠杀、压榨、迫害、歧视和攻击美洲原住民、非洲裔、亚裔以及其他少数族裔。直到20世纪中期之后，针对非洲裔的种族隔离制度才逐步得到

废止。直到 1943 年 11 月，美国才废除 1882 年通过的《排华法案》，2012 年才正式以立法形式就该法案道歉。

在当前的美国，种族主义犹在，而且是一种不断深度发酵的全面性、系统性、持续性存在。美国学者乔·费金曾深刻指出，美国可以被称为是“全种族主义社会”。《美国新闻与世界报道》的评论强调，从不同种族入狱率、财富差距到教育不平等，在大多数社会指标上，美国少数族裔继续遭受着不成比例的痛苦，种族主义是造成这些问题的根源。美国前总统奥巴马无奈地表示：“因种族而被区别对待是数百万美国人悲剧性的、痛苦的、愤怒的‘常态’。”

一年多来，新冠肺炎疫情恰似一面镜子，照出了种族不公在美国挖开的一道决定生死存亡的种族鸿沟。美国官方公布的数据显示，疫情发生后，美国非洲裔成年人失业率远高于白人；新冠肺炎患者中，非洲裔、拉美裔和原住民的病亡率是白人的近 3 倍。由于美国一些政客借疫情污名化亚裔，致使针对亚裔的种族歧视和仇恨犯罪不断升级。美国加州州立大学圣贝纳迪诺分校仇恨与极端主义研究中心的数据显示，2020 年，在美国 16 个主要城市中针对亚裔的仇恨犯罪比 2019 年上升 149%；今年第一季度，在纽约、洛杉矶等 15 个大城市中针对亚裔的暴力犯罪比去年同期增加了 169%。

美国种族主义沉疴宿疾频起，严重违逆人类良知，也背离了美国作出的国际承诺。去年的联合国人权理事会会议期间，很多国家代表就已严厉批评之。今年的联合国人权理事会会议期间，116 个国家的代表和有关国际机构对美国人权状况进行评议，再次呼吁美国切实解决种族主义、种族歧视等问题。联合国消除种族歧视委员会发表声明，敦促美国政府充分遵守其 1994 年批准的《消除一切形式种族歧视国际公约》。然而，美国的现实已令世人对其治理能力感到失望，正如联合国当代形式种族主义问题特别报告员滕达伊·阿丘梅所指出，对于非洲裔美国人来说，美国的法律体系已经无法解决种族不公与歧视。

“希望我的四个孩子有朝一日，可以生活在这样一个国度里，在此人们不根据他们的肤色，而是根据他们的品行来衡量他们。”非洲裔民权运动领袖马丁·路德·金渴望种族平等的梦想穿越了近 58 年时光，可美国社会还是那个以肤色作为命根子的社会，少数族裔依然深陷种族歧视噩梦。美式民主，只能让一代又一代美国人持续而无望地呼唤种族正义吗？倘若人民能够做主，来自广大民众的心愿岂会如此遥不可及？

《人民日报》（2021 年 5 月 18 日）

枪祸绵绵惨剧多
——美式民主痼疾难除④

严格控枪才能减少枪祸，这个道理讲得通，但美式民主偏偏让它行不通

“当白宫还在为佐治亚州大规模枪击事件中的 8 名遇难者降半旗时，又有 10 人在科罗拉多州的大规模枪击事件中丧生。在这两起枪击事件之间的几天内，另有 250 名美国人在街头被枪杀。”美国总统拜登不久前在国会发表演讲，如是谈到美国国内枪支暴力泛滥问题。面对连绵不绝的枪击事件，来自民众的怨愤之声此起彼伏，亦如对美式民主的控诉。

枪支暴力事件频发，是美国社会面对的严峻挑战。据美国媒体报道，自 1975 年以来已有超过 150 万美国人死于与枪支相关的自杀、谋杀与意外，超过了美国自内战以来所有战争导致死亡人数之和。美国“枪支暴力档案室”发布的数据显示，2020 年美国共有超过 4.15 万人死于枪击，平均每天达 110 多人，创下历史最高纪录；全美共发生 592 起大规模枪击事件，平均每天超过 1.6 起。美国《时代》周刊将如此血腥的一年称为美国几十年来“最暴力的年份之一”。美国官方表示，枪支暴力是美国的一种流行病，是美国“作为一个国家在品格上的缺陷”。

民众因枪支暴力缺乏安全感，因缺乏安全感而购买枪支，这是美国的一种恶性循环。加州大学戴维斯分校的一项研究发现，美国疫情失控导致人们对社会稳定失去信心，许多曾经反对拥枪的人士也开始购枪，导致疫情期间的枪支购买量飙升。据美国《华盛顿邮报》网站报道，在疫情失控、种族抗议和选举冲突交织影响下，2020 年美国的枪支销量高达 2300 万支，比 2019 年激增 64%。美国全国射击运动基金会的数据显示，2020 年美国首次购买枪支的人

数超过 800 万人；今年美国枪患问题更趋恶化，第一季度枪支销量达到 550 万支，是 1999 年以来销量最多的季度。

枪支文化深深植根于美国传统文化中。美国的合法枪支销售点有 13 万多家，约是美国麦当劳网点数量的 10 倍。枪支店比快餐店还普遍，足见“枪瘾”之大——美国民间的枪支拥有量近 4 亿支，远超其 3.3 亿的人口总数。美国宪法第二修正案规定：“管理良好的民兵是保障自由州的安全所必需，人民持有和携带武器的权利不得侵犯。”问题是，美国有保护持枪权利之法，却无阻止枪支犯罪之术。《纽约时报》曾研究美国 2009 年至 2018 年间 19 次枪击事件，发现大规模枪击事件中使用的许多枪支都是合法购得的，并通过了联邦背景调查。针对如此怪象，有美国评论家无奈地指出：美国人的生活就是一种“零和游戏”，和平生存的自由不时被“杀戮特权”所取代。

严格控枪才能减少枪祸，这个道理讲得通，但美式民主偏偏让它行不通。美国建国以来仅通过了 27 条宪法修正案，最近生效的修正案是 1789 年通过的，但直到 1992 年才生效。由此推算，废除或修改美国宪法第二修正案几乎是不可能完成的任务。在立法层面，美国民主、共和两党尖锐对立多年，常常不惜“为了反对而反对”，控枪法案在国会闯关的难度不言而喻。当然，与其说是闯国会关，毋宁说是闯反对控枪的利益集团这一关。利益集团通过巨额政治献金获得影响力，完全有能力钳制甚至阻止控枪。1994 年以来美国基本上没有通过任何有实质意义的控枪法案。奥巴马政府曾 20 多次推动控枪，最后都是无果而终。失望的批评家们悲叹：频频出现在美国各大媒体的“枪支管制”一词“像枪支一样普遍”，却从未真正落实。

“美国社会的大规模枪击事件并非正常现象，也并非不可避免。它们是无为、怯懦和贪婪的产物”，是“堕落的政治停滞的结果”。美国媒体的这些评论，反映出舆论对美国枪祸痼疾难除的悲观预期。

《人民日报》（2021 年 5 月 19 日）

富者独尊悖公道
——美式民主痼疾难除⑤

美国被称为“贫富分化最严重的西方国家”，这是多种研究机构在事实和数据基础上得出的结论。自 19 世纪末“镀金时代”美国开始“爆发式”地创造巨额财富以来，“富者愈富、贫者愈贫”现象就稳定地成为美国社会基本特征之一。及至 21 世纪的今天，美国贫富分化问题依然顽固地朝着越来越严重的方向发展。美式民主非但没有能力填平贫富差距鸿沟，反而把它割得越来越深、越来越长。

近几十年来，美国结构性的种族主义，以及教育、医保、金融等系统中的不平等，都进一步加剧了贫富分化。彭博新闻社 2020 年 10 月报道，美国最富有的 50 人与最贫穷的 1.65 亿人拥有的财富相等。美国官方数据显示，美国贫富差距已达到自上世纪二三十年代经济大萧条以来的最高点。

美国贫富分化不仅体现在财富分配的两极悬殊，还体现在中产阶层的日益萎缩。美国知名经济学教授理查德·沃尔夫最近发表文章，将贫富分化问题加剧归为“衰退迹象”——过去 40 年美国经济增长缓慢，而这种增长的大部分落入了最富有的 10% 的人手中。另外 90% 的人实际工资增长有限，这促使他们大规模举债，而他们的债权人大多是最富有的 10% 的人。穆迪分析公司首席经济学家马克·赞迪一针见血地指出：“这里有非常明显的赢家和输家，而且失败者正在被彻底压垮。”

放任贫富差距不断拉大，这是美国社会不公的一大突出体现。美国治理者没有促进共同富裕的切实行动，没有寻求利益最大公约数的真诚意愿，就等于根本没有把广大民众的权益放在心上，只是让“民主之治”成为海市蜃楼。新冠肺炎疫情给美国穷人造成的重创，更凸显了这一点——美国媒体报道，美国穷人感染病例更多，死亡率更高；疫情失控导致大规模失业潮，数千万人失去医疗保险，1/6 美国人、1/4 美国儿童面临饥饿威胁，美国穷人的预期寿命持续下降，“许多人感觉被华盛顿抛弃”。美联储公布的家庭财富季度研究报告显示，2020 年，最富有的 1% 美国家庭的净资产增加约 4 万亿美元，意味着他们获得了全美新增财富的 35% 左右；而最贫穷的那一半人口仅获得了 4%。《华盛顿邮报》评论指出，“新冠肺炎疫情带来了美国现代史上最不平等的衰退”。

“一栋裂开的房子是站不住的。”亚伯拉罕·林肯 160 多年前论及美国南北两种经济制度的话，如今也很适合用来分析美国贫富差距拉大的后果。近年来，观察人士评述美国贫富悬殊之危的措辞不约而同地日趋严厉，频频敲响警钟。美国参议员伯尼·桑德斯甚至坦言“美国贫富差距大得可耻”。美国诺贝尔经济学奖得主斯蒂格利茨在《美国真相》一书中犀利指出，横亘在上层和下层之间日益加深的鸿沟是美国当前困境的根源所在。在贫富差距日渐拉大的土壤上，民粹主义、种族主义、暴力犯罪等问题不断滋生，英国学者马丁·雅克将这些贫富差距带来的乱象描述为“美国的内爆”。桥水基金创始人、首席执行官雷·达里奥也预期这些乱象后果严重，甚至对美国发出“可能引发内战”的警告。

耐人寻味的是，美国一直存在这样的特点：发现问题和解决问题之间的鸿沟，丝毫不亚于贫富之间的鸿沟。虽然美国新一届政府反复承诺要解决严重的贫富差距问题，但是基本无人预期这种承诺能够真正终结“富者愈富、贫者愈贫”，现实总是更符合英国《金融时报》的分析——“无论谁坐镇白宫，大多数加剧不平等的因素都不在他的控制范围”。如此看来，美国的制度性痼疾只能延续“富者独尊”这一有悖公道的模式，并持续对美式民主给予极大讽刺了。

《人民日报》（2021 年 5 月 27 日）

疫情暴露伪人权
——美式民主痼疾难除⑥

疫情让美国弱势群体更加趋弱，而其特权阶层对此麻木不仁

“在美国，医疗服务应该是一项权利，不应是一项特权。”美国总统拜登不久前在其国会演讲中说的这句话，受到异乎寻常的关注。此言折射的景象，是新冠肺炎疫情给美国造成的乱与痛，是美国民众生命权、健康权无法得到有效保障的严酷现实。

截至 5 月 27 日，美国新冠肺炎确诊病例总数超过 3300 万例，死亡病例总数约 60 万例。面对这些数字，美国媒体指出，事情本可以不必如此，绝大部分死亡是可以避免的。去年疫情暴发后，美国政府先是不作为，后又在相当长时间里不甚作为、不善作为，最终眼睁睁看着疫情失控。更令人震惊的是，时任美国领导人无视科学警告刻意淡化疫情风险，不仅对各种警告置之不理，而且专注于控制信息传播，甚至发布虚假信息误导民众，称新冠病毒是“大号流感”，感染病毒的风险和死亡率“非常低”，疫情会很快“奇迹般地消失”。其后果，就是防控疫情的“黄金窗口期”被白白浪费。

人命关天，岂容试错？当民众生命安全承受巨大风险时，“不惜一切代价”救人才是正道，但美国不然。疫情肆虐之际，平素把民主、人权口号喊得震天响的美国一些政客，根本没有为保护美国民众生命安全而豁出一切的意愿和行动，露出了虚伪的真面目。

生命权、健康权是最基本的人权。美国疫情的失控，反映出美国一些政客对基本人权的无视和蔑视。尽管许多医学研究已经证实佩戴口罩可以有效防止感染病毒，但上届美国政府领导人和一些地方官员却长期拒绝实施强制口罩

令。即便疫情已经在美国大范围蔓延，确诊病例和死亡病例升至全球第一的情况下，美国一些政客依然坚守“私利至上”信条——为了拿经济数据换选票，只顾催促开工、开市、开学，却导致病毒传染更趋严重。透过如此违反科学、悖逆良知的政治操作，世人进一步看清什么是美式民主孕育的政绩观——把政治私利、党派利益、经济利益置于广大民众生命权和健康权之上，赤裸裸暴露出美式民主的“损民”底色。

大量事实表明，疫情让美国弱势群体更加趋弱，而其特权阶层对此麻木不仁。据美国媒体去年 8 月报道，养老院等长期护理机构中的居民占美国人口的比例不到 1%，占新冠肺炎死亡人数的比例却超过 40%。据统计，仅纽约市的非洲裔和拉丁裔美国人新冠肺炎死亡率就是白人的数倍，而芝加哥市新冠肺炎死亡病例中有七成是非洲裔。联合国极端贫困与人权问题特别报告员菲利普·奥尔斯顿明确指出，美国穷人更容易感染病毒，死亡率更高，而一个混乱的、注重企业利润的政府所采取的应对措施，未充分顾及穷人的利益。《华盛顿邮报》的批评一针见血：抗疫在美国成了“一场国家批准的屠杀”，它故意牺牲老年人、工人、非洲裔和拉美裔人口。

美式民主根本不是讲人道的民主，更谈不上国际人道主义精神。人类命运与共，抗击疫情需要各国团结合作、同舟共济。但是，美国一些政客的丑陋表演已经完全跌破了人类文明的底线——去年，当全世界绝大多数国家选择携手抗击疫情之时，美方公开争抢他国医疗防护物资，悍然退出世界卫生组织；今年，当全球数十亿人焦急等待新冠疫苗之时，美方却囤积新冠疫苗到过剩的程度，不仅迟迟不愿与他国分享疫苗，甚至还禁止疫苗原料出口。何等自私、何等冷漠、何等狭隘！

疫情之中，谁在坚定捍卫人民生命权、健康权，谁在打造人类卫生健康共同体，世人看得真真切切。美国一些政客以诬蔑抹黑手段对他国大搞“人权攻势”时，世人不得不质问：人权乎？伪人权矣！

《人民日报》（2021 年 5 月 28 日）

谬言欺世几时休
——美式民主痼疾难除⑦

美式民主越是在铜臭中堕落，美国一些政客就越有谬言欺世的冲动，从而导致美式民主更加堕落

何谓美式民主？为了捏出“民主灯塔”这一答案，美国一些政客以其巧言令色之能，着实搬弄出不少话术。但是对于广大美国民众而言，美式民主只不过是美国政治怪圈中轻诺寡信的游戏。若论对国计民生的维护和促进，特别是在经济危机、自然灾害、疫情蔓延等关键考验面前，美国一些政客空喊的口号不仅显得更加苍白无力，而且益发暴露其谬言欺世的本色。

美式民主内功不足、痼疾重重，自吹自擂亦枉然。美国民众对此心里有谱，其他国家民众也能看清楚。越来越多观察人士认为，美国堪为当今世界民主制度弊病的一个独特例子。有人深入剖析其制度性困境，如美国政治学者内森·加德尔斯所深刻指出，这种制度缺乏长期思考、策划，缺乏持续统治的政治能力，实际上是一种以民主制度屈服于即时新闻和一人一票的“短期暴政”，导致民粹主义泛滥。有人直戳其种族不平等的原罪本质，如美国政治学者史蒂文·列维茨基和丹尼尔·齐布拉特合著的《民主是怎样消亡的》一书所论证，“宽容”和“克制”形成了美国民主制度的“防护网”，但是确保这种“宽容”和“克制”靠的是在官方认可下的对美国非洲裔的压迫和忽视。《华尔街日报》网站评论援引民调数据分析指出，在 2020 年的选举中，美国人对本国民主制度的信心下降至 20 年来最低点。

今日美国一些政客表面上也坦承美国社会存在问题，但是他们根本没法兑现其对美国民众无数次承诺过的“改变”。当然，他们会用一些办法掩盖自己

的无能为力，就像美国学者尼尔·波兹曼在《娱乐至死》一书中所描述：“古希腊哲学家在 2500 年以前就说过，人常常以自己的形象塑造上帝。现在，电视政治又添了新招：那些想当上帝的人把自己塑造成观众期望的形象。”不过，演得再像也还是“演”出来的。

任何欺骗都只能蒙混一时，不能蒙混一世。当经济不景气、当疫情来袭，极化的、撕裂的美国社会便随处可见“引爆点”——“黑人的命也是命”运动尚未完全平息，“停止仇恨亚裔”浪潮再起；枪击事件连绵不绝，控枪法案一再搁浅；新冠肺炎疫情难以控制，人权危机令人不忍直视；贫富差距持续扩大，疫情加速社会撕裂……这些事实无不说明，美式民主在其“自我挣扎”中早就扭曲得没了模样。美国前总统奥巴马在其第二任期就职演说中曾表过这样的决心：“我们不能把绝对主义当作原则，不能以作秀来取代政治，亦不能将漫骂视为理论的辩论。我们必须采取行动，即便知道我们的工作将不尽完美。”可是，后来的事实证明，美国政治生态依然是那个样子——美国一些政客的眼睛紧紧盯着金钱指挥棒，不惜在其政治营销中践踏道义的红线，满足他们需要的那些违背公平、正义的政治运行体系，根本无人可以撼动。

应当看到，美式民主越是在铜臭中堕落，美国一些政客就越有谬言欺世的冲动，从而导致美式民主更加堕落。1870 年马克·吐温在《竞选州长》中讲述“忠实的朋友”“正派人”被对手抹黑成“伪证犯、小偷、拐尸犯、酒疯子、贿赂犯和讹诈犯”的故事，并非凭空杜撰。这等乌烟瘴气、流言漫天的常态，正是美式民主使然。今年 1 月 6 日，当上万名示威者暴力冲击美国国会大厦，更让世人读懂了谬言欺世的结局——德国总统施泰因迈尔指出，这是“政治高层散布重重谎言、蔑视民主、煽动仇恨和分裂导致的恶果”。

谬言欺世当休矣！美式民主的“脸上”贴多少张“自由乐土”“民主灯塔”标签都没有用，愚弄民众、欺骗世界的虚构幻境终究是要破灭的。对外而言，正如美国学者莱因霍尔德·尼布尔早就说过的那样，美国很难擅自给自己冠上“人类走向完美征途的导师”称号。对内而言，特别是在新冠肺炎疫情依然蔓延的当下，美式民主面临着如何向美国民众作出交代的严峻而紧迫的课题。

《人民日报》（2021 年 5 月 30 日）

公道自在人心　谎言终将破产

6 月 22 日，在瑞士日内瓦举行的联合国人权理事会第四十七届会议上，65 国作共同发言支持中国，强调尊重各国主权、独立和领土完整，不干涉主权国家内政是国际关系基本准则，香港、新疆、西藏事务是中国内政，外界不应干涉，主张恪守联合国宪章宗旨和原则，尊重各国人民根据国情自主选择人权发展道路的权利，反对将人权问题政治化和双重标准，反对出于政治动机、基于虚假信息对中国进行无理指责，反对以人权为借口干涉中国内政。海合会 6 国联合致函支持中国立场，20 多国以单独发言等方式支持和呼应中国。90 多个国家在人权理事会发出正义的声音，如黄钟大吕般掷地有声、铿锵有力，第一时间从日内瓦万国宫传向世界的各个角落。

与此形成鲜明对比的是，加拿大、美国、英国等一些西方国家出于打压遏制中国的政治目的，编造传播虚假信息，打着人权的幌子攻击抹黑中国，破坏国际人权对话与合作的氛围。在广大发展中国家坚定支持中方的强大声势下，这些西方国家的聒噪显得格外孤立和刺耳，他们既代表不了人权标准，也代表不了国际舆论。颇具讽刺意味的是，这些以“人权判官”自居的西方国家自身在人权问题上劣迹斑斑、罄竹难书，不少国家在人权理事会对美西方人权问题表达了关切。

加拿大一所寄宿学校近日发现 200 多具土著儿童遗骸，再次让人想起加拿大残杀土著人、灭绝土著人文化的历史罪行，包括将 15 万名土著儿童强行与其家人分离并送往寄宿学校，至少 4000 名土著儿童在寄宿学校死于非命。英国系统性、制度性种族歧视愈演愈烈，三分之一 15 岁以下儿童的家庭生活在贫困之中，大量难民移民权利遭受严重侵犯。英国在伊拉克、阿富汗等地杀害平民，实施酷刑，而肇事者却受到政府包庇，依然逍遥法外。美国号称“人权灯塔”，但是手电筒从来只照别人、不照自己，弗洛伊德事件后，美国系统性种族歧视和执法人员暴力现象仍然屡见不鲜。2001 年以来，美国在全球 80 多个国家开展所谓反恐行动，超过 80 万人死于直接的战争暴力，其中平民约 33.5 万人，导致数千万人流离失所。

回望百年光辉历程，中国共产党自成立之日起，就将为人民争取人权和自由写在自己的旗帜之上。不论是新中国成立的改天换地，还是改革开放的翻天覆地，再到党的十八大以来党和国家事业取得历史性成就、发生历史性变革，中国共产党始终将人民对美好生活的向往作为奋斗目标，致力于在发展进程中不断促进和保护人权，将发展成果惠及全体中国人民。

习近平总书记指出，人民幸福生活是最大的人权。不论时移势迁，中国在人权问题上的立场坚定如一，人权是全人类的共同追求，不是少数国家的专利，更不能成为干涉别国内政、煽动颠覆政权的工具。中国将继续坚持“以人民为中心”的人权理念，秉持和平、发展、公平、正义、民主、自由的全人类共同价值，在平等和相互尊重的基础上，同各方就人权问题开展建设性对话与合作。随着中国迎来全面建成小康社会，中国的人权事业必将在更高水平上得到保障，并为世界人权事业健康发展做出更大贡献！

《人民日报》（2021 年 6 月 23 日）

美国没有资格充当“人权判官”

美国不仅有人口贩运的黑暗历史，更有人口贩运的糟糕现实。同庞大的人口贩运产业相比，美国打击人口贩运的努力苍白无力

美国国务院日前发布所谓年度“贩运人口报告”，对其他国家横加指责，肆意污蔑抹黑，却无视自身在人口贩运问题上的斑斑劣迹，将本国列入“表现最好的第一类名单”。美国年复一年老调重弹，炮制此类充斥虚假信息，毫无底线美化自己、丑化他人的“报告”，改变不了其自诩的“人权灯塔”下“灯下黑”的真实状况，只能让世人再一次看清美国打着人权幌子干涉别国内政的险恶用心。

美国在发布报告时声称“致力于在全球推进美国人所享有的安全、繁荣与价值”，这种说法大言不惭，无疑是在打自己的脸。在长达 600 多页的报告中，美国只用不到半页纸轻描淡写自身的问题，表现出选择性健忘的老毛病——美国不仅有人口贩运的黑暗历史，更有人口贩运的糟糕现实。美国根本没有资格充当“人权教师爷”和“人权判官”。

美国的起家与血腥残暴的奴隶贸易直接相关，这一罪恶历史永远无法洗白。跨大西洋奴隶贸易是历史上规模最大的长距离强迫人口流动。1619 年，第一批有记录的非洲黑人被运抵北美詹姆斯敦，开启了黑人在这片“新大陆”惨遭奴役的血泪史。据“跨大西洋奴隶贸易数据库”统计，1514 年至 1866 年间，累计有超过 1250 万非洲人被贩运到“新大陆”，这还不包括在途中死去的很多人。美国 1776 年独立时蓄奴仍是合法的，乔治·华盛顿、托马斯·杰斐逊等都是奴隶主。甚至 1865 年美国宣布废除奴隶制后，南部多州还颁布一系列对黑人实行种族隔离或其他歧视性政策的法律。时至今日，美国仍存在系

统性种族歧视，成为导致美国社会撕裂的深层原因之一。

美国喜欢对他国指手画脚，但自己国内，人口贩运、强迫劳动却无处不在。据美国非营利组织“北极星计划”统计，2007 年底至 2019 年底，向美国“全国人口贩运热线”报告的案件共有 63380 起，其中 2019 年报告人口贩运案件 11500 起，涉及受害者 22326 人。过去 5 年，美国所有 50 个州和华盛顿哥伦比亚特区都报告了强迫劳动和人口贩运的案件。该组织表示：“尽管这些数字令人震惊，但它们可能只是实际中的一小部分。”美国一些学术机构统计，美国至少有 50 万人遭受现代奴役并被强迫劳动。受害者既有本国公民，也有来自世界上几乎每一个地区的外国公民，甚至包括妇女、儿童和残疾人等弱势群体。有美国学者犀利地指出，现代奴隶制依然在美国普遍存在，“只是采取了一种新的形式”。

同庞大的人口贩运产业相比，美国打击人口贩运的努力苍白无力。联合国毒品和犯罪问题办公室今年 2 月发布的《全球人口贩运报告》显示，2017 年 7 月至 2018 年 6 月，美国司法部发现潜在和已确认人口贩卖受害者 8913 人，而几乎同一时期，美国国务院、司法部和国土安全部立案调查的案件仅 2183 件，遭起诉人数仅 386 人。有美国媒体指出，直到 2000 年颁布《人口贩运受害者保护法》，人口贩运在美国才被视为非法行为并被列为联邦犯罪。美国《财富》杂志一针见血地指出：“人口贩运在美国不仅是流行病，更是大生意。”由于美国人口贩运产业链利润丰厚，加之监管不力、立法不全、执法不严，不法分子与相关利益集团屡屡铤而走险，人口贩运产业在美国长盛不衰。

人口贩运问题，只是美国自身人权问题的冰山一角。近年来，特别是疫情发生以来，美国“白人至上主义”沉渣泛起，少数族裔、原住民、难民、移民遭遇的系统性歧视现象更加凸显……在自身糟糕的人权记录面前，在美国民众正在承受的苦难面前，美国哪里来的底气去打“人权牌”干涉别国内政？毕竟，丑化别人美化不了自己，只会让自己的形象越抹越黑。美国真正该做的，是反躬自省，切实纠正自身犯下的人口贩运、强迫劳动等人权罪行，真正在国内实现种族正义和平等，让美国人民真正享有“安全、繁荣和价值”。

《人民日报》（2021 年 8 月 20 日）

美国应该好好给自己补一补民主课

掀开美式民主的“光鲜外衣”，“三宗罪”历历在目：一是自身民主制度千疮百孔；二是国内民主乱象频生；三是肆意对外输出民主贻害无穷

中国外交部网站日前发布了《美国民主情况》报告。报告全文约 1.5 万字，通过大量事实、数字和权威人士观点，将美国民主异化及三重弊害昭告天下。对所有真正关心人类进步事业的人们来说，这份报告来得正是时候。

民主是人类文明发展的结果，是全人类的共同价值。但长期以来，美国无视自身民主制度的结构性缺陷与国内民主实践的惨淡表现，自诩为“民主样板”，频频打着“民主”的旗号肆意干涉他国内政、发动对外战争，引发地区动荡和人道主义灾难，令“民主”这样一个美好的词语蒙尘。占领国会山的乌烟瘴气尚未散尽，弗洛伊德们“我不能呼吸”的哀鸣还在回响，从伊拉克、利比亚、叙利亚到阿富汗，美国“民主输出”留下的烂摊子仍在困扰世界。然而，美国对这些不闻不问，居然堂而皇之要召开所谓“领导人民主峰会”，想当全世界的“民主教父”，企图以意识形态划线，挑动分裂和对抗。此时发布《美国民主情况》报告，对人们看清美式民主伪善、霸道的真面目十分必要。

这份报告有助于正本清源。何为民主？民主应该由谁来定义？这份报告讲得很清楚。民主不是装饰品、不是宣传品，而是要用来解决人民需要解决的问题的。一个国家民主不民主，关键在于是不是真正做到了人民当家作主。世界上没有哪一套民主制度是完美的，不存在适用于一切国家的政治制度模式。民主是神圣的，不应被“私有化”“标签化”“政治化”，各国人民都有权利以符合本国国情的方式实现民主。一个国家是不是民主，应该由这个国家的人民来评判，而不应该由外部少数人指手画脚来评判。

这份报告有助于去伪存真。美式民主根本没有美国政客夸耀的那么好。掀开美式民主的“光鲜外衣”，“三宗罪”历历在目：一是自身民主制度千疮百孔；二是国内民主乱象频生；三是肆意对外输出民主贻害无穷。包括美国人民在内的世界上许多人都在质疑：美国还是一个民主国家吗？显而易见，美式民主早已走下山巅，根本不是世界的样板。美国打着“民主”幌子推行所谓“价值观外交”，将国际关系意识形态化，是对世界和平与民主的现实威胁。

这份报告有助于求同存异。多元化是世界潮流，实现民主不可能千篇一律。各国应该超越不同制度分歧，摒弃零和博弈思维，践行真正的多边主义，弘扬和平、发展、公平、正义、民主、自由的全人类共同价值，相互尊重、求同存异、合作共赢，携手应对全球性挑战，共同构建人类命运共同体。把民主一元化、绝对化、工具化、武器化，人为制造“集团政治”和阵营对立，这与全人类共同价值背道而驰。各美其美、美美与共，世界才会更美好。

美国“民主灯塔”的光环早已不再，但美国至今不愿面对现实。自以为是地推销美式民主，只会给世界带来更多祸患，是对民主的最大破坏。美国应该好好给自己补一补民主课。正如《美国民主情况》报告开宗明义所指出的，“希望美国完善自身民主制度和实践，对外改弦易辙。这既有利于美国人民，也有利于世界人民”。

《人民日报》（2021 年 12 月 7 日）

美邀在逃犯罪嫌疑人参加“民主峰会”，是对民主的最大亵渎！

美方滑天下之大稽，将一个在逃犯罪嫌疑人搬上所谓“民主峰会”，只会让国际社会进一步看清其假“民主”之名、行反民主之实的荒唐本质

近日，畏罪潜逃的反中乱港分子罗冠聪自称获美方“邀请”参加所谓“领导人民主峰会”，再次给所谓“民主峰会”毫无民主可言增加了铁的事实。美国政府为这名“港独”分子提供表演舞台，进一步暴露出所谓“民主峰会”实质就是要把民主工具化、武器化。

罗冠聪涉嫌煽动分裂国家、勾结外国或境外势力危害国家安全，是被香港警方通缉的犯罪嫌疑人。获悉罗冠聪即将再次到美国进行政治表演，香港特别行政区政府保安局严词斥责其为谋取“政治红利”，甘做外国政府和政客的傀儡，行为可耻，明确表示香港特别行政区政府将依法追究其刑事责任。这是任何一个尊重法治原则的政府应有的态度。

近年来，美方动辄以香港民主的“守护者”自居，真实企图是以“民主”之名搞乱香港。炮制涉港法案，悍然实施制裁，污蔑诋毁特区事务，包庇支持反中乱港分子，多边串联施压……美方一系列政治操弄，是在干涉中国内政、破坏香港民主。罗冠聪对香港和祖国的背叛，在那些声称要遏制中国的美国政客眼中，却拥有“独特价值”。他们一再动用这个提线木偶，将其包装为“民主斗士”，在其赴美窜访时予以会见，为其兜售“港独”主张、散播政治谎言、抹黑香港国安法和中央对港政策提供平台，这是美国干涉香港事务、支持反中乱港势力的铁证。

香港是中国的香港，美国的干涉行径不可能撼动“一国两制”行稳致远的

历史大势。随着香港国安法的制定实施、香港选举制度的完善，香港局势实现由乱到治的重大转折。香港市民普遍认为，盲目追求美式民主，带给香港的并不是真正的民主，而是社会分化、恶斗，导致社会失序、经济失衡、管治失效。新选举制度正使选举回归良性竞争，香港民主正在回归为市民谋实惠、谋福祉。香港社会的这种积极转变充分说明，美国政客借“民主”之名干涉香港事务已经彻底失败。美方企图搭台为个别被通缉的反中乱港分子撑腰打气注定徒劳，掀不起任何波澜。

美方滑天下之大稽，将一个在逃犯罪嫌疑人搬上所谓“民主峰会”，只会让国际社会进一步看清其假“民主”之名、行反民主之实的荒唐本质。美国以自身标准划线，将世界上一半国家和地区划入“民主阵营”，将另一半国家归入“非民主国家”行列，这种做法本身就违背民主精神，是典型的将民主“私有化”“标签化”“政治化”。在全球性挑战日益增多、世界需要加强团结合作的当下，美国打着“民主”幌子推进地缘战略、打压异己，在世界上制造分裂和对抗，这种冷战思维和霸权行径悖逆历史大势，不可能得逞。

民主是全人类共同价值，不是美国任意操弄的政治工具。美国披着“民主”外衣维护自身霸权，已经激起国际社会的强烈反对。美政客与反中乱港分子勾结，包庇纵容违法犯罪分子，其恶行只会遭到唾弃，其阴险图谋必将以失败告终。

《人民日报》（2021 年 12 月 9 日）

美国背负巨额“民主赤字”

美国民主步履维艰，根子在美国内部，“内病外治”解决不了美国民主的困境。对美国政府来说，放下傲慢与偏见，反躬自省才是正道

美国一贯自诩为“山巅之城”“民主灯塔”。然而，大量事实显示，美国的民主制度已逐渐异化和蜕变，越来越背离民主制度的内核和制度设计的初衷。中国智库近日发表《十问美国民主》报告，用大量事实和数据，指出美式民主实际上是少数人的“民主”，美式民主存在导致权力滥用、加深民众疾苦、妨害自由、侵害人权等一系列问题，美国输出美式民主更是给他国和地区造成灾难动荡，破坏国际秩序。可以说，美式民主不仅痼疾重重，而且背负巨额“赤字”。

民主一词源自古希腊语，本意是“人民统治”“主权在民”。但在美国，民主沦为赤裸裸的“富人游戏”。正如美国麻省理工学院政治评论与社会活动家诺姆·乔姆斯基所言，美国人对政策制定的影响力与他们的财富水平之间呈正相关性。以 2020 年美国总统和国会选举为例，此次选举总支出高达 140 亿美元，是 2016 年的 2 倍和 2008 年的 3 倍，被称为“史上最烧钱的大选”。在民主实为“钱主”的美国，民众不得不面对的现实是，金钱政治贯穿美国选举、立法、施政的所有环节，实际上限制了普通民众的参政权利，经济地位的不平等转变为政治地位的不平等，只有口袋里有足够多资本的人才能享受宪法规定的民主权利。

金钱政治越来越成为美国社会难以根除的“毒瘤”。美国马萨诸塞州大学教授贾拉拉贾指出：“美国目前的民主只是形式上的民主，而不是实质民主。”美式民主表面上“一人一票”，实际上是“少数精英统治”的游戏。对于普通

选民而言，选举时召之即来，选举后挥之即去，大多数人都只是选举游戏的“群众演员”，“民治”在美国政治实践中很难真正体现。由于政治极化日益严重，美国引以为傲的权力制衡设计变成“否决政治”，两党对立从政策之争变为身份之争。美式民主制度的结构性缺陷愈加凸显，结果必然导致政府效能被弱化、公正法治被践踏、发展进步被迟滞、社会分裂被放大。

美式民主的“赤字”在实践中更是触目惊心：国会山的枪声与闹剧彻底撕开美式民主的华丽外衣，弗洛伊德之死又一次揭露了美国社会长期存在的系统性种族歧视，新冠肺炎疫情持续失控，贫富差距日益扩大，普通民众收入长期停滞……美国社会乱象丛生，说明美式民主已难以有效维护公序良俗，无法充分提供公共福祉。这样一个背负巨额“民主赤字”的国家，根本没有资格自诩为“民主样板”，没有道义充当“民主判官”。

“93% 的美国民众都认为美国民主正在经受考验”“72% 的美国人认为美国已经不是可供他国效仿的‘民主典范’”“美国已经成为世界各国研究民主如何消亡的案例”……最近，美国国内外一系列民意调查得出的结论，都说明美国民众对美式民主的信心早已不再，美式民主弊病缠身的现实引发世人更多的思考。美国民主步履维艰，根子在美国内部，“内病外治”解决不了美国民主的困境。对美国政府来说，放下傲慢与偏见，反躬自省才是正道。

《人民日报》（2021 年 12 月 10 日）

“民主峰会”惨淡收场，攻击抹黑把戏当休矣

美国悖逆历史潮流举办的所谓“民主峰会”招致国际社会一片批评之声，惨淡收场是必然的结果

美国举办的所谓“领导人民主峰会”毫无民主可言，完全按照打压他国、分裂世界的预定剧本上演。美方刻意安排畏罪潜逃的反中乱港分子登台抹黑香港、抹黑中国，给台湾民进党当局代表提供舞台发表所谓“国家声明”、挑战一个中国原则，并在世界人权日当天以“人权”为借口对中方发起新的制裁，荒谬至极。美方肆意挥舞所谓“民主”“人权”大棒，粗暴干涉中国内政，遏制打压中国，正是其将民主人权工具化、武器化的铁证。

在所谓“民主峰会”上，这些反中乱港分子、“台独”分子卖力表演，甘当美国的政治傀儡，只会将自己钉在历史的耻辱柱上。被香港警方通缉的犯罪嫌疑人罗冠聪罔顾事实、颠倒黑白，肆意攻击香港国安法，再度乞求外部势力干涉香港事务、抗衡中国。这种数典忘祖、背叛祖国的行径，必将遭到人民的唾弃和历史的审判。台湾民进党当局以所谓“国际空间得到提升”愚弄台湾民众，其代表在会上继续编织“台独”迷梦，公然迎合美方搞意识形态对抗中国的图谋，不以为耻、反以为荣。美台露骨的勾连挑衅行径让人们进一步看清，台湾当局企图“倚美谋独”，美方一些人有意搞“以台制华”，才是当前台海局势面临新一轮紧张的根源。

美方挖空心思将这些政治傀儡推向前台，为反中乱港分子和“台独”分子张目，公然挑战一个中国原则，干涉中国内政，充分说明所谓“民主峰会”是在假民主之名行打压他国之实。新加坡前外交部长杨荣文一针见血地指出，举

办所谓“民主峰会”是美国多方面打击中国行动的一部分。面对美方如此赤裸裸的霸权挑衅行径，中方以有力行动捍卫自身正当权益，坚决反击其干涉中国内政、损害中国主权和领土完整的恶劣言行，向国际社会发出激浊扬清的正义之声，戳穿美方滥用民主、亵渎民主、破坏民主的阴谋诡计。

民主不是美式霸权的私器，美国没有垄断民主话语的权利。公道自在人心。一个国家民主不民主，这个国家的人民心中自有一杆秤。一个国家在世界上的做法民主不民主，世界人民心中也有一杆秤。香港民主实践的有序发展，让那些以“民主”之名编织的攻击抹黑之词不攻自破。12 月 10 日，尼加拉瓜同中国复交，成为第 181 个同中国建立外交关系的国家，再次表明同中国建立和发展外交关系是时代大势，任何势力都无法阻挡。至于美国再度挥舞所谓制裁大棒，毫无意义，根本吓不倒中国和中国人民。近年来，美方频频以各种借口对中国进行单边制裁，不但从来没有奏效，只会让中国更加坚定不移地做好自己的事情，让中国人民更加团结一心把祖国建设得更加强大。

青山遮不住，毕竟东流去。中国立天下之正位，行天下之大道，美国费尽心机攻击抹黑、遏制打压注定徒劳。美国悖逆历史潮流举办的所谓“民主峰会”招致国际社会一片批评之声，惨淡收场是必然的结果。百年变局和世纪疫情交织叠加，国际社会比以往任何时候都更需要团结合作。美方应立即改正其错误言行，同中方相向而行，推动中美关系重回健康稳定发展的正确轨道，做些对两国人民、世界人民真正有益之事。

《人民日报》（2021 年 12 月 12 日）

假“民主”之名分裂世界注定失败

美国盗用民主旗号服务一己私利，撕破了美国“民主捍卫者”的假面具，展现了美国“民主破坏者”的真面目

日前，美国披着“民主”外衣举办的所谓“领导人民主峰会”，最终在一片批评声中惨淡收场。国际舆论指出，所谓“民主峰会”虚伪至极，更像是一场美国政客的表演秀，美国的做法恰恰表明自身才是民主的最大威胁。美国借所谓“民主峰会”打压他国、分裂世界的霸权行径注定失败。

今年是冷战结束 30 周年，但美国举办的所谓“民主峰会”，却透出浓厚的冷战思维。美国以自身标准划线，将世界上一半国家和地区划入“民主阵营”，将另一半国家归入“非民主国家”行列，反映出将世界推回冷战格局的危险企图。国际社会对此看得很清楚。巴基斯坦《国际新闻报》刊文指出，从架构到议程，所谓“民主峰会”都有违真正的民主精神。泰国副总理兼外长敦表示，峰会纯粹出于政治目的，是政治操弄。俄罗斯知名智库国际事务委员会总干事科尔图诺夫认为：“峰会试图将多彩的现代世界变成黑白分割的世界。”埃及、沙特阿拉伯、以色列等中东多国媒体评论指出，所谓“民主峰会”是美国干涉他国内政、维护美国霸权的工具。

美国将民主私有化、工具化、武器化，是对民主精神、民主价值的背叛和践踏。一个国家是否民主，归根到底应该由这个国家的人民来评判，而不是由外部少数人指手画脚、妄加判断。世界上没有哪一套民主制度是完美的，不存在适用于一切国家的政治制度模式。各国民主制度的建立和民主进程的发展都有其历史性和民族性，都有自身独特价值。美国试图用一己标准垄断民主定义，无视不同国家文化、历史和文明的巨大差异，自封“国际民主判官”，这本身

就是最大的不民主。俄罗斯外长拉夫罗夫强调，美国通过所谓“民主峰会”推销美式民主，拒绝真正民主的国际合作，是对联合国宪章中国家主权平等原则的无视。

长期以来，美国为了搞“民主输出”，不惜干涉他国内政、发动战争。然而，这种霸权行径非但没有给他国带来民主，反而制造了大量人道主义灾难。美国长期通过国际开发署等政府机构和“国家民主基金会”等所谓“非政府组织”，对主权国家进行渗透颠覆，挑动“颜色革命”；以推广民主名义滥施单边制裁，对阿富汗、伊拉克、叙利亚、利比亚等国发动军事干涉，造成数十万平民死亡，数百万人受伤，数千万人流离失所。美方假“民主”之名制造的灾难不胜枚举，美国“民主输出”的真实目的和现实危害日益凸显。在饱受美国“民主输出”之苦的阿拉伯国家，民意调查结果显示，58% 的受访者对美国外交政策持否定态度，81% 的受访者认为美国是对阿拉伯国家安全的主要威胁。

民主是全人类共同价值。美国盗用民主旗号服务一己私利，撕破了美国“民主捍卫者”的假面具，展现了美国“民主破坏者”的真面目。美国如果真心捍卫民主，就应该与各国一道弘扬和平、发展、公平、正义、民主、自由的全人类共同价值，恪守以联合国宪章为基础的国际关系基本准则，共同推动国际关系民主化、法治化，携手应对各种全球性挑战，推动构建人类命运共同体。

《人民日报》（2021 年 12 月 14 日）

美式民主绝非现代民主政治的理想方案

美式民主充满傲慢与偏见、自私与霸道、冷血与伪善，不应是也不可能是现代民主政治的唯一、终极方案

“虽然美国竭力标榜其民主模式的种种优势，但美式民主已经暴露出其多重局限与弊病，绝非现代民主政治的理想方案。”中国人权研究会近日发布《美式民主的局限与弊病》研究报告，以大量事实和详实数据，从美式民主的“迷之自信”、美式民主的历史局限、美式民主的现实弊病等多个方面，戳穿美式民主的傲慢与偏见、自私与霸道、冷血与伪善，深刻指出美式民主不应是也不可能是现代民主政治的唯一、终极方案。

200多年来，西方一些政客和学者逐渐滋生了对于美式民主的迷之自信。冷战结束后，这种迷之自信更是极度膨胀。然而，美式民主经不起理论检视，构不成现代民主政治的终极真理，更无法成为放之四海而皆准的规定性政治模式。

美式民主从一开始就充满了历史局限性。美国著名历史学家查尔斯·比尔德认为美国宪法乃是一部“经济文献”。这其实隐晦地揭示出，藉由美国宪法建构的美式民主乃是资本主义发展到一定历史阶段的产物，仅仅代表并服务于少数资本家的利益。这就不难解释，为什么美国政治生活中长期存在着大量不符合民主要求的制度和实践。譬如，美国长期剥夺有色人种的民主参与权利，长期系统性驱逐、排斥和同化印第安人，长期限制妇女的平等参政权。虽然林肯曾用“民有、民治、民享”描绘民主政府的理想图景，但事实是，那些美国底层民众、弱势群体并未真正分享到民主果实，而是长期居于政治生活的边缘地带。

时至今日，美式民主更是痼疾深重、乱象丛生。美国标榜权力制衡，但现实是，美国政治极化日益加剧，两党对峙将党派利益置于民众利益之上，造成美国“钟摆民主”现象和内外政策的“翻烧饼”；美国标榜人权、自由、民主等价值，但现实是，美国在对待街头政治和媒体自由方面明显双标，一旦所谓的民主运动威胁到美国的利益，美国就毫不犹豫地走向民主的对立面；美式民主的拥趸们将自由竞选视作美国民主最引以为豪的标志，但现实是，金钱绑架政治，资本扭曲民意，民主选举沦为资本家角逐权力的游戏场，美式民主政治日渐走向“钱主政治”……凡此种种，严重影响着美国政治系统的运转效能，普通民众被迫沦为最无辜的受害者。

长期以来，美国自诩“民主灯塔”“民主样板”，竭力标榜其民主模式的种种优势，罔顾自身存在的重重痼疾，热衷于将自己的政治制度和价值理念强加于人。美国惯以民主之名行霸权之实，输出美式民主，强推“民主改造”。2001 年以来，美国在阿富汗、伊拉克、利比亚、叙利亚发动的战争和军事行动造成数十万人死亡，数百万人受伤，数千万人流离失所。历史充分证明，美国在一些地区搞民主输出，不仅没有给当地带来繁荣发展，反而带来人道主义灾难。美国《外交》双月刊网站文章指出，美国外交政策以民主的名义加剧了全球的民主危机。

民主作为全人类共同价值，是各国人民的权利，而不是少数国家的专利。一国不应该对他国民主模式指手画脚，也没有资格输出民主。美国举办的所谓“领导人民主峰会”在一片批评声中惨淡收场，再次表明有诸多历史局限和重重现实弊病的美式民主，已经失去说服力和吸引力。越来越多的国家和人民深刻认识到，各国人民应该而且也能够在独立自主的基础上走出一条具有本国特色的民主发展道路。

《人民日报》（2021 年 12 月 27 日）

柒

第七章

霸权主义和强权政治不得人心

中国捍卫国家利益的决心坚定不移

任何国家和势力都不要指望中国会拿自己的核心利益做交易，任何人不要指望中国会吞下损害国家主权、安全、发展利益的苦果

中国人常说：不是不报，时候未到。时候一到，一切都报。北京时间1月21日，中方宣布对在涉华问题上严重侵犯中国主权、负有主要责任的28名人员实施制裁，包括特朗普政府中的蓬佩奥、纳瓦罗、奥布莱恩、史达伟、波廷杰、阿扎、克拉奇、克拉夫特以及博尔顿、班农等。这些人及其家属被禁止入境中国内地和香港、澳门，他们及其关联企业、机构也已被限制与中国打交道、做生意。中方的正当、合理、必要反制，彰显了捍卫国家主权、安全、发展利益的坚定决心。

过去几年，美国一些反华政客出于一己政治私利和对华偏见仇恨，罔顾中美两国人民的利益，一次次突破道德和国际法底线，策划、推动实施了一系列疯狂的行径，严重干涉中国内政、损害了中国的利益、伤害了中国人民的感情。他们这么做，就是想复活“麦卡锡主义”的幽灵，破坏中美之间的联系，煽动两国民意的对立，损害两国互信的根基，从而把中美再次拖进大国冲突与对抗的陷阱。正是在这些反华政客的毒害下，美国上届政府在对中国战略性认知问题上犯了根本性错误，把中国作为最大战略竞争对手，对中国竭尽打压、污蔑、抹黑之能事，给中美关系造成严重损害，将中美关系带入建交以来最严峻局面。

尊重彼此核心利益是发展中美关系的基础和前提。台湾、涉港、涉藏、涉疆等问题事关中国主权和领土完整，事关中方核心利益，不容任何外部势力干涉。任何国家和势力都不要指望中国会拿自己的核心利益做交易，任何人不要指望中国会吞下损害国家主权、安全、发展利益的苦果。中国不挑事，但也不

怕事。我们多次说过，那些严重损害中国国家利益的人必将付出沉重代价。中国说到做到，任何国家和势力对此都不应抱有任何幻想。

推动中美关系健康稳定发展，不仅符合两国人民根本利益，而且是国际社会的共同期待。加强对话，聚焦合作，管控分歧，推动中美关系健康稳定向前发展，同各国和国际社会携手推进世界和平与发展的崇高事业，这是中美两个大国应有的担当。

历史和现实充分证明，中美两国合则两利，斗则俱伤，合作是双方最好的选择。中国对美政策是一贯的、明确的，我们希望美国新一届政府顺应人民愿望，理性客观看待中国，同中方相向而行，本着不冲突、不对抗、相互尊重、合作共赢的精神，推动中美关系尽快重回健康稳定发展的正轨，更好造福两国人民和世界人民。

《人民日报》（2021 年 1 月 22 日）

推动伊核全面协议重返正轨

无论形势如何变化，中国始终是伊朗核问题政治外交解决进程的积极参与者、推动者和贡献者

伊朗核问题始终牵动中东地区的和平与稳定。美国特朗普政府退出伊朗核问题全面协议，奉行对伊朗“极限施压”，伊朗则应之以减少履行核领域承诺。这是伊朗核问题近年来紧张不断的基本逻辑。因此，美国改弦易辙，履行应尽的义务，是伊朗核问题全面协议重返正轨的基本前提。

拜登政府宣布愿重返伊朗核问题全面协议值得欢迎，但这不是美国给世界的恩惠。2015 年 7 月，伊朗核问题六国在欧盟的协调下与伊朗达成全面协议，随后得到联合国安理会第 2231 号决议的核可。特朗普政府退出协议属背信弃义之举，不仅遭到伊朗强烈反制，也遭到世界上绝大多数国家的反对。

近来事态表明，伊朗核问题全面协议重返正轨困难重重。美国高官强调只有伊朗先纠正违反协议的错误，美国才会解除制裁，并表示美国不会简单地重返协议，还要解决伊朗地区行为等问题。伊朗显然不接受这样的逻辑。根据《反制裁战略法》，伊朗 2 月 23 日暂停履行全面保障监督协定附加议定书。法国、德国、英国认为这意味着限制国际原子能机构对伊朗核设施的核查，一度酝酿推动机构理事会决议向伊朗施压。伊核局势有再度陷入“施压—反制—施压”的恶性循环之虞。

中国在伊朗核问题上始终站在历史正确的一边，积极推动政治外交解决进程。在伊朗核问题全面协议谈判过程中，中国在铀浓缩、制裁解除和阿拉克重水堆改造等关键问题上提出弥合分歧的方案，为达成协议作出了重要贡献。在美国退出协议后，中国坚定致力于维护协议的有效性，坚持向国际原子能机构

的监督核查项目提供捐款，牵头阿拉克重水堆改造项目持续取得进展，努力推动各方妥善管控履约矛盾，坚决反对特朗普政府在联合国安理会的单边霸凌行径，为局势转圜赢得了时间和空间。

随着伊核局势出现转机，中国坚持正确的解决逻辑，积极推动全面协议重返正轨。去年 12 月，中方在伊朗核问题外长视频会议上明确主张，美国应尽快无条件重返协议，解除所有伊朗核问题相关制裁，伊朗则完全恢复履行核领域承诺；全面协议参与方应考虑与美国召开国际会议，启动美伊恢复履约的进程。欧盟近来据此提议召开协议参与方加美国的非正式会议。中方还倡议在维护全面协议的前提下，另建海湾地区多边对话平台，解决各方的地区安全关切。此外，中国积极开展斡旋外交，推动各方抓住机遇，启动伊朗核问题全面协议重返正轨的进程。在伊朗暂停执行附加议定书后，中国积极推动各方管控分歧，与俄罗斯协作，支持国际原子能机构总干事与伊对话合作，主动做法、德、英工作，使有关争端在国际原子能机构理事会实现软着陆。

无论形势如何变化，中国始终是伊朗核问题政治外交解决进程的积极参与者、推动者和贡献者。不过，解铃还须系铃人，打破伊朗核问题僵局的钥匙在美方手中。希望美方切实拿出诚意，尽快采取行动，包括解除不合法的单边制裁，解除对第三方实体和个人的长臂管辖。与此同时，伊朗也应全面恢复履约，承担核不扩散责任。只有这样，才能实现伊朗核问题全面协议重返正轨，才能切实维护中东地区的和平与稳定。

《人民日报》（2021 年 3 月 12 日）

良知尚在否

海洋是人类共同财产，福岛核电站事故核污染水处置问题绝非日本的家务事，不可能任由日方一意孤行

近日，日本政府单方面决定以向海洋排放方式处置福岛核电站事故核污染水，受到国际社会强烈谴责。众所周知，日方尚未穷尽安全处置手段，并非出于万不得已，但却不顾国际社会广泛质疑和反对，不惜严重损害国际公共健康安全和周边国家人民切身利益，作出极其不负责任的决定，背弃了最基本的国际道义。

全世界迄今没有将核事故产生的污染水排向海洋的先例。福岛第一核电站发生了最高等级的核事故，其产生的核污染水同正常运行的核电站废水完全是两码事。日本声称核污染水安全，凭借的仅仅是自己单方面公布的数据。而日本核电产业几十年问题不断，负责具体作业的东京电力公司更是长期在运营中通过篡改数据等手段，隐瞒安全隐患、事故不断，屡屡爆出丑闻，毫无说服力可言。此前，国际原子能机构专家组评估报告指出，如果福岛核电站含氚核污染水排入海洋，将对周边国家海洋环境和公众健康造成影响，况且现有经过处理的核污染水中仍含有其他放射性核素，需进一步净化处理。德国海洋科学研究机构指出，福岛沿岸拥有世界上最强的洋流，从排放之日起 57 天内，放射性物质将扩散至太平洋大半区域，10 年后蔓延全球海域。绿色和平组织核专家指出，日核污染水所含碳 14 在数千年内都存在危险，并可能造成基因损害。对于专业机构的意见，日方竟然充耳不闻。

日方将核污染水排向大海，幻想一倒了之，实则自欺欺人。如此行为，究竟能了什么？即便能卸掉收拾核事故残局的负担，也断不了对生态环境造成破

坏后的恶性循环。在日本经济产业省内部，围绕福岛核污染水处理问题进行过多次讨论，提出了包括蒸发释放、电解排放稀释入海、地下掩埋以及注入地层等5种方案。日方声称，排放核污染水入海是“成本最低、最易操作”的方案。显而易见，为了转嫁负担和风险，日方选择了自私自利、不仁不义。日本国内反对排污入海的人士一针见血地指出，对于其他方案，日本政府和东电不是不可为，而是不想为。4月15日，联合国有关人权专家发表共同声明指出，考虑到以海洋排放方式处置福岛核电站事故核污染水并非唯一可行的选择，日本的决定尤其令人失望，呼吁日本切实履行防止有害物质泄漏并对其行为造成的风险进行充分评估。

海洋是人类共同财产，福岛核电站事故核污染水处置问题绝非日本的家务事，不可能任由日方一意孤行。根据《联合国海洋法公约》《及早通报核事故公约》《核安全公约》等，日方应当承担通知并充分协商环评监测、采取预防措施确保危险最小化、保障信息透明等国际义务。中方召见日本驻华大使并提出严正交涉，韩国外交部召见日本驻韩大使提出严正抗议，俄罗斯外交部发言人发表声明提出批评，太平洋岛国论坛要求进行独立专家评估，菲律宾总统府发言人强调污染环境者应当付出代价……日方必须明白，捍卫生命健康权利，正义必不会缺席。

良知尚在否？奉劝日本政府认清自身责任，秉持科学态度，履行国际义务，撤回错误决定，深入评估福岛核电站事故核污染水处置方案可能带来的影响，主动及时地以严格、准确、公开、透明的方式披露信息，严格接受中国、周边国家等利益攸关方和有关国际机构实质参与的国际评估、核查和监督，在各方协商一致的基础上再慎重决策，在此之前不得擅自排放。

《人民日报》（2021年4月18日）

美国国会搞“对抗”法案损人害己

美国国会应客观理性看待中国发展，切实尊重中国主权和领土完整，停止插手中国内政

当地时间4月21日，美国国会参议院外委会审议通过所谓“2021年战略竞争法案”，肆意曲解、诬蔑抹黑中国发展战略和内外政策，粗暴干涉中国内政。中方和国际社会正义力量对此坚决反对。

这份所谓法案散布的“中国威胁论”，毫无事实根据，也与国际社会的普遍共识毫不相符。中国始终高举和平、发展、合作、共赢旗帜，在和平共处五项原则基础上拓展同各国友好合作，积极推动构建新型国际关系。中国无论发展到什么程度，永远不称霸、不扩张、不谋求势力范围，不搞军备竞赛。对于中国发展的真实意图，对于发展起来的中国所发挥的国际作用，国际社会自有客观公正判断。无论美国一些政客如何大搞抹黑手法，也改变不了事实真相，改变不了人心向背。

这份所谓法案的出台，充分暴露了美国国会一些政客唯我独尊、容不得他国正常发展的霸权心态。事实上，国际社会主流对这种霸权心态一直都是明确反对的。世界要公道，不要霸道。当前，百年变局和世纪疫情交织叠加，世界进入动荡变革期，不稳定性不确定性显著上升。在此背景下，美国国会一些政客蓄意制造意识形态对抗，搞零和博弈，既不符合时代潮流，也不利于促进世界的和平、稳定与发展，注定没有出路。面对当前美国一些政客所鼓吹的对抗性对华政策，美国国内舆论界不乏忧虑，比如美国世界政治评论网站近日刊发的一篇文章，点明那些人“一味看到威胁”的行径具有显而易见的“危险性”，很可能导致人们难识合作领域之所在。美国前国务卿基辛格亦曾不无忧虑地强

调，美国及其盟友需要与中国就新的国际秩序达成一致来维持稳定性。

中方致力于同美方发展不冲突不对抗、相互尊重、合作共赢的关系，同时坚定不移维护国家主权安全发展利益。美国国会一些政客最新炮制的这份所谓法案，严重违反一个中国原则和中美三个联合公报规定，向“台独”势力发出严重错误信号。这种干涉中国内政的行径，中国人民决不答应。必须指出，台湾、香港、新疆都是中国领土不可分割的部分，美方对此当有清醒认识，不要幻想中方能够容忍任何外部势力冲击一个中国原则；要知道，中方捍卫主权的决心决不动摇。

历史一再证明，美方出于一己之私挑起国际对抗，到头来只能是损人害己！美国国会应客观理性看待中国发展，切实尊重中国主权和领土完整，停止插手中国内政，停止审议推进所谓“2021年战略竞争法案”。

《人民日报》（2021年4月24日）

澳方开历史倒车行径不得人心

经济全球化时代，开放融通大势不可阻挡，人为“筑墙”违背经济规律和市场规则，损人不利己

日前，澳大利亚联邦政府无理否决维多利亚州政府同中方签署的“一带一路”合作协议。澳方这一政治操弄和无理行径，肆意干扰破坏两国正常的交流合作，严重损害中澳关系和两国互信，不符合两国和两国人民的根本利益。澳方的任性妄为不可能不付出代价，中方已提出严正交涉，并强调保留作出进一步反应的权利。

澳方无理之举暴露出典型的投机心理，是国际关系领域的一个恶例。澳大利亚总理莫里森曾在 2019 年 6 月表示，澳方将一如既往欢迎中国经济增长，也欢迎“一带一路”倡议为促进本地区基础设施投资和经济社会发展所作贡献。如今，澳方公然取消互利共赢的合作协议，还声称取消“一带一路”合作协议的原因在于其不符合澳外交政策，并非针对任何特定国家。事实是，澳方审查了 1000 多项协议，最终决定撤销 4 项，其中同中方签署的协议就有两项，澳方所谓不针对特定国家的说辞根本站不住脚。

固守冷战思维和意识形态偏见的澳方一些政客，近年来十分起劲地在个别大国拉阵营、搞对抗的戏码中扮演马前走卒，动辄以所谓“不符合澳外交政策”“不符合澳安全利益”为由，破坏中澳正常交流和合作、毒化两国互信和民意氛围。他们一而再、再而三地抛出自相矛盾的说辞，贻笑大方。他们幻想一边干破坏双边关系的勾当，一边靠搭中国发展的便车闷声发财，却没问问，这等不讲公理的事，能行得通吗？

必须指出，澳方一些政客的无理行径完全违背中澳全面战略伙伴关系精

神，是在开历史倒车，性质恶劣，对两国地方、企业合作信心产生了严重消极影响，也使澳方自身的形象和信誉严重受损。

共建“一带一路”，为世界各国搭建了广泛参与的国际合作平台，是推动构建人类命运共同体的生动实践。坚持以共商共建共享为原则推动“一带一路”建设，开辟出大家携手前行的阳光大道，受到国际社会普遍欢迎。维多利亚州决定同中方在“一带一路”框架下开展合作，增进双方民众福祉，是一件互利共赢的好事。维州州长表示，同中国开展合作，完全是为了维多利亚州的就业。对于澳方否决协议的无理行径，不少澳大利亚经济界人士第一时间提出了批评，也表达了忧虑。澳中贸易全国委员会主席大卫·奥尔森表示，相对于政治和战略层面，中方更关注地区基础设施投资带来的商业机会，同样，澳大利亚商界更愿意超越政治层面，关注这些真正的商业机会。

经济全球化时代，开放融通大势不可阻挡，人为“筑墙”违背经济规律和市场规则，损人不利己。澳方有必要摒弃冷战思维和意识形态偏见，客观理性看待中澳合作，作出真正符合自身利益的选择。

《人民日报》（2021 年 4 月 25 日）

不能不计后果一走了之

美方撤军行动应是有序、负责任的，要为防止阿富汗国内暴力进一步升级、遏止各类恐怖势力借机坐大生乱尽责，为阿富汗人民内部谈判创造有利的外部环境，而不是相反

近日，阿富汗首都喀布尔一女子中学附近发生连环爆炸，迄今已造成超过80人死亡，其中大部分受害者是女学生。这一暴力行径再次凸显阿富汗安全形势的复杂性与脆弱性。国际舆论指出，在后续行动中，美国和北约军队若不能以负责任方式从阿富汗撤出，或将给当地造成更大安全风险。

必须强调的是，任何恐怖主义行为，无论其动机如何、发生在何时何地、由谁实施，都是犯罪行为且不可原谅。此次发生在喀布尔的连环爆炸令人震惊，以如此暴力行径残害生命，更是对人类文明的严重挑战，国际社会普遍强烈谴责这一暴力行径。

需要指出的是，这起袭击事件并非个案。出于国内政治考虑，美国政府上个月宣布，将在今年9月11日前将美军无条件撤出阿富汗，以摆脱持续近20年的阿富汗战争。美方这一决定迅速对阿富汗国内局势产生了影响。美国和北约军队5月1日正式启动从阿富汗撤军行动以来，阿富汗各地爆炸袭击事件频发，安全形势日益严峻，严重威胁阿富汗和平稳定与人民生命安全，引发国际社会普遍担忧。《华尔街日报》发表社论指出，美国撤军可能加剧人道主义灾难，“美国的存在无法阻挡每一次可怕的袭击，但美国的离开意味着会有更多的袭击发生”，喀布尔女子学校附近发生的袭击事件可能只是一个预演。

回望历史，美方“随心所欲”对外发动多场战争，给许多国家和地区造成了灾难，阿富汗战争就是其中一例。据报道，自美军2001年10月进入阿富

汗以来，当地已有 3 万多名平民被美军打死、炸死或因美军带来的战乱而死亡，受伤人数超过 6 万，约 1100 万人沦为难民。如今，美方为了摆脱战争泥潭，急于从阿富汗撤军，但由此产生的安全风险还是由阿富汗人民承受。据《纽约时报》报道，美军和北约部队开始撤军之后，塔利班在阿南部和北部发动攻势。过去一周，在阿富汗至少有 44 名平民和 139 名政府军士兵被杀，这是自去年 10 月以来单周最高的死亡纪录。

阿富汗问题复杂难解，内外部因素必须方向一致，协同发力，否则会适得其反。国际社会应该恪守公平公正，尽己所能多做劝和促谈工作，共同为推动阿富汗和平和解进程贡献更多正能量。当前，美国是阿富汗问题最大外部因素，美方不能回避自身应尽义务，不能不计后果一走了之。美方撤军行动应是有序、负责任的，要为防止阿富汗国内暴力进一步升级、遏止各类恐怖势力借机坐大生乱尽责，为阿富汗人民内部谈判创造有利的外部环境，而不是相反。

《人民日报》（2021 年 5 月 13 日）

坚持公道正义才有持久和平

唯有坚持公道正义，从地区和平大局出发、顺应世界发展大势，停火止暴、重启和谈，才是实现持久和平的明智之举

连日来，以色列和巴勒斯坦爆发2014年以来最大规模冲突，造成包括妇女和儿童在内的大量人员伤亡，人道主义危机持续加剧。中东再次被冲突的阴影所笼罩，巴以局势动荡引发国际社会普遍担忧。

巴勒斯坦问题是中东动荡的根源性问题，关乎地区和平稳定，关乎国际公平正义，关乎人类良知道义。近期巴以局势的恶化再次表明，只有全面、公正、持久解决巴勒斯坦问题，才能实现巴以两国和平共处、阿犹两大民族共同发展，而这也符合国际社会共同利益。

面对冲突的持续升级，各方的当务之急是尽快停火止暴。巴以分治70多年来的历史一再表明，双输是冲突和暴力的必然结果。巴以双方应立即停止包括空袭、地面进攻、发射火箭弹等在内的一切军事和敌对行动，切实遵守联合国有关决议，避免采取可能导致局势进一步升级的举措，避免伤害平民，共同推动紧张局势缓解降温。与此同时，各方应尽快行动起来，为改善巴勒斯坦人道局势作出努力。

落实“两国方案”，是确保双方实现公正和持久和平的根本出路。巴以双方若能在“两国方案”基础上尽快重启和谈，早日建立以1967年边界为基础、以东耶路撒冷为首都、拥有完全主权、独立的巴勒斯坦国，就完全有可能从根本上实现巴以和平共存，实现阿拉伯和犹太两大民族的和谐相处，实现中东地区的持久和平。

实现巴以和平离不开国际社会的支持。推动巴勒斯坦问题早日得到全面、

公正、持久的解决，需要世界各国携手努力。国际社会定分止争，既要推动复谈、落实和约，也要主持公道、伸张正义，二者缺一不可。近日，联合国秘书长古特雷斯敦促巴以冲突方立即停止敌对行动，重申联合国致力于实现持久和公正的和平；联合国安理会绝大多数成员针对当前巴以局势发出了共同的正义声音。但美国数次独家阻挠安理会发声，站在了国际社会的对立面。在此关键时刻，美国应承担应尽责任，采取公正立场，和国际社会大多数成员一道，支持安理会为缓解局势、重建信任、政治解决发挥应有作用。

中国是巴以和平的坚定支持者。中国始终秉持公理和道义，支持巴勒斯坦人民恢复民族合法权利的正义事业，支持有利于推动巴勒斯坦问题和平解决的努力。习近平主席 2017 年提出中方关于解决巴勒斯坦问题“四点主张”，在当前形势下更加凸显其现实意义。作为安理会轮值主席，中国已推动安理会两次就巴以冲突举行紧急磋商，起草安理会主席新闻谈话。王毅国务委员兼外长主持安理会巴以冲突问题紧急公开会，为推动各方立即停止敌对行动，尽快重启政治对话，推动国际社会特别是安理会为缓解紧张局势、政治解决中东问题发挥积极作用。中方将邀请巴以双方和平人士开展对话，也欢迎巴以双方谈判代表在华举行直接谈判，再次展现了负责任的大国形象与担当。

持续升级的巴以局势，是对国际法治的警示，对多边合作的检验，对人类良心的拷问。解决巴勒斯坦问题，诉诸武力是最不理性的选择。唯有坚持公道正义，从地区和平大局出发、顺应世界发展大势，停火止暴、重启和谈，才是实现持久和平的明智之举。

《人民日报》（2021 年 5 月 20 日）

搞“小圈子”和“集团政治”是逆流而动

一国或一个国家集团号令天下的时代已经过去了。任何搞“小圈子”和“集团政治”的行径，都是逆世界潮流而动，不可能得逞

近日闭幕的七国集团峰会发表联合公报，在涉港、涉疆、台湾等问题上发表歪曲事实、颠倒是非的言论，对中方进行蓄意诬蔑，干涉中国内政。这一举动严重违背《联合国宪章》宗旨和原则，违背和平、发展、合作、共赢的时代潮流，暴露出美国等少数国家人为制造对立隔阂、扩大分歧矛盾的不良用心。

在疫情肆虐全球、世界经济复苏乏力、气候变化等全球性挑战日益突出的当下，美国等少数国家表现乏善可陈，却陷入“反华偏执”等泥潭。国际社会对此次“跑题”的七国集团峰会深感失望，对美国等少数国家的行径深表忧虑和不满。西班牙《起义报》发表文章指出，七国集团只是考虑如何维护自身霸权，并不关心让世界变得更好。英国前首相布朗指出，这次七国集团峰会将作为“一次不可原谅的道义上的失败”被载入史册。

美国等少数国家苦心孤诣要借峰会抹黑中国，打造所谓“团结形象”，但正如美国媒体自己所称的，没有几个国家对此“表现出热情”。原因很简单，谎言就是谎言，不会因为造谣者几句抹黑论调就改变其谎言的本质。越来越多国际有识之士看到，中国中央政府在香港特别行政区实施香港国安法、完善选举制度的有关举措，有利于“一国两制”实践行稳致远，得到了绝大多数香港居民的拥护。新疆社会稳定、民族团结、人民安居乐业，中国政府各项治疆政策得到各族人民的衷心拥护和支持。在台湾问题上，一个中国原则是国际社会人心所向、大势所趋，任何助长“台独”势力气焰的言行，都为国际公义所不容。俄罗斯总统普京近日就涉疆、台湾等问题表达对中方的支持，代表的正是

国际社会的主流看法。

此次七国集团峰会传出的一些喧哗与骚动，充分暴露了美国等少数国家试图搞“小圈子”和“集团政治”、以意识形态划线打压不同发展模式的危险意图。世界上只有一个体系、一种秩序，那就是以联合国为核心的国际体系和以国际法为基础的国际秩序；只有一套规则，那就是以《联合国宪章》宗旨和原则为基础的国际关系基本准则。当前，国际社会迫切需要在联合国的旗帜下，加强团结合作，践行真正的多边主义。美国等少数国家执迷于搞对抗，只会招致国际社会的反感与抵制。美国等少数国家的单边主义逆动，只会破坏国际规则和国际秩序。

近年来，七国集团自身存在的必要性不断面临质疑。这不仅因为其在国际力量对比中的“硬指标”大幅下降，更因为其看世界的观念和心态出了严重问题。此次七国集团峰会再次印证了国际社会的这种看法。德国柏林普鲁士协会名誉主席福尔克尔·恰普克指出，以全球视角来看，七国集团是一个旧时代的集团，这几个国家无法代表人们解决全球问题。阿联酋《海湾新闻报》网站近日发表题为《为什么过时的七国集团不再重要》的文章，强调在这个时代，指望“正邪对立”这个过时的公式是行不通的，这只会让七国集团峰会成为走过场的合影活动。

世界多极化、国际关系民主化是不可抗拒的时代潮流。一国或一个国家集团号令天下的时代已经过去了。任何搞“小圈子”和“集团政治”的行径，都是逆世界潮流而动，不可能得逞。美国等少数国家应好好治治自己的心病，摆脱冷战思维的惯性，摒弃靠制造所谓“假想敌”来恢复其支离破碎影响力的企图，真正做一些有利于国际社会的事情。

《人民日报》（2021年6月17日）

抹黑他人洗白不了“黑客帝国”

不论美方如何提高栽赃陷害的调门，穷尽拉帮结派的手段，都不可能洗白其全球头号“黑客帝国”的事实

近日，美国纠集盟友在网络安全问题上对中国进行无理指责。此举纯属无中生有，颠倒黑白，完全是出于政治目的的抹黑和打压。中方明确表示对此绝不接受，再次强烈要求美国及其盟友停止针对中国的网络窃密和攻击，停止在网络安全问题上向中国泼脏水，撤销所谓起诉。中方将采取必要措施坚定维护中国的网络安全和自身利益。

美国及其部分盟友在网络安全问题上一唱一和，有计划、有组织地抹黑中国，用心极其险恶。网络空间虚拟性强，溯源难，行为体多样，在调查和定性网络事件时应有完整充分证据，将有关网络攻击与一国政府相关联，更应慎之又慎。美方发布的所谓技术细节并不能构成完整的证据链。明知没有事实依据却故意指责，其性质只能是栽赃陷害。

中方在网络安全问题上光明磊落，坦坦荡荡。中国政府历来坚决维护网络安全，坚决反对并打击任何形式的网络攻击，更不会对黑客攻击进行鼓励、支持或纵容。这一立场是一贯和明确的。中国主张，各方应在相互尊重基础上，加强沟通交流，通过对话合作维护网络安全。2020 年 9 月，中方发起《全球数据安全倡议》，倡议各国反对利用信息技术破坏他国关键基础设施或窃取重要数据，反对滥用信息技术从事针对他国的大规模监控、非法采集他国公民个人信息等，为同各国探讨并制定全球数字治理规则作出了中国贡献。这一倡议正在得到越来越多国家的积极回应。

美国一贯把自己包装成网络安全受害者，但事实是，美国才是世界上最大

的“黑客帝国”。长期以来，美国违反国际法和国际关系基本准则，对外国政府、企业和个人实施大规模、有组织、无差别的网络窃密、监控和攻击，其窃听对象既包括竞争对手，也包括自身盟友。从“维基解密”“斯诺登事件”“瑞士加密机事件”到利用第三国情报机构窃取欧洲国家元首信息事件等恶劣行径，早已世人皆知。美国长期打着“维护公共安全”的幌子，要求一些高科技公司在加密应用程序中插入“后门”，以便为其开展所谓“网络执法行动”提供便利。英国《计算机周刊》网站刊文指出，此举与真正的数据安全原则背道而驰。美国厚颜无耻地一再贼喊捉贼，蓄意污蔑他国，令人不齿。

美国是对中国网络的头号攻击者。美国国家情报总监曾明确表示，中国应该成为美国情报界的一个优先目标。中国国家互联网应急中心数据显示，2020 年位于境外的约 5.2 万个计算机恶意程序控制服务器控制了中国境内约 531 万台主机。就控制中国境内主机数量来看，美国及其北约盟国分列前三位。根据中国网络安全公司 360 报告，美国中央情报局的网络攻击组织曾对中国航空航天、科研机构、石油行业、大型互联网公司以及政府机构等关键领域进行长达 11 年的网络渗透攻击。上述攻击严重损害中国的国家安全、经济安全、关键基础设施安全和广大民众的个人信息安全。

网络安全是全球性问题，需要国际社会共同维护。政治化、污名化的做法不仅无助于解决网络安全问题，反而会削弱各国间互信，影响各国在该领域的正常合作，理应受到国际社会共同抵制。不论美方如何提高栽赃陷害的调门，穷尽拉帮结派的手段，都不可能洗白其全球头号“黑客帝国”的事实。

《人民日报》（2021 年 7 月 22 日）

美式傲慢和无礼早已没了现实支撑

美国的外交议程完全陷入遏制打压中国的泥潭，不仅给国际和地区格局带来冲击，对美国自身利益也是巨大损害。美国改变不了中国，也不可能阻挡和打断中国的现代化进程

东亚合作机制是地区国家团结合作的重要平台，本应聚焦发展主题，注重务实合作，但遗憾的是，个别域外国家总是要利用这一平台谋求地缘政治私利。在近日举行的东亚合作系列外长会上，美国屡屡就南海问题搬弄是非，还对中国内部事务进行攻击抹黑。这些陈词滥调非但没有东盟国家附和，反而让更多人看清美式霸权的傲慢和无礼是逆流而动，早已落后于时代的发展。

近来，美国针对东盟地区安排了一系列密集活动。这种“设计感”十足的举动，据说是为了体现本届美国政府“加大对东盟重视”。然而，从美国频频炒作所谓“中国威胁”、无端攻击抹黑中国可以看出，美国所谓“重视”东盟不过是幌子，它无关合作与发展，真实目的是在地区制造分裂，企图将东盟国家变为服务其遏制打压中国这一战略目标的棋子。东盟国家对此看得很清楚。新加坡《联合早报》不无讽刺地指出，“华盛顿是在把北京定位为主要外交挑战后，超过6亿人口的东南亚才受到关注”。

美国企图在地区国家间煽动集团对抗，是对地区国家合作发展现状和大势的无视。中国东盟关系经过几十年的深厚积淀和全面发展，已成为亚太地区最为成功和最具活力的典范，成为维护地区和平稳定、促进发展繁荣的重要支柱。疫情发生后，双方卓有成效的合作打造了国际抗疫和复苏合作的样板。中国迄今已向东盟十国提供了1.9亿多剂新冠疫苗。中国东盟今年上半年贸易额突破4100亿美元，同比增长38.2%，东盟继续是中国最大贸易伙伴，双方相互累

计投资总额已超过3100亿美元。区域全面经济伙伴关系协定生效实施将给双方经贸合作带来更为强劲的动力。东盟秘书长林玉辉指出，东盟中国战略伙伴关系已成为本地区最富内涵和最具活力的伙伴关系之一。

兼顾各方诉求，包容各方利益，促进共同安全，实现地区长治久安，符合地区国家的共同利益。美国的行为使本地区面临地缘政治回潮的风险，自然得不到东盟国家的支持。新加坡总理李显龙日前强调，即使是美国的盟友和伙伴也都希望与中美两国共同建立广泛的联系。美国对此视而不见，仍然一厢情愿地以为自己还有号召力在地区强行打造一个对华“包围圈”，再次暴露出美国的傲慢与偏执，再次证明美国所固守的冷战思维早已不合时宜。系列外长会上，地区国家外长纷纷呼应支持中国立场充分显示，时代已经改变，本地区不再有“教师爷”，也不需要“救世主”，地区国家的命运掌握在自己手中，地区前途由各国共同开创。

美国对华遏制打压不断碰壁，说明美国需要在根本性问题上做出调整，即放弃将中国视为“假想敌”的错误心态。美国前驻华大使芮效俭指出，地区国家对华合作密切，“美国在制定外交政策时必须考虑到合作伙伴的利益，不能想当然地把自身诉求强加给他们。”美国的外交议程完全陷入遏制打压中国的泥潭，不仅给国际和地区格局带来冲击，对美国自身利益也是巨大损害。当前，美国疫情形势严重恶化，日均新增感染病例超过10万例，美国政府应把注意力放在应对疫情、呵护本国民众健康乃至加强国际抗疫合作上，而不是把精力放在徒劳的打压中国上。哈佛大学教授约瑟夫·奈日前在《东盟邮报》撰文警告，大国竞争的概念使得美国对自己所面临的新型威胁未能产生足够的警觉，美国现有战略已经导致五角大楼预算超过美国疾控中心预算100多倍。

美国动辄声称“从实力地位出发”与中国打交道，但无论是美国国内现实还是国际现实都已无法支撑美方所谓的“实力地位”。美国改变不了中国，也不可能阻挡和打断中国的现代化进程。中美双方通过对话找到一条不同制度、不同文化、不同发展阶段的两个大国和平共处乃至互利共赢之道，是这个世界共同的需要。美方应尽快改弦易辙，选择与中方相向而行，相互尊重，公平竞争，和平共处。

《人民日报》（2021年8月9日）

美国才是对南海稳定最大的威胁

中国有决心、有能力坚定维护国家主权和领土安全，并将继续坚定地同地区国家一道，共同维护南海和平稳定

近期，美国不断在南海问题上挑拨离间、搬弄是非，企图破坏地区和平稳定。8 月 9 日，美国代表在联合国安理会海上安全问题公开会上再次炒作所谓南海仲裁案，无端指责中国在南海实施“胁迫”和“霸凌”。对美方的这一恶劣行径，中国代表立即反击，严正指出美国才是对南海稳定最大的威胁，美国没有资格在南海问题上说三道四。

所谓南海仲裁案原本就是一场政治闹剧，而美国正是这场闹剧的始作俑者和幕后黑手。美国拿所谓裁决说事，只会再次印证这一事实。中国在南海的主权和权益是在长期历史过程中形成的，有充分历史和法理依据，符合有关国际法和国际实践。所谓南海仲裁案违背“国家同意”原则，临时仲裁庭越权审理、枉法裁判，在事实认定和法律适用上存在严重谬误，违反《联合国海洋法公约》和国际法，所作裁决是非法的、无效的。中国不接受、不参与仲裁案，不接受、不承认该裁决。中国在南海的主权和权益丝毫不受该裁决影响，中国也不接受任何基于该裁决的主张或行动。

美国污蔑中国在南海实施“胁迫”和“霸凌”，纯属无稽之谈。近年来，中国与南海当事国通过对话磋商有效管控矛盾分歧，不断推进务实合作。中国与东盟国家全面有效落实《南海各方行为宣言》，积极推进“南海行为准则”磋商，取得重要进展。南海是世界上最繁忙的海上通道之一，也是中国海上贸易的生命线。全球约 30% 的货物贸易经过南海，每年约有 10 万艘商船航经南海。在包括中国在内的地区国家共同努力下，一段时间以来南海一直保持着畅

通安全，没有听说有任何船只在南海航行受阻、安全受到威胁。事实一再证明，中国与有关国家完全有能力妥善管控分歧，将南海建设成为和平、友谊和合作之海，维护好本地区和平稳定和长治久安。

在南海搞“胁迫”和“霸凌”的恰恰是美国。美国不但不加入《联合国海洋法公约》，还以公约法官自居，对他国指手画脚，横加干涉。美国不是南海争议当事方，理应恪守承诺，对有关主权争议不持立场。然而，美国千方百计地在南海兴风作浪，妄想把南海搅浑。美国动辄派大规模先进舰机到南海搞军事侦察、演习，非法闯入中国领海领空及岛礁邻近海空域。中国外交部发言人上个月表示，今年以来，美国对华海空抵近侦察近 2000 次，针对中国的大规模海上军演超过 20 次。美国还滥用带有冷战色彩的双边军事协议对中方威胁使用武力，暴露出赤裸裸的强权逻辑和霸权行径。究竟是谁在南海搞“胁迫”和“霸凌”，又是谁在威胁航行自由与安全？真相不言自明。美国近来提出所谓“不区分域内域外国家”的说法，这更是对南海沿岸国正当合法权益的无视。马来西亚前总理马哈蒂尔指出：“相信中方会在南海问题上保持克制，但问题是对中国‘不友好’的外部国家会试图挑衅。”

和平稳定是中国和东盟国家的共同战略诉求。中国有决心、有能力坚定维护国家主权和领土安全，并将继续坚定地同地区国家一道，共同维护南海和平稳定。正告美方不要把黑手伸向南海，任何搅浑南海的图谋都绝不可能得逞。

《人民日报》（2021 年 8 月 12 日）

霸权主义和强权政治不得人心

——20 年阿富汗战争给美国的警示①

美国长达 20 年的阿富汗战争，留下的是千疮百孔的烂摊子，一场深刻的教训，还有盟友的失望、质疑与批评

近来，阿富汗局势发生重大变化。美军仓促撤离造成的混乱，成为美国发动的阿富汗战争留给世人的最深刻记忆之一。美国对阿政策的战略性失败充分说明：霸权主义和强权政治不得人心。

20 年阿富汗战争显示，美国“新干涉主义”注定不可能成功。2001 年 10 月，美国以反恐为名带领盟友入侵阿富汗。20 年来，阿富汗战争是美国历史上持续时间最长的战争，不仅给美国带来旷日持久的巨大消耗，更是给阿富汗人民带来深重灾难。20 年来，美国付出了 2400 多名军人死亡和超过 2 万亿美元的代价，不但没有完成“反恐”目标，反而导致“越反越恐”，在阿富汗的恐怖组织从个位数增加到 20 多个。“失败”成为西方国家政要和媒体评论阿富汗战争的高频词。美国《华盛顿邮报》在反思阿富汗战争时说：“我们曾经相信，可以用武器和金钱来改造世界。我们从一开始就大错特错。我们的方案并不是建立在可行或可持续的基础之上。”

20 年阿富汗战争显示，美国的作用是破坏而不是建设。20 年来，10 多万阿富汗平民在美军及其盟军的枪炮之下伤亡，1000 多万人流离失所。阿富汗战争平均每天造成 6000 万美元损失，严重拖累阿经济社会发展。长年战乱导致阿富汗经济凋敝，造成约 72% 的民众生活在贫困线以下，失业率高达 38%。阿富汗政治分析人士穆罕默德·达内什乔说：“阿富汗人对美国很失望，因为他们只留下了战争、破坏和贫困。”美国领导人那句“美在阿政策目标不是重

建”既是自我解嘲，却也恰如其分：无论是伊拉克、叙利亚，还是阿富汗，美军所到之处，留下的都是动荡分裂、家破人亡。

20 年阿富汗战争再次证明，试图将特定的价值观强加给其他民族和文明不可能长久，用强权及军事手段解决问题，只会使问题越来越多。英国政治和国际关系分析师汤姆·福迪强调，阿富汗惨败暴露了美国天真的想法——靠民主、美元和枪支解决世界问题是错误的。德国总理默克尔表示，西方国家为阿富汗带来和平和民主的努力失败了，必须从中吸取教训。

美军仓促从阿富汗撤离，进一步重创美国的国际信誉，引发盟友的质疑与批评。法国《费加罗报》指出：“欧洲人将为美国的失败付出高昂的代价。”英国《金融时报》评论说，当美军开始对阿富汗采取军事行动时，英国和其他北约部队也加入其中。20 年后，美国的撤军让北约盟国除了跟着撤军以外几乎别无选择。这给北约造成双重打击——它既暴露了北约对美国的依赖程度，也让人怀疑美国未来是否愿意向其盟友提供支持。美国《纽约时报》认为，美国的盟友通过阿富汗的事例更加明白美国是“靠不住的”。

历史不会简单地重复，但又有其相似性。从越南战争到阿富汗战争，美国似乎在重复自己的历史。美国应该从一次次相似的溃败场景中，深刻反思其动辄军事干预、穷兵黩武的政策，停止打着“民主”“人权”的幌子肆意干涉他国内政，破坏他国和地区和平稳定。

《人民日报》（2021 年 8 月 26 日）

强推“民主改造”只会自食恶果

——20年阿富汗战争给美国的警示②

美国应真正从强推“民主改造”的失败中吸取教训。如果美国继续在输出美式民主的死胡同莽撞前行，其在阿富汗遭遇的失败不会是最后一次

“美国持续20年试图将西方民主模式强加于阿富汗的努力宣告失败。”连日来，在美国各界对阿富汗政策的反思中，这种声音尤为响亮。当长达20年的阿富汗战争走到尽头之际，人们更加清楚地看到，美国声称要为阿富汗植入的美式民主不过是一座空中楼阁，美国强推“民主改造”不符合实际，最终只会自食恶果。

美国政治精英曾就“民主改造”阿富汗发出诸多“豪言壮语”，如今这些话只会让他们自己尴尬。20年前，发动阿富汗战争的美国前总统小布什直言：“我们在帮助阿富汗人民建立一个自由社会方面有战略利益”。在回应美国国会有关是否在阿富汗进行“国家重建”的质询时，美军中央司令部前负责人彼得雷乌斯回答：“我们的确是”。《华盛顿邮报》在采访大量美国外交官、军事官员和援助人员后指出，“华盛顿愚蠢地试图按照自己的形象重塑阿富汗”，想要把一个美式的“民主制度和自由市场经济”强加给阿富汗。20年后，美国“民主改造”计划失败已成定局，美领导人又堂而皇之地以所谓“美在阿政策目标不是重建”为自己开脱，将美国输出美式民主的虚伪与不负责任暴露得更加彻底。

美国试图在阿富汗移植美式民主，但其自始至终搭建的是毫无现实根基的海市蜃楼。在政治架构方面，美国妄图打造一个“第三世界版的华盛顿”，完全无视这种政治安排与阿富汗历史文化和国情毫不相符。在社会治理方面，据

美国媒体报道，美军顾问“通过观看电视节目来学习如何在阿富汗开展警务工作”，民政团队“通过幻灯片演示文稿被大规模组建出来”，在落实项目时完全不顾当地情况。在经济政策方面，美国官员承认，能够帮助阿富汗逐步摆脱贫困的经济政策，如适当的价格管控和政府补贴等，从来没有被他们考虑在内，因为这些措施与资本主义不相容。美国广播公司的报道一针见血地指出，从本质上讲，美国政府一直试图将阿富汗强行塞进一个它无法适合的盒子里。

据美国媒体测算，20 年来美国为重建阿富汗拿出的资金，经通胀调整后，甚至比二战后的“马歇尔计划”还要多。投入如此巨大，却难以避免失败，这一苦涩现实无疑是对美式霸权的莫大反讽。“我们对阿富汗缺乏根本的了解”“最糟糕的事情就是把一个国家的经验直接应用到另一个国家”……许多参与阿富汗“重建”的美国官员认为，美国向阿富汗输出民主失败，归咎于傲慢自大和自欺欺人。

历史早已反复证明，把外来模式生搬硬套到历史文化和国情截然不同的国家，必然要遭遇水土不服，最终难以立足。在这方面，美国的教训非常多。然而，美国政客至今无法摆脱输出美式民主的冲动。他们有一种自以为是的“文明优越感”，将民主视为美国的“专利”。他们以为打着“民主”的旗号，就可以任意践踏国际规则，干涉他国内政，甚至发动战争，达到维护美国霸权的目的。正是这样的心理，让美国一次又一次重复自己的错误。

民主没有固定模式，更不能先入为主、越俎代庖。美国应真正从强推“民主改造”的失败中吸取教训。如果美国继续在输出美式民主的死胡同莽撞前行，其在阿富汗遭遇的失败不会是最后一次。

《人民日报》（2021 年 8 月 27 日）

穷兵黩武只会使问题越来越多

——20 年阿富汗战争给美国的警示③

从上世纪的“越南综合征”到如今的“阿富汗综合征”，美国一再企图按照自身意志改造其他国家，导致美国一次次重蹈覆辙

美国长期以来一直迷恋其军事力量，认为凭借其世界第一军事大国的实力可以在世界范围内为所欲为。但长达 20 年的阿富汗战争再次打碎了美国虚妄的幻想——美军的枪炮不但带不来和平，反而造成阿富汗生灵涂炭，地区持续动荡。美国穷兵黩武无法解决问题，却导致问题越来越多，这是对迷信武力的美国霸权的极大讽刺。

美军从阿富汗仓促撤出造成的混乱，引发美国各界对其穷兵黩武政策的反思。“美国在阿富汗的失败之惨痛令人震惊。”哥伦比亚大学教授杰弗里·萨克斯近日发表文章指出，这是美国政治文化由来已久的失败，也是美国热衷通过军事手段解决政治问题或通过中情局破坏稳定的外交信念的失败。美国智库昆西负责任治国研究会研究员、曾在阿富汗服役的亚当·温斯坦直言，军事干预后的混乱和撤军后的混乱都源于同一个根本性错误——美国认为可以使用军事力量来实现被占领国社会和政治的永久性变革。

美国对阿富汗政策的战略性失败，折射出美国穷兵黩武造成的全球性危害。据不完全统计，自 1945 年二战结束至 2001 年，世界上 153 个地区发生的 248 次武装冲突中，由美国发起的为 201 场，约占 81%。冷战后美国更是采取将军事手段置于首要地位的战略。美国布朗大学沃森国际和公共事务研究所的“战争成本”项目研究发现，2001 年以来，美国在全球 80 个国家开展反恐行动，战争花费超过 6.4 万亿美元，超过 80 万人死于直接的战争暴力，其

中平民约 33.5 万人，间接死亡人数可能高出数倍。战争造成阿富汗、伊拉克、叙利亚等国约 2100 万人流离失所，或生活在极其恶劣的条件下。美国穷兵黩武，使其成为全球最大的动乱输出国和人道主义灾难制造者。

要想让“喀布尔时刻”不再重演，美国必须戒掉穷兵黩武的瘾。自 1776 年 7 月 4 日独立以来，美国在其 240 多年历史中，没有参与战争的时间不足 20 年，堪称“世界历史上最好战的国家”。迷信武力是美式霸权的典型特征。1945 年以来，美国在 70 多个国家建立了近 800 个军事基地。瑞典斯德哥尔摩国际和平研究所的数据显示，2020 年，美国军费达 7780 亿美元，占全球军费总支出的 39%。分析人士指出，美国并没有停下穷兵黩武的脚步。

要想让“喀布尔时刻”不再重演，美国必须克制改造他国的冲动。有美国媒体最近指出，从上世纪的“越南综合征”到如今的“阿富汗综合征”，美国一再企图按照自身意志改造其他国家，导致美国一次次重蹈覆辙。“人们无法用锤子和刺刀来建立民主。”法国外交官热拉尔·阿诺近日发表文章指出。但从美国政府“我们将以我们的榜样为力量来引领，而不仅仅是以我们的力量为榜样”的口号中，人们更多看到的是美国政客对军事手段的痴迷，而不是对穷兵黩武政策的反思。美国政府虽然口头上称“不再通过代价巨大的军事干涉促进民主”，但这更多是从维护自身形象和利益出发所做的姿态性表演，并不是从世界和平发展的大势得出的结论和行动，不会有实质性的变化。

阿富汗局势是又一本反面教科书，教训十分惨痛，美方如不认真汲取，还会吃新的苦头。

《人民日报》（2021 年 8 月 28 日）

谎言制造者是在自毁形象

美国对华政策不应被一些政客所绑架，不应建立在臆想和谎言基础上。渲染“中国威胁”的论调，无助于美国外交政策的实现，并会以危险的方式扭曲美国国内政治

出于遏制打压中国的目的，美国一些政客总是不停地在冷战的工具箱里翻找过时的工具，频频以谎言抹黑中国、挑起事端。这种危险的做法反映了美方对中国和中美关系的严重误判，体现出他们对国际大势的严重无知，其结果只会害人害己，终将被时代所摒弃。

为了栽赃中国，美国一些政客制造并散布谎言，到了荒唐的地步。美国众议员麦考尔不久前发布所谓报告，再度炒作“武汉实验室泄漏论”。这份报告将武汉病毒研究所改造中央空调的花费夸大 1000 倍，以制造该研究所经费惊人、存在“异常”的假象。美国国务院前助理国务卿福特发表公开信指出，2020 年 12 月至 2021 年 1 月初，在美国前国务卿蓬佩奥授意下，美国国务院政策规划办公室指使有关官员和顾问绕过专家评估，持续向美国国务院各部门宣扬“新冠病毒系中国政府故意释放的生物武器”等谣言。诸如此类做法不一而足。可以说，美国政客故意制造、传播谣言，毫无底线可言。

在新冠病毒溯源等问题上，美国一些媒体与美国政客唱“双簧”，扮演了不光彩的角色。它们频频援引所谓“情报报告”“匿名官员”，极尽含沙射影、无中生有之能事。在充斥硬伤和谎言的麦考尔报告出台后，《华盛顿邮报》等美国媒体竟然宣称，该报告“提出了一个令人信服的案例，无论是否得到中国政府的许可，都必须对实验室泄漏论进行彻底调查”。这些媒体所标榜的“独立”“客观”“真实”，此时全然不见踪影。为在病毒溯源问题上倡导科学原则，

中国驻美国大使馆撰写文章，向一些美国媒体投稿阐述中方有关立场，澄清事实，却均遭拒绝，进一步暴露了美国所谓新闻和言论自由的虚伪性。

美国一些政客为挑起对华“新冷战”，处心积虑给中美关系制造矛盾点、冲突点。有中国企业仅因为创始人得到过中国政府颁发的奖项，就被列入“涉军清单”；有中国留学生仅因为手机里有军训照片，就被怀疑有军方背景而遭遣返。为欺骗更多美国民众接受他们把中国当作“假想敌”的逻辑，为挑拨中国与他国的关系，他们不仅鼓噪增加政府的“对抗中国影响力”资金，还要调动媒体、智库、企业等各方资源打所谓“全社会战争”。对这种臆造、渲染“中国威胁”的做法，美国国内也有大量理性声音表达忧虑。杜克大学公共政策和政治学教授布鲁斯·詹特尔森指出，“中国威胁”正在美国被夸大，这对外交政策来说适得其反，并会以危险的方式扭曲美国国内政治。

美国一些政客企图把“冷战剧本”生搬硬套到今天的中美关系中，把中国当作对手和“假想敌”，如同堂吉诃德挑战风车一样荒诞和危险。在经济全球化深入发展的今天，各国利益深度融合。在全球性风险挑战日益增多的当下，中美合作的需要不是减少了而是增多了。美国一些政客企图通过政治操弄推动对华“脱钩”，甚至妄想通过搞“集团政治”赢得对华“新冷战”，这是对世界和中国发展大势的严重无知。面对美国一些政客挑动中美对抗的危险举动，国际社会普遍表达了忧虑。即使是美国的盟友，也不愿意被绑进一个“反华联盟”。

美国对华政策不应被一些政客所绑架，不应建立在虚妄的臆想上，更不应建立在人为编造的谎言基础上。如果美国政客执意这么做，只会让自己早已低迷的国际形象进一步坍塌。中美意识形态、社会制度、历史文化不同，这是客观事实，谁也不可能改变对方。正确的做法是在相互尊重基础上，共同寻找两个大国在这个星球上和平共处之道。中美关系最终应该只寻求这样一种前途，也只有这样一条路可走。

《人民日报》（2021年9月8日）

美国是全球稳定的最大阻碍

从阿富汗到伊拉克，从叙利亚到利比亚，大量事实证明，美国把“黑手”伸向哪里，哪里就不得安宁

近日，多家美国媒体在进行大量现场调查后指出，美军在 8 月末阿富汗喀布尔机场恐袭事件发生后实施的无人机打击，杀死的并非恐怖分子，而是 10 名无辜平民。20 年来，美国发动的阿富汗战争已让阿富汗山河破碎，数以万计的普通民众付出生命代价。20 年后，在黯然撤离阿富汗的最后一刻，美军还在滥用武力伤害阿富汗人民。美军在阿富汗的作为再一次清楚地显示，美国是世界和平的最大破坏者，是世界最大乱源。

作为一个国家，美国历史不长，但战争史不短。建国 240 多年，美国只有 16 年没有打仗。从二战结束到 2001 年，世界上 153 个地区发生 248 次武装冲突，其中美国挑起 201 场，占比超过 80%。二战以来，美国在 70 多个国家建立了近 800 个军事基地，几乎所有美国总统在任内都曾发动或介入过对外战争。美国历史学家保罗·阿特伍德指出，“美国的历史是充满战争和扩张的历史”。

美国把战争视为改造他国、输出意识形态的工具，以为这样就能实现所谓“美国治下的和平”。但事实上，美国发动战争给世界带来的只有动荡。美国作家威廉·布鲁姆在《民主：美国最致命的输出》一书中指出，二战结束以来，美国试图推翻 50 多个外国政府，粗暴干涉至少 30 个国家的民主选举，试图暗杀 50 余位外国领导人。美国在世界上打开了许多“潘多拉魔盒”，“伊斯兰国”的出现、阿富汗恐怖组织增多等，都与美国发动的战争相关。从阿富汗到伊拉克，从叙利亚到利比亚，大量事实证明，美国把“黑手”伸向哪里，哪里

就不得安宁。

美国自诩“人权灯塔”，但美国发动的战争造成严重人道主义危机。2001年以来，在美国发动的战争中遇难的平民约33.5万。近20年来，美国在叙利亚、伊拉克、阿富汗等多国发动空袭超过9万次，在空袭中丧生的平民最高或达4.8万名。一名前美军士兵、无人机操作员在给联合国专家委员会的证词中表示，美军的无人机袭击纯粹是“为了杀戮而杀戮”。在2005年震惊世界的伊拉克阿迪塞镇事件中，美军仅因一人遇袭就大开杀戒，无差别射杀24名伊拉克平民。阿富汗如今面临的“重大的人道主义危机”，叙利亚从粮食出口国到面临“粮荒”，美国都脱不了干系。美国马萨诸塞州和平行动组织的文章一针见血地指出：美国应当为中东地区一系列的人道主义危机负责。

美国喜欢以“基于规则的国际秩序”的维护者自居，但实际上却是国际规则、国际秩序的最大破坏者。长期以来，美国一直认为，强大的军事力量使其能够在世界范围内为所欲为。组建军事同盟、制造军事对抗，多次从军控条约体系“退群”，只要是为了维护美国的霸权利益，美国对以联合国为核心的国际体系和以国际法为基础的国际秩序，完全是一副“合则用、不合则弃”的态度。美国布鲁金斯学会高级研究员罗伯特·卡根指出：“美国人说他们希望国际体系保持稳定，但他们常常是稳定的最大阻碍。”

美国穷兵黩武，到处挑起战祸、恃强凌弱，透射出的是早已不合时宜的唯我独尊的单边思维。和平、发展、合作、共赢已成为时代潮流，世界多极化、国际关系民主化的大势不可阻挡，美式霸权主义和强权政治终将被时代所摒弃。

《人民日报》（2021年9月17日）

“澳核问题”将打开“潘多拉魔盒”

近日，美国、英国、澳大利亚宣布建立所谓“三边安全伙伴关系”，其中，美、英两国将助澳建造至少8艘核动力潜艇。消息一出，举世哗然。针对外界质疑，美英澳辩解称，核潜艇项目不违反《不扩散核武器条约》，三国在核不扩散领域将继续发挥“领导力”。澳大利亚并称，澳将“负责任地”获取核潜艇能力。然而，事实果真如此吗？

1970年生效的《不扩散核武器条约》是国际社会公认的核不扩散体系基石。条约第三条第二款规定，只有在国际原子能机构保障监督下，缔约国才能出于和平目的将裂变材料提供给无核武器国家。由于历史局限性，条约并非十全十美，在核潜艇动力堆转让问题上缺乏明确规定，国际原子能机构保障监督体系也无法核查动力堆中的核材料是否被转用于研发核武器。三国正是利用了这一模糊地带，大张旗鼓地做起了“核生意”。

众所周知，美英核潜艇使用的是丰度90%以上的武器级高浓铀。美英向澳出口核动力潜艇，意味着大量高度敏感的核材料及技术转让。在国际原子能保障监督缺位的情况下，谁能保证澳大利亚不会将这些核材料及技术转用于研发核武器？美英明知存在极大核扩散风险，却仍“揣着明白装糊涂”，恶意利用条约漏洞做文章，到底居心何在？美国多年来以防扩散为由在全世界打压甚至制裁其他从事高浓铀活动的国家，在涉及澳大利亚的高浓铀问题上却网开一面，美国的防扩散究竟有没有标准？澳大利亚一向自诩为核不扩散的“优等生”，为了迎合美英的地缘战略却干起了危险的买卖，澳方还有没有节操和原则？

毫无疑问，美英澳启动这一核潜艇项目，无异于打开“潘多拉魔盒”，势必引发其他国家跟风效仿。试想，如果未来其他国家如法炮制，开展同样的合作，美英该如何看待？如果其他无核武器国家为获得核潜艇，纷纷开发高浓铀及相关敏感技术，以《不扩散核武器条约》为代表的国际核不扩散体系将面临怎样的境地？这是美英澳想看到的结果吗？美英澳口口声声说要在核不扩散领域发挥“领导力”，事实上却在以实际行动发挥“破坏力”！

从历史上看，美、英两国出于一己私利而肆意玩弄国际规则的行为屡见不鲜。冷战结束后，美、英就以萨达姆政权发展大规模杀伤性武器的莫须有罪名发动了臭名昭著的伊拉克战争。近年来，美国打着防扩散旗号，挥舞制裁大棒，对一些国家和平利用核能计划指手画脚、大做文章。这一次，美国为拉拢澳大利亚，拼凑极具冷战色彩的“盎格鲁－撒克逊”军事合作小圈子，不惜奉上高浓铀和敏感技术，完全将核不扩散规则和义务抛到脑后。这是赤裸裸的双重标准，是极其不负责任的行径。

对澳大利亚而言，此举不仅使自己沦为超级大国的棋子，更是彻底葬送了自己在防扩散领域多年苦心经营的“人设”。澳大利亚核潜艇项目不仅受到国际社会普遍质疑，在国内也不得人心。特恩布尔、基廷等前政要纷纷撰文质疑该项目的合理性，尖锐批评联盟党政府盲目追随美国，强调澳大利亚在潜艇上使用高浓铀将开启不良先例。澳大利亚不应忘记，加拿大曾于上世纪 80 年代试图从英国或法国购买核潜艇，最终在国内外强烈质疑声中被迫取消相关计划。澳大利亚应倾听理性声音，迷途知返。

“澳核问题”彻底戳穿了美英澳宣扬的“基于规则的国际秩序”的虚伪面目，彻底暴露了三国在核不扩散问题上的极端利己主义和双重标准行径。如果美英澳真心想成为负责任国家，就应该立即停止核潜艇项目，并同国际社会一道讨论如何改进国际机制、堵住核扩散漏洞，共同维护国际核不扩散体系的权威性和有效性，共同维护全球和地区的和平安全与稳定。否则，美英澳的任何辩解都只会越描越黑，其破坏国际机制、违反国际义务的行径必将被世人所唾弃。

《人民日报》（2021 年 10 月 3 日）

美国的生物军事化活动问题必须解决

10 月 7 日，中俄两国外长发表关于加强《禁止生物武器公约》的联合声明。声明强调《禁止生物武器公约》对国际和平与安全至关重要，阐明了中俄维护公约的坚定决心，同时对美国的生物军事化活动表达了严重关切。声明指出，美国在境内外开展的生物军事化活动对中俄的国家安全造成严重风险，也损害了相关地区的安全；美国应以公开、透明、负责任的态度，对其境内外生物军事化活动作出全面澄清，停止独家阻挠建立公约核查机制，并接受监督、核查。这份声明发出了明确的政治信号：国际社会不会对美国的生物军事化活动坐视不管。

美国的生物军事化活动一直备受关注。作为生物技术能力和军事实力最强的国家，美国继承了 731 部队的生物武器研发计划，并在加入《禁止生物武器公约》后仍继续研发生物武器，德特里克堡基地被称为“最黑暗的实验中心”。不仅如此，美国在军方主导下，在中亚、东亚、东南亚、东欧、中东、非洲等地区设立了 200 多个生物实验室，引发了广泛的抗议。近期，驻韩美军的生物军事化活动再次被起诉，就是最好的例子。

今年 8 月，中国政府正式要求世界卫生组织对德特里克堡基地开展调查，并提交文件说明了该基地诸多疑点。这些疑点都来自于公开的官方文件、媒体报道和学术论文。仅仅公开渠道就能发现这么多疑点，真正的黑幕一旦揭开，想必全世界都要为之震惊。

《禁止生物武器公约》是最好的试金石。只要建立核查机制，谁遵约、谁违约就一清二楚。但恰恰是疑点最多的美国，一直拒绝核查。2001 年，经过 7 年艰苦谈判，国际社会即将就《禁止生物武器公约》核查议定书达成一致，但美国突然抛出“生物领域的活动技术上不可核查”的理由，并单方面退出谈判。20年来，美国一直独家反对重启谈判，导致公约有效性和权威性大打折扣。

在今年9月初召开的《禁止生物武器公约》系列会议期间，包括中俄在内的100多个国家再次要求重启核查议定书谈判，以便尽快建立核查机制。然而，美国继续顽固站在国际社会的对立面，甚至把国际社会的共识称为“老调重弹”，把国际社会对美国生物军事化活动的关切称为“散布虚假信息”。美国的做法引发国际社会更大的疑虑和关切。

更具有讽刺意义的是，美国一方面极力想捂住盖子、逃避核查，另一方面对中国大搞新冠病毒政治溯源。世卫组织专家组已得出武汉实验室泄漏极不可能的权威结论，美国却执意炒作“实验室泄漏论”。美国的做法是典型的美式双标：如果生物活动确实不可核查，那美国闹着来中国就没有意义，纯粹是政治讹诈；如果生物活动可以核查，那么美国就没有理由反对建立核查机制，更没有理由不接受核查。

大国应该有大国的样子，践行真正的多边主义，做遵守国际法的表率。美国的生物军事化活动是事关国际和平与安全、事关各国安全利益的重大问题，美国必须全面回应国际社会关切。正义永远不会缺席。中俄两国作出了庄严宣告：维护《禁止生物武器公约》责无旁贷，建立核查机制势在必行，美国的生物军事化活动问题必须解决！

《人民日报》（2021年10月9日）

美英澳核潜艇交易威胁全球稳定

美国、英国、澳大利亚不久前宣布建立所谓“三边安全伙伴关系”，美、英将帮助澳建造核潜艇。国际舆论普遍认为，此举纯属危天下以兴一己之利。在日前举行的第七十六届联合国大会裁军与国际安全委员会一般性辩论上，多国政府代表发言反对三国搞核潜艇交易，对其严重后果表达关切。

美英澳此举严重违背核不扩散宗旨和目标。三国搞核潜艇交易，涉及大量极其敏感的武器级高浓铀转让，存在严重的扩散风险。目前的防扩散体系难以对此实施有效保障监督，如果其他国家效仿，国际防扩散体系将受到更严峻挑战，国际社会多年的防扩散努力有可能毁于一旦。俄罗斯代表批评指出，核武器国家利用无核武器国家部署军事核设施，将导致更大的全球不稳定性，有悖于削减核武库的努力。澳大利亚作为《不扩散核武器条约》的无核武器缔约国以及《南太平洋无核区条约》缔约国，不仅开创恶劣先例，成倍增加核扩散风险，而且冲击国际原子能机构保障监督体系，其行径与国际核不扩散努力背道而驰。

事实上，所谓“三边安全伙伴关系”与所谓“四边机制”一脉相承，都服务于美国主导的所谓“印太战略”，目的是制造地区国家对立、进行地缘政治竞争，实质是冷战思维死灰复燃，是搞狭隘的“小圈子”政治，是对多边主义的公然挑衅。美英与澳搞核潜艇交易、开展联合军演、扩大武器贸易，使“新冷战”阴云重新笼罩亚太地区上空，严重威胁地区和平与安宁。朝鲜、墨西哥、斯里兰卡、委内瑞拉等国代表均表示，所谓“三边安全伙伴关系”凸显了大国地缘政治野心，是冷战思维回潮。马来西亚代表表示，美英向澳提供“包含核技术的战略运载系统”，将加剧军备竞赛势头。美国学者大卫·维恩指出，除协助澳建造核潜艇外，三国协议将强化美在澳大利亚乃至整个亚太地区的军事存在。

近年来，美英等国极力以防扩散为由阻止其他国家获取高浓铀等敏感材料和技术，现在却与澳方开展涉及武器级高浓铀的核潜艇合作，“双标”嘴脸昭然若揭。面对国际社会的批评和质疑之声，澳大利亚代表却振振有词地宣扬其在防扩散领域的“良好记录”，声称建造核潜艇“基于国家安全的最佳利益，以及印太地区的和平与稳定”，完全将核不扩散规则抛诸脑后。宣布提升核武库上限的英国，竟宣称要“致力于实现无核世界目标”。三国核潜艇交易充分暴露其对防扩散体系所谓“承诺”和“贡献”的虚伪性。

需要指出的是，美国至今仍未批准《南太平洋无核区条约》。公开资料显示，1946 年至 1958 年间，美国在马绍尔群岛进行了 67 次核武器试验。1946 年至 1982 年，美英等国还向太平洋、大西洋倾倒大量核废料，美国更是不远万里把在内华达州核试验后的 130 吨核污染土运送到马绍尔群岛倾倒。澳大利亚在 1952 年至 1963 年曾允许英国在澳西海岸蒙特贝洛岛、澳南部艾姆、马拉凌等地进行多次核试验。这些核试验和核废料严重破坏当地生态环境，损害当地居民生命安全和身体健康，给地区国家和人民带来深重灾难。

美英澳核潜艇交易不仅会增加南太地区核污染风险，也将对《南太平洋无核区条约》地位造成严重损害。对于太平洋岛国人民而言，这无疑是往伤口上撒盐。特恩布尔、基廷等澳大利亚前政要尖锐指出，澳联盟党政府不顾国内反对执意建立“三边安全伙伴关系”，是“盲目追随美国”。澳大利亚保护基金会、地球之友、国际废除核武器运动等组织均发声反对所谓“三边安全伙伴关系”，认为澳有关举动逆核不扩散趋势、违背当地人民意愿，将提升核扩散、核事故及辐射污染风险。澳主要工会表示，澳政府本应专注确保疫苗供应、帮助受疫情影响的民众，却在此时追求“秘密军事交易”，与澳民众的根本诉求相悖，使澳处在多方面危险之中。

美英澳为追求绝对军事优势，冒天下之大不韪搞核潜艇交易，性质极其恶劣，危害十分严重。奉劝三国悬崖勒马，及时停止核潜艇合作项目，否则，打开“潘多拉魔盒”的国家，最终也会让自身遭到反噬。

《人民日报》（2021 年 10 月 19 日）

美军核潜艇碰撞事件暴露严重安全风险

“康涅狄格”号核潜艇南海碰撞事件绝不仅仅是一次技术性事故，而是对地区安全造成威胁的严重事件。无论是这一事故本身还是美国处理该事件时不负责任的态度，都清楚地显示，美国是地区安全稳定的最大威胁

近来，美国海军“康涅狄格”号核潜艇在南海海域潜航时撞到不明物体，引发国际社会广泛关注。无论是这一事故本身造成的安全风险，还是美国处理该事件时欲盖弥彰的不负责任态度，都让国际社会更加清楚地看到，美国长期霸道行事、缺乏透明度的行为，是地区安全稳定的最大威胁。

据美方披露，美军核潜艇南海碰撞事故发生于10月2日，但美方直到5天后才发表一份语焉不详的简短声明。事故发生至今已超过20天，美方仍在遮遮掩掩。美军此次派出核潜艇悄无声息地在南海潜航，究竟是要执行什么任务？究竟撞上了什么？为什么会撞上？是否造成核泄漏，给海洋环境带来核污染？面对国际社会特别是地区国家的合理关切，向来将“透明度”“国际责任”等挂在嘴边的美国却讳莫如深。试问，若是其他国家军队在美国家门口闹出类似事件，美国反应还会如此不同寻常的“低调”吗？事出反常必有妖。鉴于美方行为全程疑点重重，各方不得不质疑事件的真相和美方的真实意图。

这次肇事的是美国海狼级核潜艇。此次事件让国际社会对美军核潜艇高危操作带来的核泄漏、核污染风险，有了更直接、更深刻的认识。需要指出的是，美国不仅自身核潜艇安全记录不佳、涉核活动给国际安全和生态环境造成破坏，还热衷于搞核输出。美国、英国最近决定与澳大利亚这一无核武器国家搞核潜艇交易，招致国际社会广泛批评。美英核潜艇使用的是丰度90%以上的武器级高浓铀，两国向澳大利亚出口核潜艇，意味着大量高度敏感的核材料及

技术转让，此举势将制造核扩散风险，极易诱发军备竞赛。多年来，美国以防扩散为由在全世界打压甚至制裁其他从事高浓铀活动的国家，在涉及澳大利亚的高浓铀问题上却主动犯事，这种赤裸裸的双重标准让各方看到，美国才是国际核安全的最大风险源。

南海本风平浪静，不应成为美国谋求地缘政治私利的狩猎场。美方频繁并大规模派遣军舰军机到南海滋事挑衅，炫耀武力，威胁中国等国主权安全，是此次美军核潜艇碰撞事件发生的根源所在。今年以来，美军对华抵近侦察的活动强度持续走高，截至7月底，美军对华海空抵近侦察就已近2000次。作为域外国家，美国长期以来一直将南海问题作为分化地区国家、对华施压的一张牌，试图将所谓“破坏规则”“南海军事化”的标签贴到中方身上。但事实一再证明，美国是南海军事化的最大推手，是南海地区安全的最大祸源。

“康涅狄格”号核潜艇碰撞事件绝不仅仅是一次技术性事故，而是对地区安全造成威胁的严重事件。美方必须尽快拿出负责任态度，将事情原委和可能的后续影响向地区国家作出说明，回应国际社会关切。更为重要的是，美方需要深入反思其在该地区的角色。如果继续执迷于冷战思维，试图靠军事施压、离间地区国家等手段维护其所谓霸权，美国不仅难以摆脱地区安全最大破坏者的形象，还必将招致国际和平力量、正义力量的一致反对。

《人民日报》（2021年10月28日）

美国“战争成瘾症”给世界带来灾难

——必须对美国进行“战争溯源”①

对美国肆意发动的战争恶果和幕后推手进行调查追责，这是国际公道正义的要求，也是对历史、对未来负责任之举

2021 年是阿富汗战争爆发 20 周年，也是利比亚战争、叙利亚战争爆发 10 周年。这一系列战争都和美国滥用武力、穷兵黩武有关，美国是冲突升级的最大推手，对战争造成的人道主义灾难负有不可推卸的责任。尽管美国总是以种种借口为其对外发动战争进行辩护，但事实充分证明，美国是一个患上“战争成瘾症”的霸权国家，是全球和平稳定的最大风险源。

美国历史学家保罗・阿特伍德指出：“美国的历史是充满战争和扩张的历史……战争是美国人的生活方式。”建国 240 多年的历史中，美国仅有 16 年没有打仗。二战之后，美国成为超级大国，发动战争的冲动更加难以抑制。据不完全统计，从 1945 年二战结束到 2001 年，世界上 153 个地区发生了 248 次武装冲突，其中美国发起的就有 201 场，约占 81%。英国政治和国际关系学者汤姆・福迪认为，美国打着各种旗号发动战争，是真正威胁世界和平的罪魁祸首。即使有些战争的硝烟早已散去，但战争给有关国家留下满目疮痍，给地区安全格局造成严重后果，至今仍无法弥合、修补。据估计，美国在越南至少还有 80 万吨可爆炸的战争遗留物，按照目前速度，需要 300 年才能清除干净。

进入新世纪以来，国际形势发生深刻演变，国际社会对和平的呼声更加强烈，但美国从未停下对外发动战争的脚步。从阿富汗战争、伊拉克战争，到利比亚战争、叙利亚战争，美国的战争机器一直在高速运转。“如果说 21 世纪

初有哪个国家在寻求称霸世界、胁迫他国、藐视规则的话，那就是美国。”《纽约时报》去年 10 月的一篇专栏文章写道。据美国《史密森学会杂志》统计，2001 年以来，美国以“反恐”之名发动的战争和开展的军事行动涉及了“这个星球上约 40% 的国家”。美国布朗大学“战争代价”项目数据显示，这些所谓“反恐”战争已经夺去超过 80 万人的生命，令超过 3800 万人流离失所，耗费超过 8 万亿美元。今年夏天，美军仓促撤出阿富汗造成的混乱令世人震惊。这场历时 20 年的战争，给阿富汗人民带来深重灾难，10 多万平民在美军及其盟军的枪炮之下伤亡，1000 多万人流离失所。美军最终不负责任地一走了之，阿富汗人民却要长期面对战争造成的创伤。

美国对外发动战争、挑起冲突造成的巨大灾难，本应成为美国的警醒剂。然而，这个对外发动战争成瘾的超级大国，至今没有做出认真反思，更没有拿出改弦更张的勇气。“美国治下的和平”“人权高于主权”“干预的责任”“基于规则的国际秩序”……美国在为其战争行径寻找“合法性”方面费尽心机，目的就是要逃避国际社会对其追责。然而，无论美国如何操弄话术，都无法弥补战争造成的巨大生命损失，无法抹去战争给无数家庭留下的深重伤痕，无法改变战争给他国造成的动荡失序，无法掩盖战争给地区安全格局造成的长期困境。“美国应当反思自己战争机器的恶劣影响。”巴林《祖国报》近日刊文指出。

当今世界，和平、发展、合作、共赢已成为时代潮流。美国逆潮流而动，动辄以“民主”“人权”之名行对外干涉之实，依旧热衷于大搞霸权主义和强权政治。国际社会必须对美国进行“战争溯源”，对其肆意发动的战争恶果和幕后推手进行调查追责，这是国际公道正义的要求，也是对历史、对未来负责任之举。

《人民日报》（2021 年 12 月 6 日）

军工复合体视战争为谋利手段
——必须对美国进行“战争溯源”②

为了给军火生意创造刚性需求，美国军工复合体热衷于将美国的对外政策往战争冲突的方向推，给世界制造了一场又一场灾难

多年来，美国政府财政赤字日渐加剧，军费开支却屡创新高。军费逆势上涨的背后，是美国军工复合体的巨大影响力。纵观美国历史，军工复合体这一强势利益集团屡屡绑架政治决策，将发动战争视为谋利手段，给世界制造了一场又一场灾难。

“战争对于美国来说是笔大生意。”美国美利坚大学历史学教授彼得·库兹尼克一针见血地指出。为了给军火生意创造刚性需求，美国军工复合体热衷于将美国的对外政策往战争冲突的方向推。“在贪婪的美国政客和企业的驱使下，美国夺走了阿富汗 20 年的稳定和安宁。在这场伤亡惨重的战争中，美国军工复合体是唯一赢家。”《巴基斯坦观察家报》日前刊文指出，美国发动并维持战争的决定是由那些希望尽可能延长战争时间的既得利益者主导。根据美国独立智库安全政策改革研究所发布的阿富汗战争主要受益者名单，美国五大军火巨头——洛克希德·马丁公司、雷神公司、通用动力公司、波音公司和诺思罗普·格鲁曼公司，从美国政府为阿富汗战争投入的资金中分得的金额高达 2.02 万亿美元。

美国军火巨头从阿富汗战争中攫取巨额利润，折射出军工复合体在美国由来已久的特殊存在。二战期间，美国庞大的战争机器与经济体系之间产生结构性关联，形成了由美国军队、军工企业、政界人士、科研机构等组成的庞大利益集团。1961 年，美国总统艾森豪威尔在离任演说中发出警示，“强大的军

事组织和巨大的军火工业的联姻是美国历史进程中的一个新现象，在每一个城市、每个州的议事机构、联邦政府的每个办公室都能感受到它的总体影响”，“我们必须防止军工复合体有意或无意地获得不应当有的影响力”。然而，在随后的几十年中，军工复合体的影响不仅没有受到抑制，反而深度渗透到美国的决策过程中。通用动力公司董事长诺瓦科维奇今年 4 月的一席话，暴露出美国军工复合体趁乱渔利的本性：“今年是一个非常好的开端。虽然对人类而言，世界已变得越来越危险，但我们已经看到需求稳定的良好信号。”

美国军工企业斥巨资游说美国政客并为其竞选活动捐款，资助所谓政策专家，以维持于己有利的政策话语，早已是公开的秘密。这些军工企业的代表还频繁利用“旋转门”进入关键决策部门。有统计数据显示，今天美国政坛上活跃着 4000 多个军工复合体的游说集团。军工复合体不但有能力确保自身利益不受政府更迭的影响，而且往往能够阻止要动其蛋糕的政府决策，哪怕这些决策是符合公共利益的。美国反战组织“不战而胜”主管埃丽卡·费恩批评，美国政府无节制地为军火商提供资源，牺牲的是对本国公共产品的投资，增加的是战争风险，于己于人都没有好处。

为确保军火生意始终有旺盛需求，美国军工复合体不断推动政府树立“假想敌”，甚至不惜制造恐惧，挑起事端。美国国内早有分析指出，美国打着维护“国家安全”、促进“民主”“自由”的幌子满世界寻找敌人，背后就有军工复合体的利益驱动。美国对苏联“遏制战略”策划者乔治·凯南晚年在一次演讲中坦言，“假如没有俄国人……作为我们黩武有理的根据，我们还会想出另一些敌手来代替他们。”冷战结束后，美国接连发动科索沃战争、阿富汗战争、伊拉克战争等，美国的军火商也借机赚得盆满钵满。

长期以来，为了一己私利，美国军工复合体一再将战争包装为美国对外政策的“合理选项”，给他国人民带来无尽伤痛，给世界造成动荡和不安。人们不禁要问：美国高谈阔论的“国际责任”在哪里？美国总是挂在嘴边的“人权”在哪里？美国所谓的“民主”又在哪里？

《人民日报》（2021 年 12 月 11 日）

美国庞大战争机器危及世界安全
——必须对美国进行“战争溯源”③

美国继续痴迷于“拳头的力量”、沉溺于“丛林法则”，只会让自己站到历史进步的对立面，让更多人看清其霸权主义的真面目

美国国防部日前公布“全球态势评估”报告，声称将加强在关岛和澳大利亚的军事基础设施。该报告充斥冷战思维，是美国由来已久的霸权思维的体现，也是美国以军事手段维护美式霸权的惯性使然。长期以来，美国在全球大肆炫耀武力，屡屡对其他国家搞军事施压，甚至不惜挑起战争冲突，根本目的就是维护美式霸权。

在美国的词典中，“战争”一直与“霸权”相伴相生。翻开美国不长的历史，从西进运动到美墨战争再到美西战争，一系列对外扩张伴随美国早期发展的历程。第二次世界大战结束后，美国成为世界上综合实力最强的国家，战争更是成为美国维护自身霸权的重要工具。朝鲜战争、越南战争、巴拿马战争、科索沃战争、阿富汗战争、伊拉克战争、利比亚战争、叙利亚战争……美国维护霸权的野心，滋生出一场场对外战争。即使是战争失败的巨大代价，也没有抑制美国的战争冲动。美国《国家利益》杂志援引美国传统基金会防务项目高级研究员达科塔·伍德的话说，美国平均每 15 年就卷入一场战争。从亚洲到美洲，从欧洲到非洲，美国的战争黑手伸向哪里，哪里便不得安宁。

为维护自身霸权，美国维持着庞大的战争机器，甚至建立起遍布全球的军事基地网络。1945 年以来，美国在 70 多个国家建立了近 800 个军事基地，并不断强化军事存在。仅在中东地区，就有超过 7 万美军长期驻扎，并部署有航母战斗群、隐形战机、战略核潜艇等先进军事装备，时刻保持所谓的“战略

威慑”。美国专栏作家大卫·韦恩在其著作《美国海外军事基地：它们如何危害全世界》中指出，美国的海外军事基地加剧了地缘政治紧张，实际上让世界和美国变得更加不安全。

今年是冷战结束30周年，但美国对外政策从未摆脱冷战思维的影响，对军事手段的依赖也从未降低。30年来，美国始终维持全球军力部署，为谋求自身绝对安全，不惜损害他国正当安全利益；美国不断寻找“假想敌”，渲染外部威胁，不惜挑动大国对抗的风险；美国一再倚仗超强军事实力，或直接发动战争，或大打代理人战争，或寻找各种借口干涉他国内政，屡屡制造安全危机和人道主义灾难。美国反战组织“粉色代码”发布的报告显示，过去20年，美国及其盟国平均每天投下40多枚炸弹和导弹，造成难以计数的人员伤亡。美国《洛杉矶时报》评论指出，美国陶醉于自己在冷战之后的强权里，自私地专注于自己的政治和利益。

国际格局调整正处于十字路口，国际关系民主化是大势所趋，建设一个远离恐惧、普遍安全的世界是国际社会的广泛诉求。然而，美国所作所为与世界大势背道而驰。不断升级核武库，降低核武器使用门槛；组建外空军，成立外空司令部，加速开展外空武器试验；加强在亚太地区的军力部署，拉拢盟友搞军事施压……瑞典斯德哥尔摩国际和平研究所发布的2020年全球军费开支趋势报告显示，美国军费开支常年高居世界第一，即使面临经济危机和财政困难，其2020年军费仍比上年增长4.4%，在全球军费总支出中的占比接近40%。

当前，各国人民对和平发展的期盼更加殷切，对公平正义的呼声更加强烈，对合作共赢的追求更加坚定。美国继续痴迷于“拳头的力量”、沉溺于“丛林法则”，只会让自己站到历史进步的对立面，让更多人看清其霸权主义的真面目。

《人民日报》（2021年12月12日）

大搞“民主输出”贻害无穷
——必须对美国进行“战争溯源”④

环顾被美国强行输出“民主”的国家和地区，民主难觅踪迹，混乱、停滞和人道主义灾难却随处可见

近来，揭露美国打着“民主”旗号进行军事干涉、杀戮无辜平民的视频在网上十分火爆，美国举办的所谓“领导人民主峰会”相关的视频播放流量却十分惨淡，两者形成鲜明对比。长期以来，美国以“民主教师爷”自居，在世界上大搞“民主输出”。历史和现实一再证明，强行输出、移植美式民主贻害无穷，美式民主所到之地，众多国家和地区深陷动荡、冲突和战争泥潭，造成巨大的人道主义灾难。

“华盛顿统治世界的野心，其驱动力不是来自更深层次的民主或自由、更加公正的世界、结束贫穷或暴力，或者更适宜居住的星球，而是来自经济和意识形态。”美国外交学者威廉·布鲁姆在《民主：美国最致命的输出》一书中指出，美国的对外扩张与“民主输出”密切相关。长期以来，“民主输出”成为美国对外政策的“专属招牌”，印刻其上的黑历史不胜枚举。据统计，二战结束以来，美国试图推翻50多个外国政府，粗暴干涉至少30个国家的选举，试图暗杀50多位外国领导人。美国《外交》杂志网站文章指出，美国的外交政策以“民主”的名义加剧了全球的民主危机。

冷战结束后，各国普遍希望走出意识形态对抗，独立探索符合自身国情的发展道路，但美国依然热衷于搞“民主输出”。在武力入侵阿富汗、伊拉克等国时，美国都曾假“民主”之名美化战争。2003年起，东欧、中亚地区接连发生格鲁吉亚“玫瑰革命”、乌克兰“橙色革命”和吉尔吉斯斯坦“郁金香革

命”，美国国务院公开承认在其中发挥了“中心作用”。始于2010年的“阿拉伯之春”造成整个中东地区局势强烈震荡，美国扮演了幕后“操盘手”的角色。美国还长期把经济援助和“民主移植”挂钩，通过其主导的国际金融机构向一些发展中国家施压。

环顾被美国强行输出“民主”的国家和地区，民主难觅踪迹，混乱、停滞和人道主义灾难却随处可见。《纽约时报》文章曾如此美化美国2003年发动的伊拉克战争：“伊拉克战争是自‘马歇尔计划’以来，美国最重要的一个推广美国民主、自由、革命的计划，是美国在国外尝试进行的最宏伟的事情之一。”但战争的后果却是，20万至25万伊拉克平民死亡，其中美军直接致死超过1.6万人，100多万人无家可归。美军留下的贫铀弹等武器，在伊拉克境内留下了能够持续数十年的放射性污染。有中东地区媒体近日指出，美式民主除了在中东播下死亡和破坏的种子外，没有留下任何有价值的东西。曾任美国总统副国家安全顾问的本·罗兹撰文承认，如果没有美国的干预，利比亚、伊拉克、阿富汗和索马里情况可能会更好。

美国大搞“民主输出”不断制造恶果，但至今仍未改弦更张，背后有着复杂的因素在起作用。一方面，这是因为美国看待民主的视线是失真的。正如美国政治学家迈克尔·帕伦蒂所指出的，多年下来，美国已经戴着“民主”的有色眼镜摘不下来了。一种莫名的优越感，让美国站在所谓“山巅之城”上，毫无根据地将自身民主视为“国际样板”，固执地对他国指手画脚。另一方面，美国热衷于搞“民主输出”并非真的关心民主，而是为了维护美式霸权。就像美国前总统克林顿所说：“在世界上保卫自由和促进民主并不只是我们最深刻的价值观的反映，这些都对我们的国家利益至关重要。”

民主是全人类共同价值，不是美式霸权的工具和武器。当今世界，多极化是大势所趋，国际关系民主化是不可阻挡的时代潮流。美国应切实恪守以联合国宪章为基础的国际关系基本准则，停止打着“民主”旗号维护美式霸权，停止输出动荡和人道主义灾难。

《人民日报》（2021年12月18日）

以强权践踏人权的铁证

——必须对美国进行“战争溯源”⑤

当美国在世界上大谈“人权”的时候，那些死于美军枪口下的无辜民众的冤屈却无处申诉，这就是美国鼓吹的“人权”带给世界的残酷现实

今年 8 月 29 日，美军在撤离阿富汗前对所谓“极端组织”发动无人机空袭，导致阿富汗一个十口之家的 3 名成人和 7 名儿童死亡。事件真相公布后，引起人们极大愤慨。然而，就在人们苦苦等待美国政府给阿富汗人民一个交代之时，美国国防部近日公然表示，没有美军成员会因这次无人机空袭致平民死亡事件面临纪律处分。这一令人瞠目的结果足以体现出一个“战争成瘾”的超级大国面对战争责任时的傲慢、霸道和虚伪。

美国长期将“人权高于主权”“人道主义干预”等口号挂在嘴边，肆意对他国发动战争。但残酷的事实一再证明，美国发动的战争带给他国人民的只有痛苦，带给世界的只有人道主义负担。1999 年 3 月，以美国为首的北约开始对南联盟进行狂轰滥炸，50 多天内，轰炸次数 1.2 万次，投下 1 万多吨炸药，发射 3000 多枚导弹，造成数以千计的无辜平民惨遭杀害，无数家庭亲人离散。美国长达 20 年的阿富汗战争，导致 4.7 万多名阿富汗平民以及 6.6 万至 6.9 万名阿富汗军警丧生。在叙利亚，仅 2016 年至 2019 年期间，有统计死于战乱的平民就达 3 万多人，其中美国领导的联军轰炸直接致死 3833 人，有半数是妇女和儿童。冰冷的数据背后，是不计其数的人间惨剧，是数代人难以摆脱的心灵伤痛。这些都是美国以强权践踏人权的铁证。

“现在，我不再喜欢蓝天，而开始喜欢灰色天空，因为天空晴朗后，无人机就会回来，我们又会生活在恐惧中。”2013 年 10 月，巴基斯坦 14 岁男孩竹

拜尔在美国国会控诉美军罪行。一年前，他目睹美军无人机杀害了自己的祖母。这是 2001 年以来美军在其他国家发动的超 9 万次空袭中的一次，这些空袭导致约 4.8 万名平民丧生。据美国媒体报道，仅美军对叙利亚拉卡市发动的所谓“史上最精确的空袭”，就导致 1600 名平民被炸死。然而，被披露的平民伤亡事件只是冰山一角，还有不少严重的伤害平民事件被美军有意掩盖了起来。据《纽约时报》报道，美军 2019 年 3 月在叙利亚巴格兹镇的一次空袭导致 64 名平民死亡，以美军为首的联军事后用推土机推平了轰炸现场。当美国在世界上大谈“人权”的时候，那些死于美军枪口下的无辜民众的冤屈却无处申诉，这就是美国鼓吹的“人权”带给世界的残酷现实。

美军在他国投下的每一枚炸弹，给他国人民带去的都是血和泪。美国为发动战争给出的各种说辞，不过是逃避战争罪行的幌子，“维护人权”从来不是美国对外动武的真正驱动力。美国学者罗伯特·基欧汉指出，自“9·11”事件以来，美国进入了一个以极力使用前所未有的政治和军事权力为特征的新时期。只要认为哪里威胁其霸权私利，哪里有战略利益可图，美国就将战争铁拳挥向哪里。由此带来的可怕人道主义灾难，总是由其他国家来承担。

在美国的政治词典里，“霸权”高于“人权”。然而，美国以所谓“民主”“人权”为借口在世界上恣意妄为的时代已经结束。对美军在世界各地滥杀无辜平民的战争罪行进行调查追责是国际社会的责任。我们相信，正义或许会迟到，但绝不会缺席。

《人民日报》（2021 年 12 月 19 日）

国际规则的最大破坏者
——必须对美国进行“战争溯源”⑥

无视国际规则，以霸权践踏国际规则，这是美国的典型做派。维护以联合国为核心的国际体系、以国际法为基础的国际秩序、以联合国宪章宗旨和原则为核心的国际关系基本准则，这是国际社会的普遍共识

《联合国宪章》明确规定：“各会员国在其国际关系上不得使用威胁或武力，或以与联合国宗旨不符之任何其他方法，侵害任何会员国或国家之领土完整或政治独立。”然而，长期以“国际规则维护者”自居的美国，却动辄对外搞政治干涉、发动战争。美国所作所为表明，其口中的规则，只是让别国屈从于美国霸权的工具，美国才是国际规则的最大破坏者。

二战结束以来，美国自恃超级大国，为维护霸权私利，屡屡对外发动战争。为了让战争机器不受国际规则的约束，美国常常绕开联合国安理会，全然不顾其他国家甚至盟友的反对。美国为发动战争所编织的借口也是五花八门，甚至不惜以虚假情报糊弄世人。1999 年，以美国为首的北约打着“避免人道主义灾难”的旗号，公然绕过联合国安理会，对南联盟进行长达 78 天的持续轰炸。2003 年，美国不顾国际社会的普遍反对，以一小瓶白色粉末作为化学武器“证据”发动伊拉克战争。在叙利亚，美国以“白头盔”组织摆拍视频为“证据”发动空袭。无视国际规则，以霸权践踏国际规则，这是美国的典型做派。

美国还频繁将国内法凌驾于国际法之上，对其他主权国家实施“长臂管辖”，造成相关国家经济面临严重困难，甚至出现人道主义危机，其破坏性不亚于战争。新冠肺炎疫情发生以来，委内瑞拉、叙利亚、伊朗、古巴等国因受到美国制裁，经济状况和医疗条件恶化，抗疫形势十分严峻。伊朗前总统鲁哈

尼控诉美国试图为伊朗购买食品和药品制造障碍，指责其残酷、非人道的恐怖主义行径。古巴国家主席迪亚斯－卡内尔抨击美国正挑起“危险的国际分裂”，其行径具有“强烈的种族主义影响和霸权意图”。

美国肆意破坏国际规则，却从未想过要为自身行为负责。2002 年，美国颁布《美国军人保护法》，企图以该法保护美军人员免受国际起诉。国际人权联盟常驻国际刑事法院代表拉克尔·略伦特指出：“从一开始，他们就试图逃避责任。”2020 年 3 月，国际刑事法院宣布调查美军在阿富汗的战争罪和反人类罪。当年 9 月，美国国务院就宣布对发起这次调查的国际刑事法院检察官法图·本苏达实施单边制裁，冻结向其提供支持的个人和实体在美国的资产。这种赤裸裸的霸道行径，即使在美国盟友中也引发广泛批评。

“美国人说他们希望国际体系保持稳定，但他们常常是稳定的最大阻碍。他们赞扬国际法和国际制度的优点，随后又毫不犹豫地违反和无视它们。”美国布鲁金斯学会高级研究员罗伯特·卡根在《美国缔造的世界》一书中如是指出。美国要求其他国家遵守所谓“基于规则的国际秩序”，自己却唯我独尊，将一己私利凌驾于以联合国为核心的国际体系之上，凌驾于以国际法为基础的国际秩序之上。这种合则用、不合则弃的“规则观”，是典型的双重标准，完全是霸权主义和强权政治的过时产物。

世界正经历百年未有之大变局，维护以联合国为核心的国际体系、以国际法为基础的国际秩序、以联合国宪章宗旨和原则为核心的国际关系基本准则，这是国际社会的普遍共识。美国哈佛大学教授格雷厄姆·艾利森在《外交》杂志上撰文指出：“单极世界已经过去，那种以为其他国家只会等着在美国主导的国际秩序中被分配位置的幻觉也应随之破灭。”美国应该清醒并正视世界变化的现实。

《人民日报》（2021 年 12 月 20 日）

推动人工智能向善发展才是正道

12 月 13 日，中国向联合国《特定常规武器公约》第六次审议大会提交《中国关于规范人工智能军事应用的立场文件》。这是中国首次就规范人工智能军事应用问题提出倡议，也是《特定常规武器公约》框架下首份关于人工智能安全治理问题的立场文件。这是中国因应国际安全和新兴科技发展形势、积极引领国际安全治理进程的又一重要努力。

作为新一轮科技革命的核心驱动力量，人工智能正在深刻改变世界。在军事领域，随着无人机、无人艇、机器狗等无人作战平台的出现，人工智能的强大赋能作用崭露头角，各国纷纷布局加快人工智能军事应用。但人工智能技术的军事应用尚存诸多不确定性，可能对国际安全、战略稳定、治理规则、伦理道德等产生复杂影响。人工智能安全治理成为摆在世界各国面前的重要课题。

中国向来高度重视人工智能安全问题，主张秉持负责任态度，统筹推进人工智能技术发展与风险防范，推动在人工智能领域构建人类命运共同体。中国领导人明确指出，要加强人工智能发展的潜在风险研判和防范，维护人民利益和国家安全，确保人工智能安全、可靠、可控。这一重要论述不仅为中国的人工智能发展指明方向，更为加强人工智能全球治理提供了基本思路、贡献了中国智慧。

推动完善人工智能全球治理，中国不仅是积极倡导者，更是率先践行者。2019 年以来，中国先后发布《新一代人工智能治理原则——发展负责任的人工智能》《新一代人工智能伦理规范》等文件，明确了人工智能治理框架和行动指南。中国发布《全球数据安全倡议》，明确提出本着共商、共建、共享原则应对数据安全风险挑战。中国积极参与联合国“致命性自主武器系统”问题讨论，推动各方达成 11 条指导原则。今年 5 月，中国担任联合国安理会轮值主席期间，主持召开“新兴科技对国际和平与安全的影响”阿里亚模式会议，推动安理会首次聚焦人工智能等新兴科技问题，为国际社会探讨新兴科技全球治理问题提供了重要平台。

《中国关于规范人工智能军事应用的立场文件》主张，各国尤其是大国应本着慎重负责的态度在军事领域研发和使用人工智能技术，不谋求绝对军事优势；人工智能军事应用不应成为发动战争和谋求霸权的工具，不能利用人工智能技术优势危害他国主权和领土安全；应坚持以人为本、智能向善原则，确保相关武器及其作战手段符合国际人道主义法，避免误用恶用和滥杀滥伤；应确保相关武器系统不脱离人的控制，不断提升人工智能技术的安全性、可靠性和可控性；应加强对人工智能潜在风险的研判，降低扩散风险；应建立普遍参与的国际机制，推动形成具有广泛共识的人工智能治理框架和标准规范。这些主张统筹发展与安全，坚持维护人类福祉，坚守公平正义，体现了大国责任担当。

值得警惕的是，美国等个别国家将人工智能军事应用视为维护霸权和军事优势的工具，不断以意识形态划线，泛化国家安全概念，拉拢盟友搭建歧视性小圈子，大搞封闭排他、冲突对抗，企图人为设置科技壁垒阻挠别国发展。美国一些政客在各种场合公然煽动所谓“民主国家”对抗“技术威权主义”，企图拼凑所谓“科技民主国家集团”，遏制他国科技发展。美国一方面自诩“负责任”使用人工智能，另一方面却频频制造无人机杀害平民事件，这是典型的“说一套、做一套”。这种霸权主义、唯我独尊行径，只会把人工智能技术发展引向邪路。

坚持胸怀天下、智能向善，才能真正推动人工智能技术造福全人类。处于智能化时代的十字路口，国际社会应当秉持人类命运共同体理念，坚持共促发展、共护安全、共享成果，共同规范人工智能军事应用，引领人工智能技术发展走向造福人类的正道。

《人民日报》（2021年12月15日）

滥用出口管制不得人心

美国打压他国高科技企业的霸权行径，严重侵犯各国特别是发展中国家开展以和平利用为目的的国际科技合作、分享科技进步红利、促进发展的权利

美国披着“民主”外衣大张旗鼓炮制的所谓“领导人民主峰会”，最终在国际社会一片批评声中草草收场，再次证明了蛮横霸道、玩弄双重标准只会失道寡助的道理。美国在会议期间纠集澳大利亚、挪威等国家，发布所谓“出口管制与人权”倡议，企图给其滥用出口管制手段套上“人权”的白手套，实现其打压他国高科技企业的目的。这种以意识形态划线、无视科技发展规律的行径，注定不得人心、没有出路。

美西方国家滥用出口管制措施由来已久，且毫无底线。美国抱持冷战思维，完全不顾公平原则，动辄以防止扩散、违反美国国家安全利益、违反人权等为借口，对中俄等国高科技企业使出各种“撒手锏”。美国将中俄等国高科技企业甚至大学、科研院所列入禁止投资清单、出口管制实体清单、军事最终用户清单、涉军企业清单等黑名单，禁止美国投资者对它们投资，切断它们获取美国高端设备、尖端技术等渠道，企图给这些国家整个高科技产业“设绊子”“卡脖子”。

美国本届政府上台后，其行为变本加厉。不到一年时间，已经有 100 多家中国高科技企业被列入上述黑名单。或许是感到单打独斗力有不逮，美国不遗余力改造“瓦森纳安排”“导弹及其技术控制制度”等防扩散出口管制多边机制，企图将其单边管制措施多边化，还妄图通过构建所谓“美欧贸易与技术委员会”“四边机制”“科技民主国家同盟”等歧视性小圈子，织牢对中俄等国的科技封锁网。

这些所谓机制、倡议，假借“民主”之名，大搞封闭排他、冲突对抗，是不折不扣的霸权主义和单边主义行径。美西方国家政治化滥用出口管制措施，企图通过人为设置科技壁垒阻挠他国发展进程，维护本国科技霸权。这种受冷战思维驱动的恶劣行径，人为割裂全球化时代国际科技产业链供应链，不仅严重破坏国际规则，更严重侵犯各国特别是发展中国家开展以和平利用为目的的国际科技合作、分享科技进步红利、促进发展的权利。

青山遮不住，毕竟东流去。中国有在一穷二白的基础上搞出“两弹一星”的壮举，更有实现高水平科技自立自强的决心和能力。中国有坚强决心、坚定意志、坚实国力应对各种挑战，有足够底气、能力、智慧战胜各种风险考验，任何国家任何人都不可能阻挡中华民族实现伟大复兴的历史步伐。奉劝美国及其个别追随者，不要动辄滥用单边制裁、滥施出口管制，否则最终损害的，必将是本国科技产业的革新进步，以及本国人民享受科技福祉的权利。

《人民日报》（2021 年 12 月 18 日）

平衡推进防扩散与和平利用国际合作

“在国际安全领域促进和平利用国际合作”决议的通过，标志着中国与广大发展中国家在联合国框架下共同开启了平衡推进防扩散与和平利用国际合作的进程，是中国对完善防扩散全球治理作出的最新贡献

近日，中国向第七十六届联合国大会提交的“在国际安全领域促进和平利用国际合作”决议顺利通过。这是30年来中国在国际安全与裁军领域首次主提并获联大通过的决议，对于促进国际社会平衡推进防扩散与和平利用国际合作，捍卫发展中国家可持续发展权具有重要意义。决议的通过，标志着中国与广大发展中国家在联合国框架下共同开启了平衡推进防扩散与和平利用国际合作的进程，是中国对完善防扩散全球治理作出的最新贡献。

决议有着深刻的历史根源和时代背景。防止大规模杀伤性武器及其运载工具扩散是国际社会共识。上世纪60年代以来，各国为此谈判、缔结了一系列法律和政治文书，也确立了一条重要原则，那就是防扩散不应以牺牲各国和平利用科学技术和开展相关国际合作等权利为代价。然而，多年来，一些西方国家凭借自身主导的防扩散多国机制“小圈子”，频繁对发展中国家实施歧视性出口管制措施，大搞双重标准。近年来，个别国家更是以防扩散或国家安全为借口，以意识形态划线，对以和平利用为目的的科技交流和国际经贸合作滥施限制，大搞脱钩、“断链”，引发国家间关系紧张，人为加深发达国家与发展中国家间的科技鸿沟，严重侵蚀防扩散国际合作的基础。

决议体现了发展中国家的普遍诉求。决议因应时代需要，紧扣发展中国家诉求，旗帜鲜明捍卫各国和平利用科技进步成果的权利。决议敦促国际社会以更加平衡的方式处理安全与发展、防扩散与和平利用的关系，充分保障各国和

平利用国际合作的权利，本质上是维护发展中国家可持续发展权。广大发展中国家热烈响应，许多国家顶住美西方巨大压力，对决议予以坚定支持。

决议是中国在国际安全领域践行真正多边主义的最新实践。国际规则不能由个别国家和国家集团来决定。决议凝聚国际社会在平衡促进防扩散与和平利用方面的共识，充分借鉴《不扩散核武器条约》《禁止生物武器公约》等国际法律文书以及不结盟运动峰会成果文件相关内容。从提出伊始，中方就广泛征求各国特别是发展中国家意见，对各方提出的修改意见持开放态度，尽可能吸收建设性内容，以实际行动践行真正多边主义。

决议植根于中国实践，为防扩散全球治理贡献中国方案。作为国际贸易与科技大国，中国不断加强出口管制立法与执法，切实履行防扩散义务。同时，中方秉持公平正义，采取切实行动维护并促进和平利用国际合作，确保发展中国家通过对华贸易、科技交流合作实现自身可持续发展。中方在多边平台积极捍卫各国和平利用科技的权利，提出了一系列主张，为决议打下了坚实的理念基础。决议中蕴含的公平正义理念，是对现有国际防扩散体系的完善与发展。

当前，全球疫情跌宕蔓延，百年变局加速演进，中国始终秉持天下胸怀，从人类共同福祉出发，自觉站在历史正确的一边，站在人类进步的一边，站在公平正义的一边。未来，中国将继续统筹发展与安全，践行真正的多边主义，深入参与相关进程，继续为促进和平利用相关的国际合作贡献中国智慧、中国方案，与国际社会携手提升防扩散全球治理水平，促进普遍安全与共同繁荣，推动构建人类命运共同体。

《人民日报》（2021 年 12 月 28 日）